U0552914

权威·前沿·原创

皮书系列为

“十二五”“十三五”“十四五”时期国家重点出版物出版专项规划项目

BLUE BOOK

智库成果出版与传播平台

进博会蓝皮书
BLUE BOOK OF CHINA INTERNATIONAL IMPORT EXPO

中国国际进口博览会

发展研究报告 No.6

DEVELOPMENT RESEARCH REPORT OF CHINA INTERNATIONAL IMPORT EXPO No.6

组织编写／上海研究院项目组

社会科学文献出版社
SOCIAL SCIENCES ACADEMIC PRESS (CHINA)

图书在版编目(CIP)数据

中国国际进口博览会发展研究报告 . No. 6 / 上海研究院项目组组织编写 . --北京：社会科学文献出版社，2024. 10. -- (进博会蓝皮书). -- ISBN 978-7-5228-4322-3

Ⅰ. F752. 61-282

中国国家版本馆 CIP 数据核字第 2024TQ8292 号

进博会蓝皮书

中国国际进口博览会发展研究报告 No. 6

组织编写 / 上海研究院项目组

出 版 人 / 冀祥德
责任编辑 / 杨桂凤
文稿编辑 / 张 爽 等
责任印制 / 王京美

出　　版 / 社会科学文献出版社 · 群学分社 (010) 59367002
地址：北京市北三环中路甲 29 号院华龙大厦　邮编：100029
网址：www. ssap. com. cn
发　　行 / 社会科学文献出版社 (010) 59367028
印　　装 / 天津千鹤文化传播有限公司

规　　格 / 开 本：787mm × 1092mm　1/16
印 张：20　字 数：300 千字
版　　次 / 2024 年 10 月第 1 版　2024 年 10 月第 1 次印刷
书　　号 / ISBN 978-7-5228-4322-3
定　　价 / 168. 00 元

读者服务电话：4008918866

#《中国国际进口博览会发展研究报告 No. 6》
编 委 会

主要编撰者简介

李友梅　法国巴黎政治研究院社会学博士，中国社会学会原会长，现任上海大学“伟长学者”特级岗教授、中国社会科学院-上海市人民政府上海研究院第一副院长、费孝通学术思想研究中心主任、《社会》杂志主编、*Chinese Journal of Sociology*（CJS）编委会主任。自2008年以来，担任上海市人民政府决策咨询专家。曾获教育部第二届高校青年教师奖和“法兰西金棕榈文化教育骑士勋章”。主要研究领域为组织社会学、现代复杂社会的人类合作机制、当代中国社会转型与社会治理。自2005年以来，先后主持国家社会科学基金重大招标项目“新时期社会协调机制建设问题研究”“当代中国转型社会学理论范式创新研究”“新时代社会心态研究”与教育部重大攻关课题“新时期加强社会组织建设研究”。获教育部高等学校科研优秀成果奖一等奖1项、上海市哲学社会科学优秀成果奖一等奖3项。在《中国社会科学》《社会学研究》等重要刊物发表学术论文10多篇。出版专著《组织社会学与决策分析》，合著《中国社会生活的变迁》《中国社会治理转型（1978~2018）》《解码社会建设的思想逻辑》等。

依绍华　经济学博士，研究员、博士生导师，中国社会科学院财经战略研究院市场流通与消费研究室主任，中国社会科学院创新工程首席研究员，享受国务院政府特殊津贴专家。兼任中国市场学会副会长、消费经济学会副会长、中国商业联合会专家工作委员会专家委员等。主要研究方向为流通理论与政策、消费问题、农产品流通。主持国家社会科学基金重大项目、中国社会科学院重点课题、商务部重大课题等多项。出版专著7部，发表论文80余篇，主编《中国流通理论前沿（8）》等。多部著作获商务发展研究成果奖二、三等奖，中国社会科学院优秀对策信息一、二、三等奖等奖项。

摘 要

党的二十届三中全会通过的《中共中央关于进一步全面深化改革　推进中国式现代化的决定》，突出强调“完善高水平对外开放体制机制”，并做出一系列部署，释放了进一步扩大高水平对外开放的明确信号。中国国际进口博览会（以下简称“进博会”）作为中国构建新发展格局的窗口、推动高水平对外开放的平台和全球共享的国际公共产品，不仅有利于向世界展示中国进一步全面深化改革、推动高质量发展、推进高水平对外开放的信心、决心和实际行动，也是学习贯彻党的二十届三中全会精神的重要平台。自首届进博会举办以来，进博会的“朋友圈”越来越大，每年都吸引许多国家和参展商参加，汇集全球新产品、新技术、新服务，推动“展品变商品”“展商变投资商”，规模和影响力不断扩大。连续成功举办的六届进博会是世界观察新时代中国推动高质量发展和高水平对外开放的重要窗口，不仅全面展示了中国式现代化取得的新成就，也不断为各方提供市场机遇、投资机遇、增长机遇。

作为党的二十届三中全会胜利召开后举办的重大经济外交活动，第七届进博会不仅对宣示我国推进高水平对外开放的坚定决心具有风向标意义，而且有助于世界了解我国进一步全面深化改革的深度和广度。相信在党的二十届三中全会精神的指引下，第七届进博会必将秉承“不仅要年年办下去，而且要办出水平、办出成效、越办越好”的理念，充分发挥“四大平台”功能，为进一步全面深化改革、推进中国式现代化做出更多贡献。

本书着眼于深入贯彻落实党的二十届三中全会精神，为第七届进博会助力，为写好“加快发展新质生产力、扎实推进高质量发展和高水平推进对外开放”这篇文章建言献策，立意高远，重点突出。本书基于翔实的数据资料，运用计量分析、人工智能技术等较为前沿的方法，从不同角度对进一步放大进博会溢出效应进行了全面分析和解读，所得出的研究结论无疑具有重要的理论价值和现实意义。其中，分报告主题包括在进博会巨大溢出效应的影响下促进中国参与全球数字和绿色国际经贸治理、促进新质生产力发展、“一带一路”利益共享机制构建、促进国际经贸规则对接、扩大国际媒体传播影响力、推进高水平对外开放财税制度研究、促进与最不发达国家共享发展机遇、促进我国流通企业国际化；专题篇主题包括推进上海国际消费中心城市建设、加快提升利用外资质量、促进国内消费提质扩容、推动长三角一体化高质量发展、推动打造国际一流营商环境、促进上海数字经济发展等，此外，案例报告全面系统地总结了虹桥品汇的发展现状和实践经验，并展望了未来发展方向，为进一步扩大高水平对外开放提供了诸多有益经验和启示。本书涵盖进博会溢出效应涉及的重点领域，有助于更好地以高水平对外开放推进“进博红利”惠及世界。

关键词： 进博会　“四大平台”功能　新质生产力　对外开放

目 录

Ⅰ 总报告

Ⅱ 分报告

Ⅲ 专题篇

皮书数据库阅读使用指南

总报告

B.1 以新质生产力促进双向开放惠及世界经济发展

依绍华　宋玉茹*

摘　要：　作为全球首个以进口为主题的国家级展会，进博会已经连续成功举办6届，在全球经贸交流与合作中扮演着举足轻重的角色，已逐渐成为国际采购、投资促进、人文交流、开放合作的平台，为全球经济发展注入新的动力和活力。本文在对以往6届进博会进行总结的基础上，从双向开放惠及世界经济发展的角度入手，从进博会为新质生产力发展做出积极贡献、进博会为双向开放打造坚实平台、以新质生产力推进双向开放三个方面具体分析进博会取得的成效，为未来进一步办好进博会、提升进博会的吸引力与国际影响力、推进高水平对外开放提供参考。

* 依绍华，经济学博士，中国社会科学院财经战略研究院市场流通与消费研究室主任，主要研究方向为流通理论与政策、消费问题、农产品流通；宋玉茹，经济学博士，中国社会科学院财经战略研究院马克思财经科学研究室助理研究员，主要研究方向为数字经济、金融。

关键词： 进博会　双向开放　新质生产力

中国国际进口博览会（以下简称“进博会”）是党中央着眼于推动新时代高水平对外开放的重大决策，是中国主动向世界开放市场的重要平台。目前我国已成功举办了6届进博会。作为首个以进口为主题的国家级展会，进博会不仅吸引了全世界的目光，为各国企业提供了展示和交流的平台，促进了国际贸易和投资合作，对全球经济增长具有积极作用，还吸引了大量国际先进技术和服务产品参展，为国内企业提供了学习和引进国外先进技术的机会，进一步推动了产业升级和创新发展。历届进博会不仅践行了“规模越来越大、效果越来越好”的承诺，还为新质生产力的发展做出积极贡献。尽管“新质生产力”在2023年9月被正式提出，但其核心理念和表现形式早已在中国经济社会发展的各个领域中悄然而生，尤其是在历届进博会的展示与交流中，以及近年来我国推动高质量发展、创新驱动发展战略的实践中得到全面体现。新质生产力的核心在于创新，尤其是技术创新。在历届进博会上，来自全球的高科技产品、前沿技术解决方案纷纷亮相，涵盖智能制造、人工智能、生物医药、新能源、新材料等多个领域，不仅反映了全球科技创新的最新趋势，也为中国企业提供了学习借鉴、引进吸收再创新的宝贵机会，促进了国内生产力向新质生产力发展与演化。通过举办进博会，以双向开放带动国内扩大需求、提振消费，惠及世界经济发展。

一　进博会为新质生产力发展做出积极贡献

2023年9月，习近平总书记在黑龙江考察调研期间首次提到“新质生产力”这一概念。[①] 2024年1月31日，习近平在中共中央政治局第十一次

---

① 《牢牢把握东北的重要使命　奋力谱写东北全面振兴新篇章》，http：//paper. people. com. cn/rmrb/html/2023-09/10/nw. D110000renmrb_ 20230910_ 1-01. htm，最后访问日期：2024年8月25日。

集体学习时提出，“发展新质生产力是推动高质量发展的内在要求和重要着力点”①。新质生产力由技术革命性突破、生产要素创新性配置、产业深度转型升级催生，特点是创新，关键在质优，本质是先进生产力。把握新一轮科技革命和产业变革时代浪潮，适应世界格局新变化，提升国家竞争力，迫切需要加快发展新质生产力。这是推动高质量发展的内在要求和重要着力点，也是推进和扩大高水平对外开放的必然选择。

（一）高水平对外开放是发展新质生产力的关键

当前，“第四次工业革命”悄然而至，全球发展正迈入新一轮科技革命与产业变革的交汇期，深刻影响了人类社会的发展。而生产力是人类社会发展的根本动力，进入新时代后，要实现高质量发展，需要新的生产力和新的动能。2024 年 1 月，习近平总书记在主持中共中央政治局第十一次集体学习时对新质生产力给出了权威定义：“新质生产力是创新起主导作用，摆脱传统经济增长方式、生产力发展路径，具有高科技、高效能、高质量特征，符合新发展理念的先进生产力质态。”②

新质生产力理论是对马克思主义生产力理论的创新和发展，也是对中国式现代化在生产力发展维度的理论确认。③ 人类社会在经过蒸汽革命、电力革命、信息技术革命之后，进入新一轮科技革命，我国经济从“高速度增长”进入“高质量发展”阶段，生产力也相应体现出新样态，即新质生产力。新质生产力这一概念，是中国在解放和发展生产力过程中总结出来的，是马克思主义生产力理论的创新和发展。培育和发展新质生产力，就是将一切生产资料组合起来，实现全要素生产率的提高，而高水平对外开放是发展新质生产力的关键所在。

---

① 《加快发展新质生产力　扎实推进高质量发展》，http：//paper. people. com. cn/rmrb/html/2024-02/02/nw. D110000renmrb_ 20240202_ 1-01. htm，最后访问日期：2024 年 8 月 25 日。

② 《习近平在中共中央政治局第十一次集体学习时强调加快发展新质生产力扎实推进高质量发展》，《人民日报》2024 年 2 月 2 日，第 1 版。

③ 《新质生产力形成的唯物史观依据》，《光明日报》2024 年 5 月 20 日，第 15 版。

基于历史经验，对外开放对解放和发展生产力发挥了关键作用。自改革开放以来，我国奉行互利共赢的开放战略，实行全方位对外开放，积极融入全球化浪潮，逐步从世界经济体系的边缘者到参与者，再到重要主导者，市场经济体制和对外开放机制日益完善。可以说，中国发展生产力离不开世界，世界生产力的发展也离不开中国。2024 年 1 月 31 日，习近平总书记在中共中央政治局第十一次集体学习时强调："要扩大高水平对外开放，为发展新质生产力营造良好国际环境。"① 这同时为推进高水平对外开放提供了行动指南。《中共中央关于进一步全面深化改革 推进中国式现代化的决定》明确提出，"加快形成同新质生产力更相适应的新型生产关系，促进各类先进生产要素向发展新质生产力集聚"。

根据马克思主义有关生产力与生产关系的辩证原理，即生产力作为社会发展的最终决定力量，塑造并限定了生产关系的形态，而生产关系在特定历史条件下亦能反作用于生产力，促进其变革或制约其发展。高水平对外开放既涉及构成新质生产力的各种生产要素及其组合配置，也涉及相关体制机制改革等新型生产关系的适应性调整。一方面，对外开放能够拓展生产资料的空间配置范围，促进人才、先进生产设备、资金、前沿科学技术、管理模式，以及数据、信息、知识等在国内国际两个市场之间流动，为本国和全球生产力发展提供支撑；另一方面，通过持续扩大制度型开放，在经贸领域推进规则规制与管理标准等与国际接轨，能够为生产力发展提供更为优质的环境。

（二）进博会促进新质生产力发展：理论逻辑

秉承"开放、包容、共享"的价值观，举办进博会对发展新质生产力起到积极的促进作用，具体表现为以下 5 种效应。一是创新激励效应。在数字经济时代，生产要素跨境流动和科学技术的国际交流是形成新质生产力的

---

① 《加快发展新质生产力 扎实推进高质量发展》，http：//paper. people. com. cn/rmrb/html/2024-02/02/nw. D110000renmrb_ 20240202_ 1-01. htm，最后访问日期：2024 年 8 月 25 日。

重要路径。依托进口贸易结构的优化升级，进博会可以助力通过竞争效应促进自主创新、通过技术溢出效应促进模仿创新、通过产业互补实现集成创新。在竞争效应下，进博会通过最终品进口，倒逼国内企业加大研发投入力度，从而激发创新活力，实现关键技术突破。在技术溢出效应下，进口商品中附加了大量有形和无形的知识、技术，可以有效降低本国企业的研发成本并促进科技升级与创新。通过产业互补，进博会积极鼓励科技、产业领域的国际交流，并搭建平台，进口国和出口国通过产业链上下游联动实现优势互补，通过产业合作实现集成创新。

二是要素优化效应。发展新质生产力要求具备持续获取和配置全球新质生产力要素的能力。在经济全球化深度发展的时代，高水平对外开放能够充分发挥技术的流动性优势，通过技术溢出效应与对先进技术的主动学习，促进生产力要素创新发展，推动劳动者实现复合型质变、劳动对象实现综合型质变、劳动资料实现知识型质变。通过举办进博会，可以为更多的先进技术设备、高端零部件进入中国市场提供渠道，进一步优化进口结构，倒逼国内企业进行产业升级，实现生产要素在产业内和产业间的最优配置，为培育和发展新质生产力奠定基础。

三是市场扩大效应。不断增加的市场需求是形成新质生产力的重要基础，而举办进博会有利于降低市场进入壁垒，增加市场需求，增加生产要素供给，加速科技创新与产业创新。一方面，进博会以新的生产要素激活消费需求。进博会将新产品、新技术、新劳动对象引入中国市场，创新产品、优化产品服务，挖掘潜在消费需求，有力带动消费升级。另一方面，进博会以生产要素的优化组合激发投资潜力。新一代信息技术、人工智能、大数据、新材料、生命科技等先进生产力要素通过进博会从国际市场流向中国，与国内先进生产力要素一道，经过国内企业优化组合并运转起来，激发有效投资需求。不仅如此，进博会参展商通过展示推介展品，获得进入东道国市场的机会，为促进新质生产力发展培育新动能。

四是产业升级效应。科技创新并不会直接产生新质生产力，而是需要以产业为载体，产业升级是生产力变革的具体表现形式。举办进博会有利于实现对外贸易高质量发展，加速推动引领性、支柱型产业全面升级，新兴产业和消费型产业深度转型，从而实现关键产业新质生产力的高速发展。一方面，进博会有利于优化贸易结构，围绕新质生产力提升产业链供应链韧性和安全水平，保证产业体系自主可控、安全可靠。在“全球包容、开放合作、互惠发展”的原则下，聚焦科技发展趋势，深化技术创新合作，与不同国家企业在创新链价值链的不同环节、不同层次开展技术合作研发，共同推动技术进步和产业发展。另一方面，进博会通过加速生产要素流动、优化要素配置，产生产业链合作效应。外商投资企业拥有的新技术或新产品，不仅能够通过进博会在中国获得巨大的市场，还可以在中国布局更多创新项目和产业项目，形成更为完整的产业链。

五是制度开放效应。发展新质生产力离不开与之相适应的新型生产关系。改革开放是生产力发展的必要条件，也是创新的最佳土壤，同时还是塑造与新质生产力发展相适应的开放型制度环境的基础。进博会是中国向世界承诺进一步扩大对外开放的窗口，通过举办进博会，有助于进一步为贸易便利化和投资便利化创造条件，破除生产要素自由流动和创新性配置的体制机制障碍，先行先试，利用全球创新资源发展生产力，最大限度地降低非市场壁垒，构建起符合新质生产力发展要求的新的开放型政策体系，为形成新质生产力提供先进制度保障，推进以“边境开放”为主的生产要素流动型开放向支持创新的“边境后开放”制度型开放转变。

（三）进博会促进新质生产力发展：现实成效

在全球经济活动疲软、增长速度持续放缓、贸易整体表现低迷、地缘政治风险加剧的复杂背景下，中国以开放的姿态和强大的经济韧性，成为全球经济增长的“稳定器”和动力之源。6 年来，进博会的企业商业展面积从首届的 27.0 万平方米扩大至第六届的 36.7 万平方米，意向成交额从 578.0 亿美元增长至 784.1 亿美元。进博会已然成为中国与世界创新合作、市场对接、产业相融、规则互鉴的国际大平台，畅通了“科技创新—要素流动—产业发展”这一新质生产力发展的良性循环，为促进新质生产力发展做出了重要贡献。

一是进博会为促进科技创新提供平台。进博会为新质生产力发展提供了“科技内核”。进博会成为全球最新技术、最新产品和最新服务的首选发布和展示平台，展会期间“首发新品”数量从首届的100多种增加至第六届的422种，[①] 展示了全球在数字技术、人工智能、智能汽车、新材料、生物医药、节能环保等多个前沿领域的新产品新技术，为关键技术难题和经济发展瓶颈的突破提供了方式方法。进博会也为“中国创新”与全球创新逐步融合提供了纽带。自2021年以来，进博会增设创新孵化专区，形成了“孵化加速+投资驱动+场景开放”的创新孵化体系，为国内外企业提供了展示新技术、宣传新产品的机会，也为国内企业对接海外新产品、新技术、新服务搭建了桥梁，对我国自主创新产生了巨大的竞争效应以及技术溢出效应，这种正向作用成功推动了更多的“中国创新”走向世界。

二是进博会成为全球要素配置平台。一方面，举办进博会促进供需对接。新质生产力，关键在“质优”。通过举办进博会，向全世界开放广阔的需求市场，有效突破地理空间的限制，促进供需对接，使国内个性化、数字化、智能化、绿色化等“新需求”与全球优质要素供给和产品服务对接。从基于新产品、新技术、新服务的引进形成的“新质供给”，到引入国际前沿科技等发展出的“新质生产工具”，再到改进生产技术、更新生产模式后催生的“新质劳动对象”，新型生产要素、新型生产方式等通过进博会平台不断出现，有效促进国内产业转型升级。另一方面，进博会也为新质生产力开拓了市场。进博会的窗口功能，不仅有助于国外企业在本土开展生产、流通、销售等方面的合作，助力境外创新，还可以主动推介产品，推动中国制造、中国服务等“走出去”，促进全要素生产率提升。

三是进博会打造高精尖产业培育平台。一方面，进博会为科技成果转化、培育和完善现代产业体系提供了试验田。当前，我国现代化产业体系面临一系列发展困境，诸如供应链产业链核心环节未抓牢、处于价值链中低端

---

① 《进博会：让合作共赢惠及世界》，《中国新闻发布》（实务版）2023年第12期，第65页。

位置等。举办进博会不仅可以为新技术提供展示平台，还可以打造新技术孵化落地的平台，切实推进科技创新成果转化为新质生产力。自增设创新孵化专区以来，224个项目依托进博会得到地方政府、产业园区、金融机构和行业龙头企业的关注与支持，实现了“科技产业化”。进博会中“展商变投资商”的案例成为外商抢抓中国经济高质量发展新机遇的生动写照，通过进博会的外溢效应，本土化、定制化的智慧科技进入中国市场，带动产业升级。另一方面，举办进博会也为我国供应链、产业链和价值链的升级提供助力。举办进博会可以有效链接全球资源，使国内产业对标国际先进水平，并嵌入全球价值链，向中高端延伸。进博会可以有效发挥我国超大规模市场优势，吸引全球先进服务要素，对接国内需求，推动以进博会为中心的现代化产业集群形成，反哺国内市场，进而完善国内现代化产业体系，发挥产业的区域优势。

二　进博会为双向开放打造坚实平台

自2018年首次举办进博会以来，每届进博会均交出亮眼成绩单，展会、外交、经济、人文“四合一”功能不断强化。进博会的连续成功举办，有效增强了国内国际两个市场、两种资源的联动效应，以中国新发展为世界提供新机遇，推动各国在更多领域实现“双向奔赴”，为双向开放打造坚实平台。

（一）进博会与长三角一体化高质量发展“双向奔赴”

长三角一体化发展于2018年中国举办首届进博会时上升为国家战略。进博会自举办以来，推动来自全球各地的“展品变商品”“展商变投资商”，溢出效应不断放大，而长三角是进博会溢出效应最先触达的地区之一。进博会与长三角一体化发展“双向奔赴”，是进博会对双向开放发挥促进作用的直接体现。首先，进博会为长三角地区提供了高水平的对外开放平台。通过展品税收支持、通关监管、资金结算、投资便利等一系列创新政策，推动长三角地区形成更广区域、更高水平的协同开放格局。特别是虹桥国际开放枢纽的建设，以跨区域高水平协同开放和全球高端资源配置功能建设为抓手，为长三角一体化发展提供了重要动能和载体。其次，进博会强化了长三角地区在全球资源配置中的功能定位。通过吸引集聚国际经贸仲裁机构、贸易促进机构、协会商会等功能型组织，以及高水平建设一批面向共建“一带一路”的专业贸易平台和国别商品交易中心，进博会提升了长三角地区的全球资源配置能力。同时，为国际贸易企业等提供便利的跨境金融服务，以及打造虹桥国际城市会客厅等创新举措，进一步促进了物流、信息流、资金流的高效便捷流动。最后，进博会还成为建设长三角 G60 科创走廊的“发动机”和“加速器”。通过积极引进国外先进的产品、装备、技术和服务，进博会促进了长三角地区企业与全球创新资源的深度融合。沿着长三角地区的重要交通通道，由东向西聚合沿线的创新力量，形成科创走廊，并沿走廊组建科技创新共同体，促进集聚在中心城市的创新链与布局在沿线中小城市的产业链深度融合。

不仅如此，长三角一体化高质量发展也会对进博会起到反哺作用。首先，体现在丰富的参展资源和市场需求上。长三角地区作为中国经济发展的重要引擎，拥有庞大的市场和丰富的产业资源。这为进博会提供了丰富的参展资源和高质量的采购商群体，进一步增强了进博会的国际影响力和吸引力。其次，优化营商环境，提高服务水平。长三角地区不断优化营商环境，提高服务水平，通过提升政务服务效率、加强知识产权保护、完善市场监管体系等措施，为参展商和采购商提供了更加便捷、高效、安全的交易环境，为进博会的成功举办提供了有力保障。最后，推动进博会创新发展和转型升级。通过加强与长三角地区企业和研发机构的合作与交流，进博会可以不断引入新的展览内容、展览形式和展览技术，提升展会的专业性和国际化水平，为进博会的创新发展和转型升级提供了重要支撑。

（二）进博会促进国内消费提质升级

举办进博会在促进国内消费提质升级方面发挥了重要作用。其一，进博会大大丰富了国内消费选择。进博会吸引了大量国际知名品牌和企业参展，带来了众多高品质、多元化的进口商品，涵盖食品、日用品、电子产品、服装等多个领域。同时为众多国际品牌提供了新品首发和首展的平台，使国内消费者能够第一时间接触最新的科技产品、时尚潮流等，满足了消费者对新鲜事物的追求。其二，进博会有效促进国内消费品质提升。进博会对参展商品的质量进行严格把控，确保进口商品的高品质。众多国际知名品牌的参展，不仅带来了高品质的商品，还提升了品牌的影响力和信誉度，有助于提升国内消费者对进口商品的认知度和信任度，进一步推动消费结构优化。其三，进博会促进消费升级。随着居民收入水平的提高和消费观念的转变，消费者对商品的需求也日益多元化。进博会的举办有效引导了部分境外消费回流，使国内消费者能够更加方便地购买到心仪的进口商品，同时为国内消费市场注入新的活力。其四，推动产业转型和升级。进博会有力促进了国内外产业链的融合，参展的国内企业可以接触到更多国际先进的技术和管理经验，有助于完善产业链和供应链体系，提升国内产业的竞争力和附加值，有助于推动产业转型和升级。其五，改善消费环境。进博会的举办推动了国内购物环境的改善，包括商场、超市等零售终端的设施升级和服务优化，为消费者提供更加便捷、舒适的购物体验。

（三）进博会促进国际经贸规则对接

进博会不仅是“展品变商品”“展商变投资商”的国际合作平台，也是对接国际经贸规则的高水平开放平台。历届进博会在对接国际经贸规则、践行“进博之诺”方面取得了积极成效。一方面，我国外商投资负面清单以及跨境贸易负面清单在不断缩减，负面清单制度不断完善。在首届进博会举办之前，中国已于 2013 年、2014 年、2015 年和 2017 年发布过 4 个版本的负面清单目录。自 2018 年举办首届进博会至今，负面清单目录不断缩减，负面清单制度逐渐形成。2024 年 3 月 22 日，商务部发布《跨境服务贸易特别管理措施（负面清单）》（2024 年版）和《自由贸易试验区跨境服务贸易特别管理措施（负面清单）》（2024 年版），进一步夯实了跨境服务贸易领域负面清单制度的基础。除了自主制定负面清单外，中国还通过签署区域贸易协定（RTA）的方式稳步推进负面清单机制的完善。另一方面，“边境上”规则向“边境内”规则转变。“边境上”规则主要指传统的边境管理措施，如关税、进出口限制、边境检查等，这些措施直接影响货物和服务的跨境流动。而“边境内”规则更多地关注国内市场准入、竞争政策、知识产权保护、环境标准、劳工权益等法律法规和政策措施，这些规则对国际贸易和投资的影响日益显著。在进博会上，中国积极与世界各国和国际组织就国际经贸规则进行交流与探讨，推动中国规则与国际规则的对接。这有助于减少国际贸易和投资中的制度性障碍，促进贸易和投资自由化、便利化。此外，举办进博会推动了传统标准规则向高标准规则的转变。在虹桥国际经济论坛上设置与高标准规则相关的议题，为制定高标准经贸规则做好前期准备。一方面，落实已经签署的《区域全面经济伙伴关系协定》（RCEP）、双边自贸协定；另一方面，可以发展新的规则条款，以便在以后的经贸规则正式谈判和博弈中做好预案。在第六届进博会中，一些有代表性的论坛主题如“2023 贸易数字化与跨境电商发展论坛”、“2023 非关税贸易措施高质量发展论坛——贸易安全与通关便利化”、“第六届进博会硬科技产业投资合作沙龙”和“跨境投资高质量发展圆桌会”等都为形成高标准规则提供重要支撑。

（四）进博会推动“一带一路”利益共享机制的形成

进博会是构建新发展格局的重要窗口，也是越来越多的“一带一路”共建国家进入中国市场、共享中国开放红利的重要平台。同时，进博会对共建“一带一路”利益共享机制产生的促进效应也是双向开放的重要体现。其一，举办进博会可以有效加大对外开放力度，推动制度型开放。作为高能级开放平台，进博会向全世界展示了中国的制度型开放成果，与“一带一路”倡议联动，促进各国有效降低制度性交易成本，促进贸易和投资便利化，吸引和集聚全球优质要素，制定统一的规则和标准，以满足不同区域、不同行业对产品的要求，减少交易过程中的制度摩擦，推动形成“一带一路”利益共享机制。其二，举办进博会可以加强多边交流，带动经贸合作，加强中国与“一带一路”共建国家的贸易往来和投资合作，让共建国家共享发展成果。一方面，进博会直接促进“展品变商品”“展商变投资商”。历届进博会都会举办贸易投资对接会，越来越多“一带一路”共建国家的商品通过进博会平台获得广泛关注。在第六届进博会上，贸易投资对接会进一步升级，分专区板块，每日安排多轮参展商与采购商“一对一”面谈和线上远程视频洽谈，使对接洽谈更加高效。众多“一带一路”共建国家的代表性优质商品在进博会上大放异彩，促进“一带一路”共建国家与中国分享超大规模市场的发展机遇。另一方面，进博会通过多边交流强化共识，带动经贸合作。举办虹桥国际经济论坛与各国就开放、发展、创新、共享等国际前沿主题进行交流。2023 年，虹桥国际经济论坛以高质量共建“一带一路”为议题举办了“区域性国际组织示范区：‘一带一路’国际合作新平台、新实践”分论坛，现场签约 17 项“一带一路”合作项目，协议金额超过 15 亿美元。① 其三，举办进博会可以有效促进技术溢出，提升全要素生产率。通过举办进博会，吸引越来越多来自“一带一路”共建国家的企业融入国际分工体系，提升全球价值链参与度，从而优化资源配置。一方面，进出口企业因融入全球价值链体系，参与国际化的精细分工，有条件扩大规模。随着生产规模的扩大，可进一步激励企业增加先进技术和设备投入，促使内部专业化分工进一步合理化，从而形成内部规模经济，提高生产率。另一方面，企业通过参与国际分工可以承接知识和技术溢出效应。一些参与共建“一带一路”的发展中国家的企业处于价值链低端。通过融入国际分工体系，这些国家的企业有机会与来自发达经济体的拥有技术、品牌等优势的跨国公司进行知识互动，并通过组织间知识溢出获得良好的学习机会。

---

① 中国国际进口博览局：《第六届虹桥论坛分论坛丨不断推进区域经济一体化——“区域性国际组织示范区：‘一带一路’国际合作新平台、新实践”分论坛》，https：//www. ciie. org/zbh/cn/19news/dynamics/voice/20231116/41919. html，最后访问日期：2024 年 6 月 25 日。

（五）进博会推动打造国际一流营商环境

进博会作为世界上首个以进口为主题的国家级展会，在推动国际一流营商环境建设走深走实的过程中发挥了重要作用。其一，举办进博会有效提升了我国的国际影响力。进博会作为中国向世界展示营商环境的窗口，通过展示中国市场的开放程度和便利化措施，加深了国际社会对中国营商环境的了解，增强了国际社会的信心。在此期间，进博会吸引了来自世界各地的参展商，他们的参与和反馈为进一步优化国内营商环境提供一定的参考意见。其二，进博会促进相关法规政策进一步完善。随着历届进博会的举办，中国加快出台外商投资法规，完善公开、透明的涉外法律体系，并全面实施准入前国民待遇加负面清单管理制度，降低外资准入门槛，提高外资在中国市场的参与度。不仅如此，历届进博会的举办促使中国政府进一步提高知识产权审查质量和审查效率，依法惩处侵犯知识产权的行为，并引入惩罚性赔偿制度。其三，进博会进一步推动中国大市场开放与合作。进博会作为扩大进口的重要平台，促进了国内外市场的互联互通和贸易往来，为外资企业提供了更多的市场机遇。通过引进国外先进技术和产品，推动国内产业升级和高质量发展，提升中国产品在国际市场的竞争力。其四，进博会促使中国营商环境排名进一步提升。根据世界银行《营商环境报告》①，中国营商环境在全球的排名大幅提升，这与历届进博会的成功举办以及多项改革举措的推动密不可分。

三　以新质生产力推进双向开放：进博会惠及世界经济发展

作为国际性的经贸盛会，进博会为各国企业提供了展示新技术、新产品、

① 根据世界银行2020年发布的《营商环境报告》，在190个参评的国家和地区中，中国营商环境跃居第31位，比上年提升了15个位次。

新服务的绝佳平台。各国企业可以展示其在智能制造、绿色能源、生物医药等前沿领域的最新成果，不仅呈现新质生产力的最新样态，还积极促进国际贸易与投资，推动了经济全球化进程，惠及世界各国经济。未来，进博会的持续举办和影响力的不断扩大，将为世界经济发展做出更为卓越的贡献。

（一）“展商变投资商”：进博会成为吸引外资入驻的重要通道

国家主席习近平在首届进博会开幕式的主旨演讲中明确指出举办进博会的初心使命，就是要欢迎各国朋友，把握新时代中国发展机遇，深化国际经贸合作，实现共同繁荣进步。[①] 六年来，进博会聚焦把促进“展品变商品”“展商变投资商”落在实处，进一步丰富展会功能和内容形式，着力做好展客商精准撮合对接工作，在拓展经贸合作领域、进一步扩大“朋友圈”的同时，有力推动了世界共享中国大市场、共享中国新机遇，让合作共赢惠及世界。自首届进博会举办以来，进博会吸引了众多国际展商参展。这些展商在展示其优质产品和技术的同时，面对中国市场的巨大潜力也抓紧了投资机遇。越来越多的展商选择将展品转化为商品，并进一步在中国投资建厂、设立研发中心或扩大业务规模，从而实现了从展商到投资商的转变。在 2021 年第四届进博会期间，路威酩轩、开云、历峰三大国际奢侈品集团以及欧莱雅、雅诗兰黛等十大化妆品集团，携旗下众多品牌的新产品、新技术、新服务实现了“全球首发、中国首展”。在第六届进博会上，克劳斯玛菲是全球知名的橡塑生产、加工机械和系统制造商，同时也是中国化工集团旗下子公司，充分利用进博会平台，从参展商转变为投资商，持续完善在中国的本地创新研发与生产制造布局。进博会在展示我国对外开放决心、彰显我国市场优势的同时，为外资企业深耕中国市场注入更多的信心和力量。不难看出，“展商变投资商”不仅是历届进博会取得重大成功的重要标志，而且是“进博效应”惠及全球的重要体现。

---

① 《习近平在首届中国国际进口博览会开幕式上的主旨演讲（全文）》，https：//www. gov. cn/xinwen/2018-11/05/content_ 5337572. htm，最后访问日期：2024 年 8 月 25 日。

（二）进博会促进与最不发达国家共享发展机遇

进博会以其独特的平台和影响力，充分展现了中国作为负责任大国的担当。举办进博会不仅可以促进全球贸易自由化，还为最不发达国家提供了发展机遇。进博会在为中国消费者带来世界各地的优质商品和服务的同时，也为最不发达国家提供了一个展示自己特色产品、提升国家形象、寻找合作机会的平台。进博会通过提供免费展位、出台补贴和展品留购税收优惠政策等措施，为这些国家及其企业参展提供便利，助力它们链接中国大市场乃至全球市场，从而有更多机会共享经济全球化的红利。以东帝汶为例，该国连续参加 6 届进博会，不仅在展台上展示了特色农产品，如咖啡等，还成功地将中国的先进技术介绍给当地民众。此外，东帝汶还计划利用中国投资商的资金和技术在当地建立规模化养殖基地，提升当地养殖业水平并完善产业链，这将有望为当地创造更多的就业机会，让当地人分享更多的发展红利。进博会的举办提供了一个更加开放的国际贸易环境，促进中国与最不发达国家扩大进出口贸易以及双向投资，助力最不发达国家融入多边贸易体制，推动这些国家的经济发展和社会进步。这种合作模式不仅有助于扩大中国的进口规模，提高消费者的生活水平，还有助于推动全球经济复苏和发展。进博会促进与最不发达国家共享发展机遇是我国大国担当的具象化体现，也是进博会赋能世界经济发展的重要表现。

（三）以新质生产力为动能："进博效应"惠及全球

举办进博会对推动新质生产力发展具有重要作用。以新质生产力为动能，"进博效应"将惠及全球，主要体现在以下三个方面。第一，进博会汇聚全球最新的科技产品和技术成果，为参展商提供了展示和交流的平台。这不仅促进了科技创新的国际合作，还加速了科技成果的转化和应用，为新质生产力的形成和发展提供有力支撑。进博会上展示的先进技术和产品往往代表了产业发展的新趋势和新方向。通过引进和消化吸收这些技术和产品，企业可以加快产业转型和升级的步伐，提高生产效率和产品质量，从而增强市场竞争力。第二，进博会作为世界上第一个以进口为主题的国家级展会，吸引了来自世界各地的参展商和观众。这为企业拓展国际市场、加强国际合作提供了宝贵的机会。通过与国际同行交流与合作，企业可以学习借鉴先进的生产和管理经验，推动自身技术水平和产业层次的提升。第三，进博会的成功举办促进了国际贸易和投资合作，加强了国际经济交流与合作。各国政府、企业和机构通过参与进博会，增进了彼此的了解和信任，为未来的经济合作奠定了坚实的基础。不仅如此，举办进博会将成功促进全球治理体系变革。进博会的成功举办展示了中国作为负责任大国的形象，为推动全球治理体系变革贡献“中国智慧”和力量。

四　政策建议及展望

过去6年，在进博会这个世界性的大舞台上，中国以有担当的大国形象向全世界展现了双向开放的繁荣图景以及超大市场的吸引力。大量全球首发、亚洲首展、中国首秀的新品相继亮相，实现“展品变商品”，以新质生产力发展擘画双向开放的宏伟蓝图。当前，国际国内形势复杂严峻，全球经济“负重前行”，只有进一步破除新质生产力发展的障碍、促进贸易和投资自由化便利化，才能让全球经济持续焕发活力。

对外开放是中国式现代化的鲜明标识。党的二十届三中全会强调，必须坚持对外开放基本国策，坚持以开放促改革，依托我国超大规模市场优势，在扩大国际合作中提升开放能力，建设更高水平开放型经济新体制，充分展现了新时代中国与世界合作共赢、共同发展的决心。进博会顺应国家发展需要，打造双向开放的坚实平台，通过进一步发展新质生产力，向全世界展现中国的大市场优势，惠及全球经济发展。在未来的发展中，建议从以下三个方面出发，继续巩固提升进博会的举办成效。

（一）加大对高技术产业的招引力度，促进新质生产力发展

充分利用进博会平台优势，加大对高技术产业的招引力度，促进新质生

产力发展，为经济高质量发展注入新的动力。从具体做法来看：一是在进博会上设立更多的高技术产业专区，如人工智能、生物医药、新能源、新材料等，为参展商提供展示和交流的平台；二是加强国际合作，积极邀请国际知名高技术企业和研究机构参展，通过政府间合作、企业间合作等方式，推动高新技术的国际合作与交流；三是积极提供政策支持，进一步完善优惠政策，如税收优惠、资金支持、人才引进等，吸引高技术产业企业和项目落户中国；四是完善对接平台，组织高技术产业供需对接会、技术交流会等活动，为参展商和采购商提供精准对接服务，加强交流合作；五是加强知识产权保护，进一步完善知识产权保护制度，加大对侵权行为的打击力度，为高技术产业的发展提供良好的创新环境。

（二）推进进博会数实融合，更好地实现双向开放

党的二十届三中全会审议通过的《中共中央关于进一步全面深化改革　推进中国式现代化的决定》提出，健全促进实体经济和数字经济深度融合制度，加快构建促进数字经济发展体制机制，完善促进数字产业化和产业数字化政策体系。立足新发展阶段，如何进一步推动数实融合可能是未来筹办进博会面临的关键问题。建议可以在进博会上设置专门的数实融合展示区，展示数字经济与实体经济融合的最新成果和案例，如智能制造、数字农业、智慧城市等领域的创新应用场景。积极邀请国际知名企业、行业协会和组织参展，特别是在数字经济领域具有领先地位的企业，推动国际技术合作和市场拓展。利用进博会平台，举办跨国项目对接会、投资洽谈会等，为国内外企业提供直接交流的机会，推动双方在数字经济领域开展深度合作。

（三）在拉动内需的同时使中国发展更好地惠及世界

一方面，要充分发挥举办进博会对拉动内需、优化我国消费市场结构的重要作用。要积极扩大高质量消费品进口规模，通过进博会平台，进一步加大对国外高质量消费品的引进力度，如高端家电、时尚服饰、美妆产品、健康食品等，满足国内消费者日益增长的个性化、多元化需求。此外，有效提

升进口商品品质，加强对进口商品的品质监管，确保进口商品符合国内相关标准和消费者需求。同时，鼓励国内企业学习借鉴国外先进技术和设计理念，提升自主品牌的竞争力。另一方面，历届进博会的成功举办彰显了中国坚定支持经济全球化的决心和行动，为全球经济复苏和增长注入信心和动力。未来应以举办进博会为窗口，使中国发展惠及世界。在进博会期间，应当加强各国政府和企业有关经贸政策、投资环境等问题的交流，增进相互理解和信任，为未来的合作奠定基础。应进一步促进“一带一路”利益共享机制的构建，加大对一些欠发达国家的政策扶持力度，以大国风范与世界共享繁荣。

作为全球首个以进口为主题的国家级展会，进博会为中国与其他国家和地区的经贸交流与合作搭建了重要平台，是中国主动向世界开放市场的重大宣示和行动，也是中国推进新一轮高水平对外开放的重要举措。新时代，进博会将继续发挥其独特优势和作用，为全球贸易和投资自由化便利化做出更大贡献。同时，进博会将不断创新和完善自身机制与模式，提高展会的影响力和吸引力，为全球经济发展注入更多动能。

分报告

B.2
进博会促进中国参与全球数字和绿色国际经贸治理研究

张　娟*

摘　要：　绿色化、数字化是国际经贸发展的方向和未来，也是国际贸易投资内容创新、结构升级的两大新动能，以及国际经贸规则和治理的新要求。进博会作为推动高水平对外开放的平台和全球共享的国际公共产品服务提供者，积极推动贸易投资主体、客体和方式的数字化和绿色化转型。为进一步促进中国参与全球数字和绿色国际经贸治理，本文提出推动进博会打造区域数字化和绿色化应用场景，加强与国际组织的沟通协调，提升国际话语权、议程设置权和规则制定权，发挥虹桥国际经济论坛对话平台作用、推动国际国内数字和绿色经贸规则对接。

关键词：　进博会　数字化　绿色化　经贸规则　全球治理

* 张娟，世界经济学博士，上海市商务发展研究中心副主任，研究员，主要研究方向为跨国公司、国际贸易和开放型经济政策。

一　国际经贸规则的数字化、绿色化演进和进博会促进中国参与全球数字和绿色国际经贸治理机制分析

国际投资和国际贸易是国际生产的主要组成部分，也是全球价值链的基础和全球经济治理的两大支柱，世界贸易组织（WTO）预测①，未来全球贸易和投资将是数字的和绿色的，由此推动国际经贸规则的数字化和绿色化，以及全球经贸治理的数字化和绿色化。

（一）数字化演进及影响

数字科技，如5G、大数据、大模型、区块链、人工智能等推动全球数字经济蓬勃发展，也推动国际贸易、国际投资的模式和形态创新发展，由此对跨境贸易便利化程度、贸易监管模式，以及国际投资的市场准入和管理制度提出了新的要求，拓展了国际经贸规则的领域和深度。

首先，在货物领域，数字技术的发展推动了以电子商务平台为代表的新型贸易主体的出现，使企业能够为全球更多的客户提供新产品和新服务，尤其是中小企业能够直接对接海外买家和卖家，跨境电商得到快速发展。跨境电商发展带来小包裹跨境通关风险管理（如假冒商品或生物安全标准等问题）、关税征收等贸易监管新挑战，如欧盟正在探讨的跨境电商平台的“小额豁免”发货、数据合规审查和低价值商品征税，这将是1968年以来欧盟海关法做出的最大调整。

其次，在服务领域，数字技术也带动了服务跨境在线交付，尤其是原本需要面对面交付的教育、医疗等服务的在线交付发展。根据WTO 2024年发

① “WTO Annual Report 2024”，https：//www. wto. org/english/res_ e/publications_ e/anrep24_ e. htm.

布的《全球贸易展望与统计》①，全球可数字化交付服务在2023年达到4.25万亿美元，占全球商品和服务出口额的13.8%，其中信息与通信技术（ICT）服务贸易额占服务贸易总额的13.7%，成为继运输、旅游之后第三大服务贸易类别，而ICT领域也成为全球国际直接投资（FDI）增长的重要驱动力。ICT在贸易投资领域的潜力也引发了东道国投资审查，全球数字投资调查和限制的比例已从2000年的5%左右提高到近年来的20%~25%。

最后，在数字领域，数字技术应用推动了贸易流程数字化，以及数字贸易从跨境电商进一步拓展到数字产品、数字内容以及跨境数据交易等新模式、新业态，也推动了数字跨国公司的兴起。制造业跨国公司倾向于绿地投资，但是数字跨国公司通常通过收购竞争对手、有价值的初创企业以及设立销售机构等方式开展国际直接投资。数字跨国企业境外投资份额与境外销售份额之比为1∶1.8，而非数字跨国企业这一比例约为1∶1②，这不仅说明数字跨国公司在东道国轻资产、高销售的特点，也证明其更看重本土市场的价值，也更容易受到东道国国内规则的影响，如受到数据本地化、数据跨境流动等措施的影响。在经济合作与发展组织（OECD）数字服务贸易限制指数（Digital STRI）中，跨境数据流动限制、数据本地化要求以及数字平台竞争监管是急需探讨的规则领域。

（二）绿色化演进及影响

世界各国就推动绿色低碳发展达成广泛共识，也因此推动全球绿色贸易快速发展。绿色不仅成为各国经济转型的方向，也成为全球贸易新的增长点和国际经贸规则调整的新方向。

1. 对国际贸易和投资发展的影响

一是贸易投资短期受到一定抑制或有所回落。低碳规则在原材料、技术、标准、环保等方面提出了新的较高的要求，短期来看可能会增加企业生

---

① “WTO | 2024 NewsItems-WTO Forecasts Rebound in Global Trade But Warns of Downside Risks”, https: //www. wto. org/english/news_ e/news24_ e/tfore_ 10apr24_ e. htm.

② 詹晓宁、欧阳永福：《数字经济下全球投资的新趋势与中国利用外资的新战略》，《管理世界》2018年第3期。

产成本和环保合规成本，进一步压缩企业的利润空间，这可能在一定程度上抑制贸易和投资规模的增长。二是长期来看有助于国际贸易和投资的发展。低碳规则从基础层面为经济的可持续发展提供条件，有助于缓解日益紧张的资源和能源形势。企业会积极主动转变生产方式，环境和技术因素在投资合作中的重要性显著提高，绿色产业链供应链体系将加速构建。2022 年，全球绿色贸易规模达到 8.84 万亿美元①，约占全球货物贸易规模的 18%，而环境技术领域 FDI 推动了全球 FDI 的增长②。

2. 对国际贸易和投资规则的影响

一方面，考虑到绿色国际贸易和国际投资的前景，国际组织、主要经济体，以及商业机构和民间组织开展行动，推动绿色贸易和可持续供应链国际规则的协同。如联合国贸易和发展会议（UNCTAD）通过设计政策框架和组织谈判推动全球绿色出口，同时通过研究、评估和发布具有潜在贸易投资前景的行业引导贸易投资转型。如 WTO 提出例外原则，即允许 WTO 成员为了保护人类、动物和植物的生命或健康的需要等而适用各种豁免措施。③ 另一方面，以欧盟等为代表的发达经济体和国际组织在全球气候变化谈判过程中谋求主导权，在技术上寻求低碳技术制高点，在贸易上设置绿色壁垒，包括碳壁垒和可持续壁垒。就碳壁垒而言，最具代表性的是 2021 年 3 月欧盟提出的碳边境调节机制（CBAM）。可持续壁垒即贸易投资活动中要披露与环境、社会和治理（ESG）相关的信息，并完成相关的评级和认证，只有这样才能获得贸易或投资准入资格。

（三）进博会促进中国参与全球数字和绿色国际经贸治理机制分析

中国积极顺应国际经贸数字化和绿色化趋势，推动进博会成为展示

① 《圆桌丨全球服贸：顺应新趋势应对新挑战》，http：//tradeinservices. mofcom. gov. cn/article/yanjiu/pinglun/202309/154620. html，最后访问日期：2024 年 8 月 20 日。

② “World Investment Report 2024丨UNCTAD”，https：//unctad. org/publication/world-investment-report-2024.

③ “Greening International Trade丨UNEP-UN Environment Programme”，https：//www. unep. org/resources/publication/greening-international-trade.

数字化、绿色化发展成果的重要平台。在首届中国国际进口博览会（以下简称“进博会”）开幕式上，国家主席习近平提出“加强在数字经济、人工智能、纳米技术、量子计算机等前沿领域合作”“落实2030年可持续发展议程”①，谋划、提出、部署和推动国际经贸的数字化和绿色化发展。

1. 进博会推动贸易投资数字化和绿色化发展的机制

进博会是展览面积超36万平方米、有40万注册采购商的国际展会，覆盖农产品等初级产品、医疗器械等制成品以及汽车、化妆品等最终消费品，为中国推动国际经贸的数字化和绿色化提供了应用场景。一方面，进博会推动数字化和绿色化产品、服务与方案从“展品变商品”，即产生贸易促进效应。进博会为展商提供了数字化和绿色化产品、服务和方案的推广平台，采购商和展商之间发生采购交易，产生贸易行为，数字化和绿色化产品、服务与方案进入国际供应链体系。另一方面，进博会推动数字化和绿色化产品、服务与方案的“展商变投资商”，即产生投资促进效应。展商为进一步扩大本土市场份额，通过绿地投资、收购兼并等形式更加贴近本地需求，数字化和绿色化FDI产生。同样本土机构也可以通过与展商合作，开展境外投资。进博会创新孵化专区聚焦数字经济、绿色低碳进行策展，推动中小微企业融入供应链体系。此外，进博会践行绿色办展理念②，展会搭建商提供绿色办展服务，展会服务商提供数字化管理经验，进一步增强了贸易和投资的促进效应。

2. 进博会推动贸易投资规则和治理数字化和绿色化发展的机制

国家主席习近平在进博会高峰论坛主旨发言中多次提到“交流合作”，其核心内涵是通过理念认同，实现利益契合，增强规则衔接。进博

① 《习近平在首届中国国际进口博览会开幕式上的主旨演讲（全文）》，https：//www.gov.cn/xinwen/2018-11/05/content_ 5337572.htm，最后访问日期：2024年8月13日。

② 《直击第六届进博会：低碳风潮席卷各大展区，绿色进博彰显发展底色》，https：//baijiahao.baidu.com/s？id=1781865902845880420&wfr=spider&for=pc，最后访问日期：2024年8月14日。

会“四个平台”定位之一为“人文交流”，尤其是虹桥国际经济论坛是探索国际规则和全球治理的平台，也是文化和理念的交流平台，有助于推动国内规则与全球治理规则的衔接。企业国际化理论强调了企业从其他组织或同行经验中学习的重要性，即外部搜寻学习。进博会不仅是人文交流平台，其同时是重大的展会平台，集聚的主体是参展商和采购商，尤其是世界500强和龙头企业，这些企业是数字化和绿色化国际规则的倡导者与实践者，推动中国企业获得参与全球治理的经验以及学习合规的方法和路径。

二　进博会促进中国参与全球数字和绿色国际经贸治理的机制和成效

（一）发挥参展企业示范作用，推动贸易投资主体、客体与方式的数字化和绿色化转型

1. 数字化

进博会参展商顺应大数据、人工智能等数字化技术发展趋势，推出代表新质生产力发展方向的新产品、新技术和新服务。一是展出数字化新产品。例如，在第六届进博会医疗器械与医疗保健展区，辉瑞展出了肿瘤、疫苗、抗感染、炎症与免疫、罕见病、偏头痛等领域数字化转型成果。[①] 康宝莱开发了10万台联网的智能秤，通过大数据和先进科技提供定制化营养方案。二是提供新服务。例如，欣海国际报关集团连续7年参加进博会，从9平方米展区拓展到144平方米，持续增长的交易需求推动其开发了“云贸通数字智能平台”，该平台可提供智能报关、智能分类、在线办理原产地证、查询准入等功能。[②] MSC地中海航运在进博会上推广公司覆盖全球的运输服

① 《辉瑞携30多款创新产品登场第六届进博会》，https：//baijiahao. baidu. com/s？ id = 1781827555012919017&wfr = spider&for = pc，最后访问日期：2024年8月12日。

② 《第七届进博会进入招商办展阶段，近60家参展商与百余家采购商“对对碰”》，https：//business. sohu. com/a/792091856_ 120244154，最后访问日期：2024年8月24日。

务网络，邀请客户在区间链独立平台 WAVE 试用电子提单。① 艾码斯科技引领数字文旅创新发展，展示“元宇宙+文化+旅游+餐饮”的全新旅游体验场景。② 三是展示数字化解决方案。如戴尔展示了以联网服务测试平台、超高清视频应用方案和高尔夫模拟器为代表的企业级端到端产品组合、商用终端解决方案、人工智能和边缘计算等领域的前沿技术应用。英特尔展示了芯片和生成式人工智能等先进的科技产品和解决方案。模拟芯片龙头德州仪器展示汽车电子、机器人、可再生能源等领域的技术成果。西门子全面展示了以人工智能技术驱动的无序分拣机器人在智能制造、智能基础设施、智能交通等领域的应用。③

2. 绿色化

绿色也日益成为进博会的“底色”和“亮色”。“绿色”、“低碳”和“可持续发展”几乎成为第六届进博会采购商的共同话题。进博会为展商进入中国市场提供进一步了解用户需求、持续进行技术研发的平台。

第一，展示绿色环保产品。④ 安永推出更全面、多元、便捷的企业 ESG 管理工具——数智通；MUJI 展示了循环塑料再生系列及 100%循环抓绒等系列产品；澳优展出绿色环保材料，打造绿色展位⑤。第二，推动绿色供应链构建。罗克韦尔作为链主，与产业链上下游伙伴携手共创“净零供应链”，围绕“净零供应链”主轴，正式发起 RockiESG 联盟，助推中国本土制造业

① 《MSC 地中海航运：积极推动航运升级　于进博会展示行业新貌》，https：//3w. huanqiu. com/a/e99620/4AVWqvN5Iju，最后访问日期：2024 年 8 月 12 日。

② 《艾码斯科技惊艳亮相第五届进博会，科技创领推动数字化文旅高质发展》，https：//3w. huanqiu. com/a/e99620/4AVWqvN5Iju，最后访问日期：2024 年 8 月 12 日。

③ 《第六届进博会开幕，特斯拉、英特尔、美光等 3400 余家企业展现“黑科技” | 直击 · 2023 进博会》，https：//www. tmtpost. com/baidu/6774809. html，最后访问日期：2024 年 8 月 12 日。

④ 《「聚焦进博会」进博会为绿色发展带来新动力》，https：//baijiahao. baidu. com/s？ id = 1782041999303947775&wfr = spider&for = pc，最后访问日期：2024 年 8 月 12 日。

⑤ 《澳优五度亮相进博会　全方位绿色展台全面亮相》，https：//baijiahao. baidu. com/s？ id = 1748813554318867105&wfr = spider&for = pc，最后访问日期：2024 年 8 月 12 日。

实现绿色低碳发展。[①] 第三，推出绿色科技和解决方案。西门子展示了涵盖能源全价值链的最新技术和解决方案——从发电、输电、储能到低碳产业，以及可再生能源[②]；现代汽车集团的氢燃料电池货车、中巴氢燃料电池首次在交易会上亮相；首次以集团形式参展的老牌工业巨头蒂森克虏伯，展示了其绿色创新技术和应用案例，贯穿可再生能源、绿氢、钢铁、化工、水泥、交通运输整个碳中和价值链[③]；Selemer 带来农村污水处理解决方案[④]。第四，发展绿色金融。进博会为国际金融机构提供了一个展示绿色金融产品和服务的平台[⑤]，如申能碳科技有限公司携手中信证券、中金公司提供碳资产回购交易保险服务。《上海碳市场回购交易业务规则》发布后的首单碳资产回购履约保证保险业务落地。[⑥]

进博会作为贸易投资促进平台，发挥了加大双向贸易投资力度，以贸易投资规模扩大夯实贸易投资数字化和绿色化基础的作用。其中，2023 年中国跨境电商进出口额达 2.38 万亿元，培育了速卖通、SHEIN、Temu 等跨境电商头部平台。自 2022 年 Temu 平台上线以来，平台业务快速发展，2024 年上半年，商品交易额（GMV）突破 200 亿美元，超过 2023 年全年（180 亿美元）。[⑦] 2023 年，中国可数字交付的服务贸易规模达 27193.7 亿元，拥

① 《三大亮点抢先看　罗克韦尔自动化即将亮相第六届进博会》，https：//ee. ofweek. com/2023-10/ART-8320315-8120-30614655. html，最后访问日期：2024 年 8 月 12 日。

② 《西门子能源安妮珞：进博会对推进能源绿色低碳转型发挥重要作用》，https：//www. bjnews. com. cn/detail/1699274637169200. html，最后访问日期：2024 年 8 月 12 日。

③ 《绿色低碳理念如何渗透到水、陆、空领域？第六届进博会有展示》，https：//baijiahao. baidu. com/s？id = 1782173648118602521&wfr = spider&for = pc，最后访问日期：2024 年 8 月 12 日。

④ 《赛莱默携多款新品亮相第六届进博会 以水“汇”“智”可持续未来》，http：//www. xinhuanet. com/energy/20231110/d172c2ac19ab4afeb1c21692751fd40b/c. html，最后访问日期：2024 年 8 月 12 日。

⑤ 《直击进博会：“溢出效应”持续释放》，https：//baijiahao. baidu. com/s？id = 1781959233867151642&wfr = spider&for = pc，最后访问日期：2024 年 8 月 12 日。

⑥ 《低碳之风乍起　进博会“剧透”绿色未来》，http：//www. stcn. com/article/detail/1031641. html，最后访问日期：2024 年 8 月 12 日。

⑦ 《拼多多旗下 Temu 上半年 GMV 突破 200 亿美元　超越去年全年总和》，https：//m. jrj. com. cn/madapter/finance/2024/07/23100041727209. shtml，最后访问日期：2024 年 8 月25 日。

有字节跳动等数字内容头部平台。[①] 2013～2022 年，我国绿色进出口规模由8144.3 亿美元增至 10792.8 亿美元。[②]

（二）推动地方先行先试，打造数字化和绿色化应用场景与试点方案

中国对外开放的路径和策略之一就是以地方为先导，通过地方先行先试，发挥引领示范效应。在进博会推动国际贸易投资数字化和绿色化的过程中，区域和城市也发挥了积极作用，成为国际经贸新形势下贸易投资合作的重要载体。

在数字化方面，商务部推动进博会成果走进广西，推动电子信息、绿色化工、汽车及装备制造、生物医药和医疗器械等领域的外资机构与招商引资机构对接，助力地方协同推动进博会数字化相关政策有效落地。[③] 作为举办地，上海积极推动进博会有关的贸易监管数字化，创建海关监管服务数字化、智能化、便捷化、集约化新模式，开展进博展品通关全程无纸化试点。部分进博会参展商与企业在市场开发、产品研发等方面开展深度合作，涵盖汽车智能制造等多个新赛道。[④] 自进博会举办以来，上海虹桥国际商务区更是积极提升“6 天+365 天”平台功能，持续放大进博会溢出效应，如成立“丝绸之路电子商务”数字技术应用中心，探索重点商品全程溯源，开发更多消费新场景，做好交易真实性审核等，尤其是推动区块链、大数据、物联网等技术在跨境贸易通关、电子发票、风险监控等方面的应用。[⑤]

---

① 《数字贸易是我国贸易规模持续稳步增长的新动力》，http：//tradeinservices.mofcom.gov.cn/article/yanjiu/pinglun/202403/161977.html，最后访问日期：2024 年 8 月 24 日。

② 《在进博会感受中国绿色发展新机遇》，http：//www.ce.cn/cysc/stwm/gd/202311/13/t20231113_38789515.shtml，最后访问日期：2024 年 8 月 12 日。

③ 《“深化引进来，服务双循环”——进博会走进广西活动成功举办》，https：//www.mofcom.gov.cn/syxwfb/art/2024/art_34cdca733d3f48b2b2564f2fbb38454a.html，最后访问日期：2024 年 8 月 12 日。

④ 《大江东丨大市场新机遇，进博之约双向奔赴》，http：//sh.people.com.cn/n2/2023/1120/c134768-40647568.html，最后访问日期：2024 年 8 月 12 日。

⑤ 《虹桥国际中央商务区“丝路电商”数字技术应用中心在进博会启动》，https：//news.cnstock.com/news，bwkx-202311-5147802.htm，最后访问日期：2024 年 8 月 12 日。

在绿色化方面，《中共中央　国务院关于完整准确全面贯彻新发展理念做好碳达峰碳中和工作的意见》明确提出加快建立绿色贸易体系，包括发展绿色产品贸易，扩大进口绿色低碳产品、节能环保服务、环境服务等进口规模，优化绿色低碳发展区域布局，在京津冀协同发展、长江经济带发展、粤港澳大湾区建设、长三角一体化发展、黄河流域生态保护和优质发展中践行绿色低碳发展理念。《中共中央　国务院关于推进贸易高质量发展的指导意见》明确提出，要促进贸易与环境协调发展，推动节能低碳等绿色产品认证工作。浙江、上海等地积极开展国家绿色贸易试点，江苏发展绿色贸易，安徽支持企业开展国际产品认证与标准化建设，上海建立绿色低碳贸易标准与认证体系，浙江建立绿色低碳贸易标准认证制度。

在进博会促进下，江苏、浙江、上海等主要承接进博会溢出效应的长三角地区省（市）国际经贸的数字化和绿色化发展成效逐渐显现。根据测算，2022 年上海可数字交付的服务贸易规模达 983.5 亿美元。根据测算，2023 年江苏绿色低碳产品出口额为 129.94 亿美元，占比为 19.68%；浙江出口额为 79.79 亿美元，占比为 12.09%；上海出口额为 68.24 亿美元，占比为 10.34%。

（三）加强与国际组织的沟通协调，提升国际话语权、议程设置权和规则制定权

进博会吸引世界贸易组织、联合国贸易和发展会议、联合国工业发展组织、联合国南南合作办公室等与贸易、投资相关的重量级国际组织参加，以加强在相关规则、标准制定等方面的沟通协调。联合国开发计划署署长徐浩良在“发展绿色投资贸易，共建全球生态文明”论坛上提出，国际投资增长须以可持续为基本导向，重点发展绿色化、数字化的国际投资，为中国推进绿色化投资发挥了正向引导作用。①

2015 年，联合国通过《2030 年可持续发展议程》，世界各国以 17 个可

① 《虹桥论坛聚焦全球生态文明，重塑贸易和投资政策议程，促进绿色技术发展创新》，https：//export. shobserver. com/baijiahao/html/676532. html，最后访问日期：2024 年 8 月 24 日。

持续发展目标（SDGS）为导向，建设更加公平、包容和可持续的未来。联合国全球契约组织在第六届进博会虹桥国际经济论坛上发布《践行全球发展倡议，加速实现可持续发展目标：动力电池碳足迹及低碳循环发展白皮书》。该报告围绕动力电池回收、再利用和处置的多重利益相关方及其在新能源动力电池产业全价值链条上的行动实践，从全生命周期的角度出发，为更深入地推动低碳循环经济提供重要的借鉴。联合国全球契约组织提出的可持续发展倡议对中国绿色可持续发展倡议、规划、行动、方案等的出台，以及上海、北京、苏州等地环境、社会和治理（ESG）政策、方案等的出台起到了重要的引导作用。①

自2018年首届进博会举办以来，中国成功签署了《区域全面经济伙伴关系协定》（RCEP），对标《全面与进步跨太平洋伙伴关系协定》（CPTPP）开展压力测试，积极加入《数字经济伙伴关系协定》（DEPA），与39个国家签署《数字经济和绿色发展国际经贸合作框架倡议》②，致力于对标更高标准的国际经贸规则。

（四）发挥虹桥国际经济论坛对话平台作用，推动国际国内数字和绿色经贸规则对接

虹桥国际经济论坛定位为包容、开放、交流、合作的经贸新平台，为探讨国际经贸数字化、绿色化的倡议、指引、规则和标准提供了平台，并为新倡议、新宣言、新规则等共识的达成提供了机会。

在全球数字化转型的浪潮中，数字经济正以其强劲驱动力重塑全球经济版图。近年来，从政府工作报告到国家政策文件都对加快构建以数据为关键要素的数字经济、发展新质生产力做出了重要部署。③ 自进博会举办以来，

---

① 《可持续方法论丨上海涉外企业ESG新政如何优化ESG生态》，https：//baijiahao.baidu.com/s？id=1795834349749708490&wfr=spider&for=pc，最后访问日期：2024年8月12日。

② 《李詠箑国际贸易谈判副代表出席国新办“推动高质量发展”系列主题新闻发布会（商务部）》，https：//mp.weixin.qq.com/，最后访问日期：2024年8月14日。

③ 《企业唱主角！2024数博会专业展等你奏响数字经济“最强音”》，https：//baijiahao.baidu.com/s？id=1804997163014536340&wfr=spider&for=pc，最后访问日期：2024年8月12日。

虹桥国际经济论坛就把数字化列为重要议题，第一届“贸易与创新”平行论坛，探讨了数字化的机遇与挑战、对贸易促进和创新的影响。第二届“贸易与创新”平行论坛探讨了电子商务对小微企业、偏远地区和不发达国家发展产生的积极影响。第三届“跨境电商与贸易数字化发展论坛”聚焦贸易数字化，包括贸易数字化定义、表现形式和相关规则。① 虹桥国际经济论坛持续就贸易数字化提供“中国实践”和发出“中国声音”，不仅促进中国贸易数字化发展，也探讨全球数字化治理之道，提出中国双边电子商务合作机制。②

在绿色化议题中，第六届虹桥国际经济论坛发布的《世界开放报告2023》指出，多年来我国发展绿色贸易成效显著。在此背景下，第六届虹桥国际经济论坛提出，绿色贸易投资前景十分广阔，并且发出倡议。一方面，需要各国携手共进，国际社会应加大绿色贸易相关国际协定谈判的推进力度，促进标准、市场、政策、技术等要素的完善，进一步提升绿色贸易的自由化、便利化水平。国际社会应加大绿色贸易相关国际协定谈判的力度，进一步提高绿色贸易相关国际协定谈判的水平，推动绿色贸易市场化便利化。另一方面，要警惕和坚决反对绿色保护主义，在贸易方面不应设置绿色技术壁垒，探索形成多边互认的碳排放和绿色贸易体系，在技术上要加强绿色技术的创新和应用，在标准上要坚持求同存异，推进碳市场互联互通。虹桥国际经济论坛还提出，在当前实现绿色发展的过程中，国际社会面临重大难题——碳价和碳交易。目前，全球碎片化的碳价市场非常不利于应对气候变化，需要我国采取更加强有力的减排措施，同时国际上要制定协调制度，这样才能有效避免各国在应对气候变化方面发生冲突。③

① 《进博会贸易数字化论坛将发布若干重要举措》，http：//ex. chinadaily. com. cn/exchange/partners/82/rss/channel/cn/columns/sz8srm/stories/WS653a2e84a310d5acd876bffc. html，最后访问日期：2024 年 8 月 12 日。

② 《按下数字经济“快进键” 虹桥国际论坛聚焦数字贸易发展_ 中国_ 合作_ 创新》，https：//www. sohu. com/a/734414598_ 114731，最后访问日期：2024 年 8 月 12 日。

③ 《聚焦“开放、创新、绿色”，进博会溢出效应论坛在沪举行》，https：//baijiahao. baidu. com/s？id=1748296303699145979&wfr=spider&for=pc，最后访问日期：2024 年 8 月 12 日。

三　发挥进博会平台作用，促进全球数字和绿色国际经贸治理的建议

（一）促进中国参与全球数字国际经贸治理的建议

国际经贸规则正在向国际化、制度化、技术化的方向演进，随着贸易数字化、数字贸易的发展，数字化和绿色化国际经贸规则将日趋成熟，最终将形成全球治理体系。当前，美国、欧盟等发达经济体或国际组织为进一步确立其在新的国际经贸规则体系中的地位，积极推动国内规则、区域规则和全球规则的构建，积极推广符合国家经济利益的规则框架。《数字中国发展报告（2023 年）》显示，我国数字经济规模超过 55 万亿元，推动我国数字经济规模持续扩大的是电子信息制造、互联网业务、电信业务、软件业务等数字经济核心产业，增加值占 GDP 的比重在 10%左右。中国是数字经济大国，具有庞大的数字市场，并在数字平台、数据资源和数字产业上具有领先优势。国际经贸规则的数字化变革对中国来说是挑战，更是一次改变中国在世界贸易中所处地位的机遇，中国应在国际经贸规则数字化治理中发挥作用。

根据《世界开放报告》，自 2008 年以来，世界开放水平总体呈下降趋势，世界开放绩效持续低迷。从推动 RCEP 全面生效，到积极推动加入 CPTPP 和 DEPA，进博会成为中国推动开放的“虹桥之声”。[①] 中国的开放指数从 0.6789 升至 0.7517，涨幅位居全球前列。第六届进博会开幕式提出，将促进数据依法有序自由流动[②]，顺应数字经济发展趋势，积极回应市场经营主体诉求，将开放推向更大范围、更宽领域，也为我国参与国际经贸规则治理搭建平台。

1. 依托虹桥国际经济论坛，推动国际、国内经贸规则与数字议题相融合

国际贸易和投资的主体、客体与方式的数字化将带来规则议题的变化，

---

① 《中国发布最新世界开放指数　呼吁共同努力维护全球开放》，https：//baijiahao. baidu. com/s？ id＝1781770555806235441&wfr＝spider&for＝pc，最后访问日期：2024 年 8 月 24 日。

② 《习近平对进博会“三大定位”提出新要求，有何深意？如何落实？》，https：//export. shobserver. com/baijiahao/html/678516. html，最后访问日期：2024 年 8 月 24 日。

例如，围绕主体主要包括数字行业的市场准入规则、数字平台竞争和治理、数据本地化要求等议题，围绕客体主要包括个人信息保护、在线消费者保护等议题，围绕方式主要包括跨境数据流动。其中，跨境数据流动、数据本地化成为各国率先探讨的国际经贸规则，且逐渐成为高标准的硬约束条款。数字技术应用的治理尚处于讨论阶段或者未成熟的软性合作倡议阶段。虹桥国际经济论坛是中国推动开放型世界经济、参与全球经贸治理的对话平台，不仅京东、阿里巴巴、拼多多等国内平台，还有亚马逊等国际平台也是论坛的参与者，建议可以依托虹桥国际经济论坛，推动国际经贸规则数字议题探讨、谈判、协调和融合。

针对数字化主体规则，中国在《中欧全面投资协定》中承诺对欧盟投资者开放国内云计算等多个数字服务产品市场。DEPA 明确要求成员国在另一缔约方领土内，除依据协议其他条款予以保留外，应给予与本土数字化产品同等待遇的数字化产品和其他同类数字化产品的最惠国待遇和国民待遇。除市场准入之外，涉及主体的规则还包括数字平台竞争议题，一些国家已经在政策法规则中加入平台公共责任。虹桥国际经济论坛持续举办的配套活动“跨境电商与贸易数字化发展论坛”可就 DEPA“竞争政策合作”条款、平台主体在国际反垄断和反不正当竞争中的行为进行探讨，为我国就 DEPA“竞争政策合作”谈判提供思路和建议。

针对客体的数据跨境流动等议题，DEPA 致力于促进跨境数据流动，与数据跨境流动规则类似，DEPA 与 RCEP 都强调数据的非强制性本地化存储。第六届进博会开幕式提出促进数据依法有序自由流动，虹桥国际经济论坛应推动中国进一步完善国内法律制度，积极对接国际数字贸易规则，在数据管理控制和自由流动之间寻求平衡，与数字经贸国际规则的制定形成良性互动。此外，推动自贸试验区开展监管沙箱、数据共享工程试点，探索企业数字化新产品、新服务、新商业模式，积极推进新兴数字化领域政策试点，保障网络安全和数据安全等。中国还应根据具体情况，加快推进跨境数据流动分类分级管理，推动应用数字身份认证，实现跨境数据流动便利化。提高对数据跨境流动的安全监管能力，并通过与外界增进互信、深化利益捆绑，获得更加稳定的外部环境，探索中国参与全球数据治理的方案。针对上述探索成果，虹桥国际经济论坛可以进一步推动中国数据跨境流动的规则、管理和标准等经验成果的分享。

针对数字技术治理议题，DEPA 已经就数字技术快速迭代升级对区域层面创新和治理合作提出的新要求进行了回应。目前，数字贸易正在蓬勃发展，一方面监管要应对科技带来的新风险，另一方面要兼顾促进科技创新发展的目标。数字技术的应用给社会治理带来的挑战还有待观察，中国可以通过项目合作和政策试点等方式，在区块链、人工智能、金融科技等领域展开主题探讨，以及对全球该领域内相关规则进行解读。通过进博会平台促进企业合作，加强中国与其他经济体间的合作，在合作中共同探讨数字技术治理的难题。

2. 加大地方先行力度，制定中国数字贸易规则

数字贸易主体、客体和模式的发展，需要具备一定的数据存储能力。由于需要在高性能服务器上存储、管理和处理数据，跨国公司倾向于将数据中心设置在能源成本和降温成本相对较低、国内国际通信连通性较强以及不要求数据本地化存储的地区。当前跨国公司对跨境数据自由流动的要求越来越高，有鉴于此，本文提出在进博会举办地即虹桥商务区建设数字投资试验区的构想，推动中国数字领域对外开放先行先试。一是数字投资试验区按照自贸区投资负面清单要求，清单外领域不对境内外数字企业开展市场经营设置限制要求，推动进博会数字展商转化为数字投资商。二是数字投资试验区允许尝试不同区域跨境流动安排，这不仅有助于在进博会期间为展商提供更好的通信服务，而且有助于更好地研究欧美数据跨境流动的规则和标准，为数字主体国际化发展注入活力。更为重要的是数字投资试验区的探索也有助于探索更多案例、标准和规则，对已经制定且成熟的本国规则和技术标准，利用进博会和虹桥国际经济论坛的影响力，形成溢出效应。

3. 加快进博会数字技术应用，创新数字贸易监管工具

国际数字贸易相关法律法规的调整更加关注数字技术的监管应用、风险应对以及国际监管的协同性。例如，为解决电子可转让记录的互操作性问题，联合国国际贸易法委员会在2017年颁布了《贸易法委员会电子可转让记录示范法》（以下简称《ETR示范法》），允许使用电子形式的提单、本票、仓单、支票等，为电子可转让记录建立了法律框架。《ETR示范法》的技术中性原则，支持不歧视在国外签发或使用的电子可转让记录，同时支持纸质可转让单证或票据的准据法（包括国际私法规则）的适用。2023年，英国《2023年电子贸易单证法》生效，英国成为G7中首个承认纸质贸易单证和电子贸易单证之间可以相互转换的同时具有同等效力的国家。

从全球发展趋势来看，随着电子单证法律地位的确立、应用场景的丰富和拓展，以区块链为代表的数字技术将迎来新的发展高峰。中国可依托进博会提供的丰富应用场景，加快推动数字技术应用和数字监管能力提升。一方面，加快数字技术场景应用。① 单证法将在全球范围内大力推进电子贸易单证法律制度改革，在进博会展品通关等流程中，加快提单、提货单、海上保险单等主要海运贸易单证的应用。针对应用中出现的监管问题，可以通过进博会开展政策的先行先试，虹桥国际经济论坛可对基础性和前沿性规则和法律进行讨论。另一方面，在数字技术应用中实现国际国内互操作。中国在技术应用中，要注意国际国内技术规范与标准框架相衔接，确保在不同法律框架、政策和战略下运营的组织能够协同工作。例如，针对进博会展商SGS带来的区块链追溯系统——通测链探索应用，推动国内、国际法律框架与技术标准的衔接，探索跨境争议解决机制。

（二）促进中国参与全球绿色国际经贸治理的建议

为推动国际经贸的绿色化，2021年联合国环境署《绿色国际贸易：前进道路》提出环境与贸易2.0倡议。② WTO《2022年世界贸易报告》强调深入推进绿色贸易和绿色治理。③ 2023年底联合国气候变化框架公约第二十

① 《让进口食品可追溯，SGS区块链追溯系统在进博会全球首发》，https：//baijiahao.baidu.com/s？id=1682681079846479173&wfr=spider&for=pc，最后访问日期：2024年8月24日。

② "Publications & data"，https：//www.unep.org/publications-data.

③ "World Trade Organization-Home page-Global trade"，https：//www.wto.org/index.htm.

八次缔约方大会（COP28）聚焦贸易政策如何推动绿色贸易发展。进博会对绿色产品、服务与方案的推广，与虹桥国际经济论坛聚焦中国参与全球绿色经贸规则治理的探讨，都是中国式现代化发展的内在要求。进博会和虹桥国际经济论坛对中国参与绿色国际经贸治理体系构建、推动国内绿色发展体制机制改革以及塑造国际绿色核心竞争力具有重要价值。

1. 推动绿色贸易和投资发展，为绿色国际经贸治理夯实实践基础

发挥进博会贸易促进、投资促进效应，加强绿色展品、技术和服务等的应用，促进绿色贸易投资规模扩大，为绿色国际经贸治理夯实实践基础。

一是加快进博会绿色展品应用，推动生产方式绿色化转型。推广进博会绿电办展经验①，推动跨省绿电交易，建设虚拟电池，鼓励企业购买绿色电力，促进工业园区和企业发展绿色能源。推动进博会新型环保能源解决方案应用②，提高基础设施的绿色化程度，探索提高电能利用效率和可再生能源在基础设施中的利用率。在标准、技术、机制上先行先试，建立健全综合产出评价体系和动态监测考核机制，加快完善通信、运营、存储、传输等装备能效标准。

二是促进进博会绿色技术应用，推动贸易绿色技术发展。发挥进博会“6 天+365 天”贸易促进平台作用，支持企业采用国际先进环保标准，获得节能、低碳等绿色产品认证，开展绿色设计制造，构建绿色技术支撑体系和供应链，促进机电产品和高科技含量、高附加值产品出口。提高进博会技术装备展品的转化率，对能打通绿色产业链和绿色供应链堵点难点的技术、设备和关键零部件原材料进口给予优先支持。推动进博会服务贸易展区绿色化发展，积极引进先进的生态环境治理和低碳技术，在自贸试验区、产业园区、开发区等发展低碳、零碳能源服务和技术。

---

① 《“智慧元素”全覆盖　第六届进博会首次实现 100%绿电办展》，https：//content-static. cctvnews. cctv. com/snow-book/index. html？ item _ id = 6642514664249470294&channelId = 1119&track _ id = 492ad22b-cbaf-49d8-9a7c-6be25813d362，最后访问日期：2024 年 8 月 25 日。

② 《创新突破：进口博览会上新型环保能源解决方案亮相，绿色转型新篇章》，https：//www. sohu. com/a/793849767_ 121924584，最后访问日期：2024 年 8 月 25 日。

2. 提供全球共享的绿色国际公共产品服务，推进绿色国际经贸治理体系建设

国家主席习近平致信第六届进博会开幕式，希望“更好提供全球共享的国际公共产品服务”。[①] 作为最大的发展中国家和具有全球影响力的负责任大国，进博会可以成为绿色国际公共产品的有效供给平台，发挥中国作为绿色经济大国的引领作用，推动绿色国际经贸治理合作，构建发达经济体和发展中经济体共同参与的、更加均衡有效的全球经贸治理体系，推进绿色国际经贸规则体系建设。作为发展中国家，中国主导的经贸规则体系应更加注重与发展中国家合作，在规则内容方面，推动绿色贸易自由化、便利化，加强对发展中国家绿色化发展的包容性机制等问题的讨论，形成绿色化国际经贸规则的治理框架、治理方法和治理主体。要持续推动“一带一路”绿色化发展，构建区域层面的绿色金融发展协调机制和绿色金融标准体系，加强绿色标准国际合作，构建绿色工厂、绿色产品、绿色供应链评价标准体系。

3. 积极推动打造绿色经贸合作对话平台，加快绿色经贸规则缔约谈判与升级

虹桥国际经济论坛可通过加大在国际贸易、国际投资、国际标准、可持续发展等领域全球治理路径的探讨力度，支持多边贸易体制，同时支持贸易和投资自由化便利化，助力建设绿色开放型世界经济。《全面对接国际高标准经贸规则推进中国（上海）自由贸易试验区高水平制度型开放总体方案》已经对接 CPTPP 中的大部分实质性条款，涉及臭氧层保护、生物多样性、低碳经济发展、海洋捕捞渔业管理以及环境产品和服务议题。从中国的立法及实践现状来看，中国已基本具备满足这些高标准国际经贸规则的能力与条件，并已加入 CPTPP 涉及的多边环境协定。下一步绘制对外缔结条约的短期与中长期路线，一方面，要积极开展贸易协定升级谈判，推动 RCEP 等已

---

① 《习近平向第六届中国国际进口博览会致信》，https://baijiahao.baidu.com/s? id=1781690023987218096&wfr=spider&for=pc，最后访问日期：2024 年 8 月 25 日。

签署协定在绿色经济合作领域的规则不断深化；另一方面，要有序推进中日韩区域贸易协定、亚太自由贸易区（FTAAP）等环境议题开放包容谈判，释放更加积极主动的信号对接CPTPP，并与经贸联系紧密的国家探索开展绿色贸易协定谈判，支持认证机构开展绿色低碳贸易认证服务，在绿色环保方面加强技术合作，在绿色基础设施、绿色投融资等重点领域进一步加大开放力度。

参考文献

韩剑、蔡继伟、许亚云：《数字贸易谈判与规则竞争——基于区域贸易协定文本量化的研究》，《中国工业经济》2019年第11期。

韩剑、刘瑞喜、岳文：《全球绿色贸易、环境规则治理与中国路径选择》，《中国工业经济》2024年第1期。

商务部研究院绿色经贸合作研究中心：《中国绿色贸易发展报告（2022）》，中国商务出版社，2022。

铁瑛、黄建忠、徐美娜：《第三方效应、区域贸易协定深化与中国策略：基于协定条款异质性的量化研究》，《经济研究》2021年第1期。

殷敏：《国际贸易数字化变革的国际规制》，《北方法学》2024年第2期。

B.3

发挥进博会功能　促进新质生产力发展

汪红驹　李 原*

摘　要：　习近平总书记创造性提出发展新质生产力，这一重大理论和实践创新，把马克思主义政治经济学基本原理与新时代经济发展实践相结合。发展新质生产力为高水平对外开放指明战略方向，高水平对外开放能够为发展新质生产力营造良好国际环境。中国国际进口博览会通过“创新激励、要素优化、市场扩大、产业升级、制度开放”五大路径，成为中国乃至世界新质生产力发展的“助推器”。实践证明，过去成功举办的六届进博会，在激发科技创新活力、配置全球高端要素、培育高精尖产业等方面发挥了显著作用。为持续发挥“进博效应”，建议进一步瞄准高科技前沿领域设置展会、更加关注国际贸易新动能、进一步优化贸易伙伴结构，更好地赋能新质生产力发展。

关键词：　进博会　新质生产力　高水平对外开放

一　科学理解新质生产力的内涵

党的二十大报告强调，全面建设社会主义现代化国家的首要任务是高质量发展。生产力是人类社会发展的根本动力，进入新时代，要实现高质量发展的任务，从根本上需要新的生产力形成新动能。因此，基于马克思主义生

* 汪红驹，经济学博士，中国社会科学院财经战略研究院研究员，博士生导师，主要研究方向为宏观经济理论；李原，经济学博士，北京市社会科学院助理研究员，主要研究方向为区域经济学。

产力理论，结合中国特色社会主义建设具体实践，习近平总书记于 2023 年 9 月首次提出“新质生产力”概念，并逐步形成了具有中国特色的生产力发展观。[①] 2024 年 1 月，中共中央政治局第十一次集体学习对新质生产力的概念和内涵给出了权威定义：“新质生产力是创新起主导作用，摆脱传统经济增长方式、生产力发展路径，具有高科技、高效能、高质量特征，符合新发展理念的先进生产力质态。”[②] 党的二十届三中全会公报进一步提出“因地制宜发展新质生产力”，具有深刻的学理渊源和实践逻辑。

（一）新质生产力的提出,是基于历史唯物史观、适应现实发展阶段的马克思主义生产力理论创新

关于生产力的思想，西方学者亚当·斯密提出了“劳动生产力”概念[③]；李斯特提出了“生产力理论”，从国家角度强调了发展生产力的重要性，提出“物质生产力”和“精神生产力”概念，关注国际贸易对发展生产力的重要作用。[④] 马克思在西方学者理论的基础上，围绕生产力这一主线探寻人类经济社会发展规律，认为社会生产是根植于不同社会阶段的，体现为生产力与生产关系的辩证统一。基于唯物主义发展观，生产力是不断动态发展的，因此生产力理论也应该随着生产力发展、生产力与生产关系的互动变迁而不断发展完善。人类社会在经过蒸汽革命、电力革命、信息技术革命之后，进入第四次科技革命时代，我国经济发展从高速增长阶段进入高质量发展阶段，生产力也相应呈现新样态，即“新质生产力”。

（二）新质生产力以要素多样性为内涵特征

马克思提出，“生产力，即生产能力及其要素的发展”[⑤]。从政治经济学

---

① 《加快形成新质生产力，建设现代化产业体系》，http：//www. xinhuanet. com/politics/20240311/6eb1469b19904dcb8c1fb51c35f1bb6c/c. html，最后访问日期：2024 年 9 月 18 日。

② 《习近平在中共中央政治局第十一次集体学习时强调　加快发展新质生产力　扎实推进高质量发展》，《人民日报》2024 年 2 月 2 日，第 1 版。

③ 〔英〕亚当·斯密：《国富论》，郭大力、王亚南译，商务印书馆，2015。

④ 〔德〕弗里德里希·李斯特：《政治经济学的自然体系》，杨春学译，商务印书馆，1997。

⑤ 马克思：《资本论》（第 3 卷），人民出版社，2004。

理论角度理解，生产力是生产要素在一定生产关系下实现的物质生产力量，是创造社会财富、推动社会进步的革命性力量。新中国成立以来，党在解放和发展生产力的实践中，对生产力的认识随着经济社会发展不断深化，生产力理论动态发展。其中，最明显的就是生产力要素内涵的不断扩展。马克思主义生产力理论认为，生产力包含三个要素——劳动者、劳动资料和劳动对象，但其同时肯定了管理、科技等在生产中发挥的作用。进而学者从系统论视角，将生产力要素分为两种：一种是实体要素，包括劳动对象、劳动工具和劳动者；另一种是渗透性要素，包括科学技术、生产组织形式、管理、信息等。[①] 习近平总书记基于新发展阶段提出了“新质生产力”，把与高质量发展全局相关的新型生产要素纳入其中，其本质与内涵具有生产要素多元化的特征。习近平总书记于 2013 年提出“保护生态环境就是保护生产力、改善生态环境就是发展生产力”的论述，生态环境成为生产力要素之一；于 2018 年提出要重视发挥“数据、信息、知识”三种新生产要素的作用；于 2022 年强调了“资本”作为带动各类生产要素集聚配置的重要纽带，是社会主义市场经济中的重要生产要素。[②] 党的二十大报告提出“坚持科技是第一生产力、人才是第一资源、创新是第一动力”，明确了生产力组成要素的多样性。[③]

新质生产力的理论逻辑根植于生产要素多样性，[④] 总结起来由三种生产要素组成：一是实体生产要素，主要包括高素质劳动者、先进生产设备、新型生产原料、高效资本等；二是渗透性生产要素，主要包括科技创新、组织管理架构、生态环境等；三是新型生产要素，主要包括数据、信息、知识等。培育和发展新质生产力，就是将一切生产资料组合起来，实现全要素生产率的提高。

---

① 朱秀英：《论生产力的自组织系统》，《齐鲁学刊》2007 年第 6 期。

② 中共中央文献研究室编《习近平关于全面建成小康社会论述摘编》，中央文献出版社，2016。

③ 习近平：《高举中国特色社会主义伟大旗帜　为全面建设社会主义现代化国家而团结奋斗——在中国共产党第二十次全国代表大会上的报告》，人民出版社，2022。

④ 魏崇辉：《新质生产力的基本意涵、历史演进与实践路径》，《理论与改革》2023 年第 6 期。

（三）发展新质生产力要依靠高水平对外开放

在历史视角下，对外开放显著促进了生产力的解放与发展。改革开放以来，我国坚持实施互利共赢的开放战略，推行全面的对外开放政策，积极地融入全球经济一体化的浪潮。我国的角色逐渐从世界经济体系的边缘参与者转变为积极的参与者，进而成为引领者。随着社会主义市场经济体制和对外开放机制不断完善，全球技术、资金、人才等先进生产要素在我国不断汇聚。可以说，中国发展生产力离不开世界，世界生产力发展也离不开中国。

习近平总书记在中共中央政治局第十一次集体学习时强调："要扩大高水平对外开放，为发展新质生产力营造良好国际环境。"① 这为通过高水平对外开放赢得发展主动权提供了行动指南。《中共中央关于进一步全面深化改革　推进中国式现代化的决定》明确提出，"加快形成同新质生产力更相适应的生产关系，促进各类先进生产要素向发展新质生产力集聚"。根据马克思主义生产力理论，生产力决定生产关系，生产关系在一定条件下反作用于生产力，高水平对外开放既涉及构成新质生产力的各种生产要素及其组合配置，也涉及相关体制机制改革等新型生产关系的适应性调整，能够为新质生产力发展提供重要动力。一方面，对外开放能够拓展生产资料的空间配置范围，促进人才、先进生产设备、高效资本、前沿科学技术、管理模式，以及数据、信息、知识等在国内国际两个市场之间流动，为本国和全球生产力发展提供支撑。另一方面，持续扩大制度型开放，在经贸领域推进规则规制与管理标准等与国际接轨，能够为生产力发展提供更为优质的发展环境。

二　中国国际进口博览会促进新质生产力发展的作用机理

在全球新一轮科技革命与产业革命背景下，新技术蓬勃发展、新业态层

① 孟繁哲：《形成新型生产关系（评论员观察）——因地制宜发展新质生产力④》，《人民日报》2024年3月15日，第5版。

出不穷、新竞争方兴未艾、新格局加速形成，科学技术革命性突破、生产要素创新性配置、产业模式深度转型都在催生新质生产力。中国国际进口博览会（以下简称“进博会”）秉承“开放、包容、共享”的价值观，深度契合了新质生产力发展的内在要求，通过高效打通国内国际资源互动通道，引导全球先进生产要素资源来华流转，激发助创新、促转型、拓市场、优供给、谋合作的深层次正面溢出效应，通过“五大效应”，畅通“高水平对外开放→有利的国际环境→新质生产力发展”这一作用路径，为新质生产力的蓬勃发展创造有利条件（见图1）。进博会上“全球购”，不仅是中国扩大高水平对外开放的“展示台”，更成为中国乃至世界新质生产力发展的“助推器”。

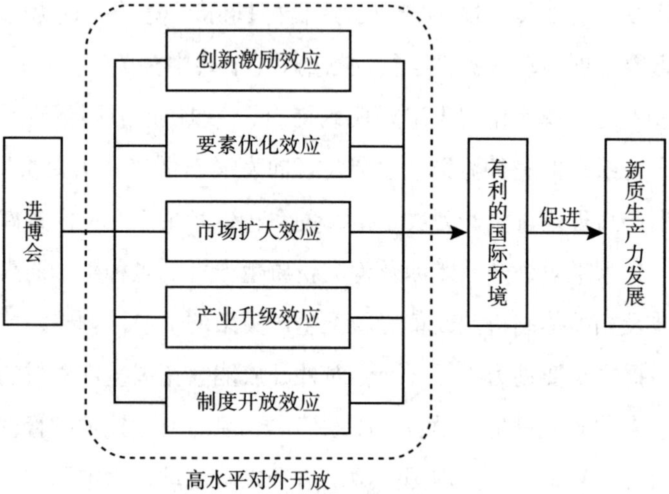

图1　进博会促进新质生产力发展的作用机理

（一）创新激励效应

西方经济学生产力理论主要体现为“经济增长”理论。内生增长理论认为，技术的跨国转移带来了全球经济增长，技术是一个国家或地区生产力发展的内生变量。[①] 生产要素跨境流动对发展新质生产力有重要促进作用。

① P. Aghion and P. Howitt, “A Model of Growth Through Creative Destruction”, *Econometrica* 2 (1992): 323-351.

进博会借助进口贸易结构的优化升级，实现三种创新，即通过竞争效应促进自主创新，通过技术溢出效应促进模仿创新，通过产业互补效应实现集成创新，从而为我国新质生产力的发展提供新动能。六年来，进博会成为科技创新的驱动器和孵化器。

在竞争效应下，进博会通过进口高附加值最终产品，倒逼国内企业加大研发投入力度，能够激发关键性科学技术创新突破，有利于加速形成当前开放条件下货物贸易和服务贸易的最优比较优势格局。在竞争市场上，借助市场供需关系和价格变动机制，企业生产性科技创新行为和创新成果不仅会提高企业利润，还会进一步通过技术外溢效应推动非生产性科学技术进步，从而形成全社会范围内的科技创新浪潮。

在技术溢出效应下，根据格罗斯曼和赫尔普曼提出的"横向创新理论"，贸易和投资会带来技术和知识外溢、落后国家技术模仿、适宜的创新互补等，推动欠发达国家经济增长。[①] 进口商品中附加了大量有形和无形的知识、技术、国外研发投入和人力资本，进口国对进口商品进行学习、消化和吸收，能够降低本国企业研发成本，并以国外新产品新技术为起点进行前沿科技升级与创新。尤其是先进生产设备的进口，对国内企业技术进步和生产效率提升有显著作用。[②]

在产业互补效应下，进博会积极鼓励并创造条件支持科技、产业领域的国际交流，进口国和出口国通过产业链上下游联动实现优势互补，通过产业合作实现集成创新。进博会期间，举办多场"产品首发"活动，不仅为我国企业科技研发指引了技术方向，也带动了国内外企业依托供应链、产业链夯实创新链合作，激发了新质生产力发展活力。

（二）要素优化效应

发展新质生产力的重要途径之一是优化劳动者、劳动资料和劳动对象的

---

① G. M. Grossman and E. Helpman, *Innovation and Growth in the Global Economy* (Cambridge, M. A.: MIT Press, 1993).

② 张杰：《进口对中国制造业企业专利活动的抑制效应研究》，《中国工业经济》2015 年第 7 期。

优化组合。① 从资源配置的角度来看，发展新质生产力要求具备持续获取和配置全球新质生产要素的能力。生产力发展具有量变和质变两种形态，新质生产力以新技术、新要素、新模式、新产品、新业态的出现和发展为标志，是一种生产力的质变。发展新质生产力，靠传统的全球生产要素的跨区域流动是不够的，要依靠优质生产要素向新质生产力发展方向集聚，包括信息流、数据流、前沿技术流、高科技产品流、优质资金流、高端人才流等。

基于马克思主义政治经济学提出的“国际交换具有共赢性价值”，以及西方经济学的“比较优势理论”，国际贸易在促进人力资源积累、加速专业化分工、推动生产要素创新性配置、提高劳动生产率方面发挥了重要作用。在经济全球化深度发展的今天，高水平对外贸易能够进一步加速科学技术跨境流动，充分发挥技术溢出效应，提升全要素生产率。进博会助推更多高科技含量中间品、高技术最终产品、资本品以及知识密集型服务进口，有助于高科技人才和先进管理模式引进，为吸引全球范围内优质生产要素向中国集聚提供了便利条件。进博会成为更多先进技术装备、高端零部件进入中国市场的重要渠道，通过在全球范围内优化生产要素配置，加速全球新型生产要素流通和创新组合。进口结构的优化有助于加速形成开放条件下的最优竞争合作格局，倒逼国内企业自发将资金、资源、人才和先进管理经验等生产要素投入最合适的生产和研发，实现生产要素在产品内和产品间的最优配置，为培育和发展新质生产力奠定基础。

（三）市场扩大效应

新质生产力的形成需要以不断增长的市场需求为基础。进博会有利于消除市场进入壁垒、扩大市场需求，从而刺激生产要素供给，加速科技创新与产业创新，为新质生产力的形成提供基础和动力。② 一方面，市场规模扩大会促进生产分工不断细化，企业面对激烈的市场竞争不断进行科技创新，进

① 任平：《以新质生产力强劲推动高质量发展》，《人民日报》2024 年 4 月 9 日，第 1 版。

② 周文、许凌云：《再论新质生产力：认识误区、形成条件与实现路径》，《改革》2024 年第 3 期。

而持续涌现新产品、新业态和新生产方式，促成生产力发生质变①；另一方面，市场需求还能够刺激生产要素供给，推动科学技术创新及其产业化进程。

进博会以新的生产要素激活消费需求。进博会瞄准开放的中国消费市场，将新产品、新技术、新劳动对象引入中国市场，有力带动了消费升级，创新的产品类型、良好的产品质量、优质的产品服务，都是挖掘消费需求的有效手段。在进博会消费品展区，参展商多为国际知名品牌，在质量把控、产品研发、技术创新等方面具有比较优势，在食品及农业产品、汽车、技术装备、美妆及日化用品、医疗器械及医药保健等领域，大大激发了消费者多元化、个性化、绿色化消费需求，也拓展了诸多新型消费形式，诸如虚拟消费、沉浸式消费等。

进博会以生产要素的优化组合激活投资需求。生产要素实现优化组合的跃升形成新质生产力的过程，微观上体现为经济主体开展投资的过程。首先，进博会有助于畅通国际产业链和供应链，产生投资间接促进效应。新一代信息技术、人工智能、大数据、新材料、生命科技等先进生产力要素通过进博会集聚在中国，经过国内企业优化组合并运转起来，激活有效投资需求。通过扩大更高品质的生产设备及零部件进口，更多先进的生产技术、解决方案、管理理念、技术标准进入国内，赋能国内企业生产技术迭代革新。其次，进博会参展商通过展览展示推介展品，获得进入东道国市场的机会，并进一步引导投资行为。在中国做出市场和产业开放承诺之后，市场导向型外资流入趋势会持续增强，参展商基于中国市场价值预期产生的投资行为将越来越多，外资企业拥有较高的科技水平和更先进的管理经验，能够为新质生产力注入新动能。

（四）产业升级效应

科技创新并不直接产生新质生产力，需要以产业为载体。产业升级

① 〔英〕亚当·斯密：《国富论》，郭大力、王亚南译，商务印书馆，2015。

是生产力变革的具体表现形式，只有实现产业体系的持续升级，才能保持新质生产力的蓬勃发展。进口通过资金流入、人才积累和技术进步的中介效应促进产业结构优化升级。雁行形态理论和产品生命周期理论都从理论上肯定了进口贸易对产业结构升级的促进作用；资本品、中间品进口对促进地区产业结构升级有正向影响。① 进博会有利于促进对外贸易高质量发展，加速进口贸易和出口贸易格局下引领性、支柱性产业全面升级，新兴产业和消费型产业深度转型，从而实现关键产业新质生产力的高速发展。

一方面，进博会有利于优化贸易结构，围绕新质生产力提升产业链供应链韧性，实现产业体系自主可控、安全可靠。进博会帮助中国持续扩大外贸“朋友圈”，加大与共建“一带一路”国家尤其是第三世界国家的进出口贸易合作，通过改善贸易结构、开拓贸易对象，加强战略性新兴产业和未来产业全球产业链和供应链安全。在“全球包容、开放合作、互惠发展”的原则下，进博会促进国内企业与外国参展商在各个领域与生产环节开展研发合作，重点聚焦代表未来产业发展方向的人工智能、新能源、集成电路、生物医药等重点产业，为企业延链补链强链搭建了桥梁。进博会聚焦科技发展趋势深化技术创新合作，与不同国家的企业在创新链价值链的不同环节不同层次联合开展技术合作研发，共同推动技术进步和产业发展。

另一方面，进博会通过加速生产要素流动、优化要素配置，发挥产业链合作效应。中国拥有全产业链配套能力，制造业门类齐全、产业集群发达，能够为跨国公司提供低成本配套能力。外商投资企业拥有的新技术或新产品，不仅能通过进博会在中国获得巨大的市场，还能在中国布局更多创新项目和产业项目，形成完整的产业链配套。进博会期间举办的多场投资对接会、“走进地方”等专场活动，为招商引资提供便利，地方政府根据产业发

① 〔日〕赤松要：《废金货币与国际经济》，东洋经济新报社，1974；付建栋、刘军：《资本品、中间品进口与产业结构升级》，《华东经济管理》2023 年第 6 期。

展需要开展定向产业链招商，尤其是在新一代信息技术、新能源、新材料、先进制造等战略性新兴产业，以及元宇宙、类脑智能、量子信息、未来网络等未来产业领域实现资源整合，通过延链、补链、强链，有效拓展产业链上下游合作伙伴关系。

（五）制度开放效应

发展新质生产力，需要形成与之相适应的新型生产关系。面对日益复杂的国际政治经济局势，新旧动能正经历深刻转换，新旧势力正发生激烈碰撞，新质生产力将成为未来全球竞争的重要领域。改革开放是生产力发展的必要条件，是创新的最佳土壤，要塑造适应新质生产力发展的开放型制度环境。要实现高水平对外开放助力新质生产力培育，必须充分发挥市场机制在“双循环”中的作用。因此，要推进贸易便利化和投资便利化，破除阻碍生产要素自由流动和创新性配置的体制机制，先行先试，利用全球创新资源，最大限度地减少非市场壁垒，构建符合新质生产力发展的新型开放型政策体系。进博会已然成为中国向世界承诺进一步扩大对外开放的窗口。习近平主席在历届进博会开幕式上的主旨演讲中均对中国市场和产业开放做出了承诺，增设中国上海自由贸易试验区新片区，签署《区域全面经济伙伴关系协定》（RCEP），进一步缩减外资准入负面清单，发布《鼓励外商投资产业目录（2022 年版）》，进一步降低关税，提升通关便利化水平，削减进口环节制度性成本，加快跨境电子商务等新业态新模式发展。中国持续推进“规则对接更好”的开放，进一步放宽市场准入，共享大市场机遇，共助生产力发展。

进博会持续为形成新质生产力提供制度保障。进博会体现了中国积极融入全球经贸规则重构的大国姿态，主动对标国际高标准经贸规则，并建立差别化双边及多边对接协调机制。先后设立自由贸易试验区、服务业扩大开放综合试验区、自由贸易港、跨境电商综合试验区等，逐步探索国际高标准监管模式。

三　进博会为新质生产力发展做出积极贡献

在全球经济活动疲软、增长持续放缓、贸易整体表现低迷、地缘政治风险加剧的复杂背景下，中国是全球经济增长的稳定器和动力源。六年来，进博会的企业商业展览面积从首届的27万平方米扩大到第六届的36.7万平方米，意向成交额也保持增长态势，从578亿美元增长到784亿美元（见图2）。进博会成为中国与世界创新合作、市场对接、产业相融、规则互鉴的国际大平台，畅通了“科技创新—要素流动—产业发展”这一新质生产力发展的良性循环，对中国实现高质量发展贡献了重要力量。

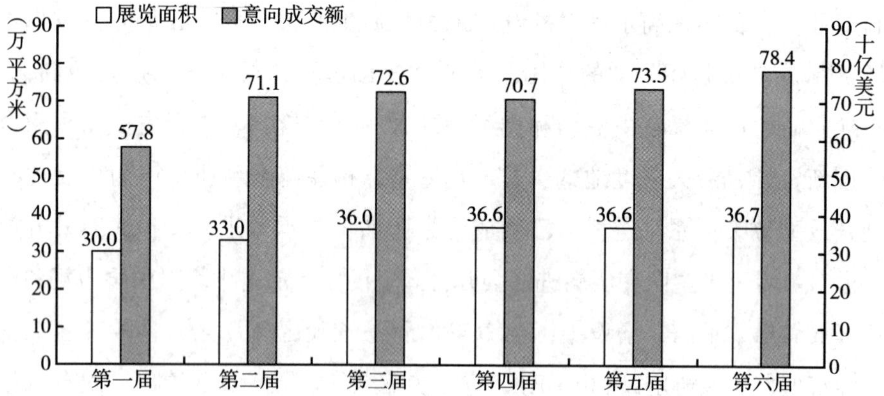

图2　历届进博会展览面积和累计意向成交额

资料来源：历年《中国国际进口博览会企业商业展展后报告》。

（一）进博会为企业加速科技创新提供了动力

进博会为新质生产力发展提供了“科技内核”。进博会已经成为全球最新技术、最新产品和最新服务的首选发布和展示平台。展会期间的“首发新品”数量从首届的100余项攀升至第六届的422项。尤其是自第四届进博会设立创新孵化专区以来，形成了“孵化加速+投资驱动+场景开放”的创新孵化体系，为国内外初创企业提供了展示新技术、宣传新产品的机会。进博会展示了全球在数字技术、人工智能、智能汽车、新材料、生物医药、节能环保等前沿领域的新产品新技术，为关键技术难题和经济发展瓶颈的突破提供了方式方法。从数据来看，中国专利授权数量逐年增加，由2016年的40.4万件逐年增长到2022年的79.8万件（见图3）。其中，国内专利授权占比逐步扩大，从2016年的74.75%增长至2022年的87.22%，说明在国外先进技术的激励下，中国自主创新能力逐步提高，通过学习和引进外国先进技术实现科技自立自强的方法是有效的。

进博会为中国创新与全球创新逐步融合提供纽带。自2021年以来，进博会特别增设创新孵化专区，为国内企业对接海外新产品、新技术、新服务搭建了桥梁，也对中国自主创新产生了巨大的技术溢出效应和竞争激励效应。第六届进博会进一步扩大创新孵化专区的规模和领域，共设500个席位，有来自39个国家和地区的超过300个创新项目参展，超过前两届的总和。很多海外高科技企业在中国设立研发中心，打造由本土工程师组成的专业研发团队。这种贴合东道国市场需求的有效创新，一方面有利于跨国公司实施本土化战略，另一方面成功推动更多的中国创新走向世界。参展商GE

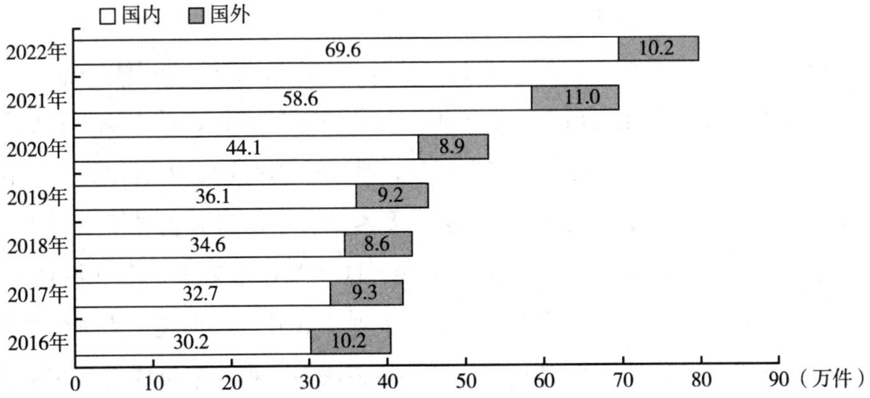

图3　2016~2022年中国专利年度授权数量

资料来源：国家知识产权局。

医疗表示，2018 年的首届进博会，GE 医疗的展品以进口产品为主，而到了第六届，已经有超过一半的 GE 医疗展品是“全球资源+中国创新、国产智造”。①

（二）进博会为全球要素优化配置提供了机会

进博会促进了“新质”供需对接。新质生产力，关键在质优。进博会向世界开放了广阔的市场，突破地理空间的限制，促进了供需对接，使国内个性化、数字化、智能化、绿色化等“新需求”能够与全球优质要素供给和产品服务供给对接。具体来说，进博会上，新产品、新技术和新服务的引进形成了“新质供给”，与国内现有需求精准匹配实现供需关系更高层次的平衡。众多国际前沿科技和高端装备进入国内市场，形成了“新质生产工具”，为国内企业学习借鉴先进科技提供了便利，有助于企业通过更新生产方式催生新质生产力。众多进博会首发新品为国内中小企业改进生产技术、更新生产模式指明了方向，激发“新质劳动对象”不断涌现。借由进博会平台，国际高端人才来华工作，为国内引进和培育“新质劳动力”贡献了积极力量。新型生产要素、新型生产方式的进入，会改变传统制造业和传统服务业的生产模式，倒逼国内企业加速产业转型升级。从意向成交额来看，进博会大大促进了供需对接。

进博会为新质生产力开拓了市场。中国企业借助进博会的窗口功能，一方面与国外企业在本土开展生产、流通、销售方面的合作，助力境外新质生产力“本土化”；另一方面主动推介产品，推动中国制造、中国服务等中国新质生产力“走出去、走远去”，促进全要素生产率的提升。进博会吸引了众多世界 500 强企业及行业领军企业参展，这些企业带来了众多前沿技术、创新视角、高端资本、人才资源、先进的商业模式及生产模式，为中国企业供应链的优化升级提供了关键技术装备和增值服务。得益于进博会的积极作用，中国高新技术制造业的增加值持续增长，成效显著。2015~2022 年，中

① 《新品扎堆亮相，进博会持续释放中国市场吸引力》，https：//baijiahao. baidu. com/s？ id = 1781900504783427414&wfr = spider&for = pc，最后访问日期：2024 年 8 月 29 日。

国高新技术企业数量持续增长（见图4），在2018年首届进博会召开后，中国高新技术企业数量增速基本保持在20%以上，从一个侧面证明了，进博会显著促进高新技术企业的创立与成长，为新质生产力的发展注入了强大的内生动力。波士顿科学是进博会的“老朋友”，参加进博会6年，从展商变为投资商，不断向产业链的上下两端扩展，加大在华投资力度，在医疗产业全价值链各环节将自身优质生产资源与本土生态圈深度融合，与国内企业实现协同共赢，推动“中国制造”惠及全球病患。施耐德电气参加进博会以来，推出的“黑科技”项目与签约项目逐年增长，并与中国移动等大型企业达成了多项深度合作，其前沿性数字化解决方案被应用到国内外商业地产、酒店、电网、医疗等多个行业。施耐德电气还携国内外合作伙伴共同参展，帮助中国企业拓展业务范围。

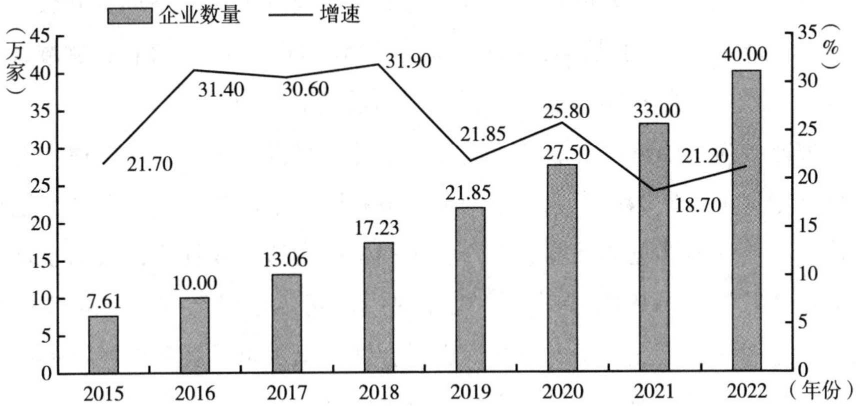

图4　2015~2022年中国高新技术企业数量及增速

说明：因四舍五入，存在误差。
资料来源：科技部。

（三）进博会为高精尖产业培育提供了平台

进博会为科技成果转化、培育和完善现代化产业体系提供了机遇。当前，中国现代化产业体系面临供应链、产业链核心环节未抓牢，处于价值链中低端位置等问题。进博会不仅为新技术提供展示平台，更提供了孵化落地平台，切实促进科技创新成果转化为新质生产力。自创新孵化专区成立以来，224个项目依托进博会，得到地方政府、产业园区、金融机构和行业龙头企业的关注和扶持，实现“科技产业化”。在进博会的带动下，更多外商在中国投资布局更多战略性新兴产业和未来产业项目，带动产业升级。地方政府依托进博会渠道，根据当地产业链发展情况，有针对性地进行招商引资；外资企业借助进博会平台，在全球范围内开拓产业链合作伙伴，进一步拓宽业务领域。例如，借助2021年进博会，浙江省共签约64个外资项目，总投资116.7亿美元，涉及数字经济、智能制造、新材料、生物医药等多个行业；2022年进博会期间，重庆举行投资贸易合作恳谈会，现场签署34项合作协议，协议金额达330亿元。上海利用东道主优势，抢抓进博会场内外机遇，让更多“头回客”成为“回头客”，让更多参展商变为投资商。自2018年首届进博会举办以来，上海通过举办“投资上海”系列推介会，共签约450余个项目，投资总额超过700亿美元，项目多属于高科技领域，涉及数字经济、生物医药、时尚消费等，“新质”属性明显。

进博会为中国供应链、产业链和价值链升级提供了助力。进博会有效链接全球资源，使国内产业对标国际水平并嵌入全球价值链，不断向全球价值链高端延伸。进博会能够充分利用中国庞大的市场规模，吸引全球先进的生产要素与国内需求对接，反哺国内市场，形成区域现代化产业集群，促进现代化产业体系的建立。进博会展现出对全球优质生产资料的强大吸引力，大量企业、技术、人才、资本以进博会为核心集聚在一起，形成不同类型的现代化产业集群。由于世界地缘政治局势动荡、全球经济形势更趋复杂，全球跨境投资规模有所缩减。2023年，在中国实际使用外资金额同比下降8%的情况下，高科技领域成为吸引外资的高地，保持同比增长态势，占实际使用外资的比重为37.3%，较上年提升1.2个百分点，[①] 体现出以进博会为代表的高水平对外开放对产业升级、新质生产力发展的促进作用。

---

① 商务部。

四　持续发挥“进博效应”助力新质生产力发展

进博会对加快培育新质生产力发挥了重要的中介作用，新质生产力发展为进博会指明了战略重点与布展方向。未来，进博会要进一步承担“创新力展示窗口、产业链整合平台、国际化交流桥梁”作用，把党的二十届三中全会进一步全面深化改革、推进中国式现代化的战略部署落到实处，依托中国超大规模市场优势，在扩大国际合作中为新质生产力的发展持续注入活力。

（一）展会设置瞄准高科技前沿领域

创新是新质生产力的核心，生产力发展路径具备高科技、高效能、高质量特征。因此，进博会应更加关注以“高科技、高效能、高质量”为特征的全球资源。一是完善进博会组织架构，设立专门的产业和技术研究部门。一方面聚焦新一代信息技术、高端装备、新能源、新材料、智能网联汽车、民用航空等战略性新兴产业领域，另一方面前瞻性地关注量子信息、生成式人工智能、元宇宙、脑机接口、人形机器人、未来网络、新型储能等未来产业领域，全面梳理全球范围内的技术研发和供给能力，建立灵活多样的进博会参会激励机制，提高对目标企业参展的吸引力，为数字化、智能化、绿色化科技创新与产业转型合作搭建桥梁，推动中国经济社会高质量发展。二是重点关注高新技术领域参展商。前六届进博会中，大多数企业为服务消费升级服务商，制造业高端领域的世界领先企业不够多，企业落地成果有待进一步增加。下一步展会资源要对能够促进传统产业转型升级、新兴产业快速发展、引领前沿技术进步的参展商进行倾斜，吸引更多现代制造业与现代服务业细分领域的单项冠军企业参展并探索在中国投资设立研发中心和工厂，激发本土新质生产力发展活力。

（二）更加关注国际贸易新动能

要实现对外贸易高质量发展助力新质生产力培育的目标，必须创新贸易形式。近年来，人工智能、大数据、云计算、区块链等技术应用于国际贸易，国际贸易数字化、智能化催生出贸易领域的新质生产力。一是要进一步关注企业对新型贸易形式的需求，促进跨境电商、数字贸易、服务贸易、绿色贸易发展，推动海外仓、保税维修、离岸贸易等新型贸易业态快速发展，为从事对外贸易的企业提供足够多的形式选择，通过培育外贸新动能、拓展增长新空间，培育和发展新质生产力。二是进一步关注能够赋能新质生产力发展的技术、产品与服务。前几届进博会中，很多参展企业集中在服务消费升级展区，未来要重点满足国内技术进步、产业升级和产业安全的需求，进博会资源要重点向新质生产力代表行业倾斜，进一步提升供给水平，利用国际资源形成配套的国际供应链。三是进一步关注民营企业的贸易需求。民营企业是培育和发展新质生产力的生力军，在进出口贸易领域展现出强劲的活力。进博会要进一步扩大民营企业作为采购商和参展商的比例，实现“走出去”与“引进来”双向互补，为民营企业打开更大市场提供更多机遇。尤其是针对具有“新科技、新制造、新服务”特点的民营企业，使其以进博会为平台提升利用国内国际两个市场、两种资源的能力，达成创新协作、深度融合、产业激励、强链补链和新质生长的目标。

（三）进一步扩大对外开放朋友圈

党的二十届三中全会提出，“抓紧打造自主可控的产业链供应链”。当前世界政治经济局势正发生深刻变化，地缘政治冲突不断，国家间的竞争更多地体现为新质生产力领域的竞争，进博会要优化招商策略，聚焦与发展中国家的合作，提升产业链供应链韧性，致力于为中国新质生产力发展创造良好的国际环境。一是依托进博会拓展与区域新型贸易伙伴的贸易关系。要重点吸引更多共建“一带一路”国家和地区的企业参展，进一步与上海合作组织、东盟、金砖国家等加强经济合作和技术合作。二是探索进博会“走出去”新模式。为积极应对西方国家对中国实施的高技术出口管制，充分利用“进博平台”推动中国企业“引进来”“走出去”并重，依托更多境外创新资源助力新质生产力发展。进博会期间可与共建“一带一路”国家举办“中国进口”专场活动，引导中国企业优化全球供应链布局和海外市场布局。三是进一步加强进博会与中国重大对外开放举措的联动。促进进博会与其他国家级展会和论坛合作，进一步密切与广交会、服贸会、博鳌亚洲论坛等一系列高端开放合作平台的协同联动，进一步整合对外开放展会资源，探索“进博会+”模式形成“展会”合力，推动全球优质资源共享。

B.4 进博会与“一带一路”利益共享机制构建

李晓静*

摘　要： 本报告首先分析了新时期构建“一带一路”利益共享机制的内在要求，接着从推动制度型开放、带动经贸合作、促进技术溢出三个方面分析了进博会对“一带一路”利益共享的促进效应。其次结合数据分析发现，进博会显著促进了中国与共建“一带一路”国家的贸易联通，并强化了中国与共建国家的投资合作。然而，由于部分国家对华贸易政策不稳定、国际经贸扰动因素增加以及“丝路电商”合作机制尚不完善等原因，构建“一带一路”利益共享机制依然面临严峻挑战。接下来有必要继续扩大进博会溢出效应、强化虹桥国际经济论坛的辐射效应、推动高水平对外开放、打好“进博会+丝路电商”组合拳，在扩大开放中持续促进“一带一路”利益共享。

关键词： 进博会　共建“一带一路”　利益共享机制

中国国际进口博览会（以下简称“进博会”）是构建新发展格局的重要窗口，业已成为越来越多的共建“一带一路”国家进入中国市场、共享中国开放红利的重要平台。在逆全球化思潮抬头、全球产业链供应链加快重构的背景下，共建“一带一路”可跨越地域、文化和经济发展阶段差异，

---

* 李晓静，经济学博士，中共上海市委党校上海发展研究院助理研究员，主要研究方向为数字经济、对外开放。

超越意识形态分歧，通过积极探寻治理新模式，推动各国共享发展成果。因此，挖掘进博会对构建“一带一路”利益共享机制的促进效应，具有重要的现实意义。

一　进博会促进构建“一带一路”利益共享机制

（一）构建“一带一路”利益共享机制的内在要求

2023年11月，推进“一带一路”建设工作领导小组办公室发布了《坚定不移推进共建“一带一路”高质量发展走深走实的愿景与行动——共建“一带一路”未来十年发展展望》（以下简称《行动》），进一步明确了未来十年高质量共建“一带一路”的发展思路、原则理念和发展目标。根据“一带一路”倡议秉持的发展理念以及《行动》内容，可将构建“一带一路”共享机制的要求总结为以下三个方面。

一是坚持共商共建共享。坚持共商原则，表明“一带一路”不是中国一家独奏，而是各国彼此尊重、相互信任。共建“一带一路”国家数量众多，以共商为基础，各国可以平等参与、沟通协商，提出利益诉求，寻求各国利益的最大公约数。共建原则旨在强调调动各方参与积极性，充分发挥自身在资源、技术、人才、制度等方面的优势，通过共建“一带一路”实现优势互补，对现有的区域发展机制形成良好补充。共享原则强调互利共赢，整合各方发展需求、回应人民现实诉求、弥合各国分歧，从发展理念、发展路径、基础设施“硬联通”和规则标准“软联通”等方面实现成果共享，让各国人民切实享受到“一带一路”建设的成果。

二是坚持绿色开放。绿色“一带一路”符合国际低碳发展趋势，符合广大共建“一带一路”国家的经济发展和环保诉求，为世界经济发展注入新动能。通过参与国际绿色标准制定、创新绿色管理模式、引导“一带一路”绿色投资、构建绿色价值链、开展生态环保合作等路径，携手各国共同解决气候、环境等问题。开放合作是共建“一带一路”国家实现共同繁荣和包容性增长的必由之路，也是“一带一路”倡议的底色。通过打造高水平开放合作平台，“一带一路”有助于更多的共建国家从封闭走向开放、积极参与全球分工体系，进而推动形成更加公平合理的国际经贸规则体系和更加开放包容的全球治理模式。

三是坚持惠民可持续。惠民要求始终坚持以人民为中心，聚焦消除贫困、增加就业、改善民生，不断增强共建国家民众的获得感幸福感。通过深化减贫、健康、教育、科技等领域的合作，谋划更多“小而美”的民生工程，助力共建国家增进民生福祉、提高人民生活品质。可持续注重发展路径、发展成果和发展理念的持续性。将高质量共建“一带一路”与联合国《2030年可持续发展议程》对接，统筹推进经济、社会、环保全面发展，努力消除制约发展的各项因素，不仅要让各国共享发展成果，还要确保发展的持续性，建设更加持久、紧密的“一带一路”伙伴关系。

（二）进博会对“一带一路”利益共享的促进效应

1. 加大开放力度，推动制度型开放

在第五届进博会上，习近平主席强调，“中国将推动各国各方共享制度型开放机遇，稳步扩大规则、规制、管理、标准等制度型开放”[①]。同年，党的二十大首次将“制度型开放”写入党代会报告，为新时期的开放战略指明了方向。推动对外开放由商品和要素流动型开放不断迈向制度型开放，不仅符合高质量发展阶段的内在要求，提供了保持经济合理增长和质量有效提升的路径，更顺应了全球化发展新趋势、彰显了大国担当。

综观各国发展的历史逻辑，开放程度和开放质量更高的国家更容易吸引人才、技术和优质资本等高端要素集聚，在全球化浪潮中占据发展优势地位。2008年全球金融危机以来，周期性和结构性因素引起全球经济扩张动力发生变化，基于制度产生的交易成本成为一国比较优势的重要来源。作为

① 《习近平在第五届中国国际进口博览会开幕式上的致辞（全文）》，https：//www.gov.cn/xinwen/2022-11/04/content_ 5724715.htm，最后访问日期：2024年8月4日。

高能级开放平台，进博会向世界展示了中国的制度型开放成果，与“一带一路”倡议联动，携手促进各国有效降低制度性交易成本，加快贸易和投资自由化便利化，吸引和集聚全球优势要素，共同做大做好合作“蛋糕”。其一，制度型开放要求在生产过程中制定统一的规制和标准，以满足产品在不同区域、不同行业的要求，大大减少交易过程中的制度摩擦，降低交易成本。其二，制度型开放推动各国对接全球高标准的经贸规则，倒逼国内不断完善各项规则制度和法律体系，推动营造市场化、法治化、国际化一流营商环境，以更好地利用国内国际两个市场、两种资源，培育国际竞争新优势。

2. 加强多边交流，带动经贸合作

经贸合作是“一带一路”倡议的重要内容，而进博会有利于推动发展互利共赢的经贸关系，加强中国与共建“一带一路”国家的贸易往来和投资合作，让相关国家共享发展成果。一方面，进博会直接促进“展品变商品”“展商变投资商”。每届进博会均举办贸易投资对接会，越来越多的“一带一路”商品通过进博会平台受到关注。数据显示，前五届进博会贸易投资对接会为来自全球 100 多个国家和地区的 4000 多家参展商和 8000 多家采购商提供对接服务。[①] 第六届进博会贸易投资对接会进一步升级，分专区板块每日安排多轮参展商与采购商“一对一”面谈和线上远程视频洽谈，双方对接洽谈更加高效、精准。诺西贝的伊兰伊兰精油、阿富汗的羊毛地毯和松子、秘鲁的羊驼玩偶等，在进博会大放异彩，参展企业接到了源源不断的订单，越来越多的共建“一带一路”国家与中国深化经贸合作，共同分享超大规模市场的发展机遇。

另一方面，进博会通过多边交流强化共识，带动经贸合作。进博会不仅提供产品、技术和服务的贸易合作，还举办虹桥国际经济论坛（以下简称“虹桥论坛”），与各国就开放、发展、合作、创新、共享等国际前沿主题进行思想交流。作为高规格的多边交流平台，虹桥论坛致力于成为比肩达沃

---

① 中国国际进口博览局：《“红娘”六载同行再助对接丨展中贸易投资对接会正式接受报名》，https：//www. ciie. org/zbh/bqgffb/20230921/38913. html，最后访问日期：2024 年 7 月 1 日。

斯的国际一流高层次经济论坛，持续打造论坛品牌，提升国际影响力。2023年，虹桥论坛就高质量共建“一带一路”举办了“区域性国际组织示范区：‘一带一路’国际合作新平台、新实践”分论坛，现场签约17项“一带一路”合作项目，协议金额超过15亿美元。①

3. 促进技术溢出，提升全要素生产率

全要素生产率源自技术、结构等因素对经济的贡献，是经济发展质量的重要衡量指标。进博会吸引了越来越多来自共建“一带一路”国家的企业，通过融入国际分工体系、提升全球价值链参与度，中国与伙伴国企业均可以优化资源配置，提升全要素生产率。

首先，优胜劣汰竞争机制促使企业扩大生产规模，通过规模效应带动生产率提升。在优胜劣汰的国际竞争市场上，低生产率企业被淘汰，留存企业普遍具有较高的生产率，为了在市场中保持竞争力，这些企业会进一步扩大生产规模，通过规模效应促进生产率提升。进出口企业因融入全球价值链体系，参与了国际化的精细分工，有条件扩大生产规模。随着生产规模扩大，企业会进一步增加先进技术和设备投入，内部专业化分工更加合理，形成内部规模经济，提高生产率。同时，大规模企业形成产业集聚，由此带来的外部规模经济亦可促进企业提高生产率。

其次，参与国际分工对企业形成知识和技术溢出。一方面，中国和部分共建“一带一路”国家的企业虽然处于价值链相对低端位置，但融入国际分工体系为本土企业与来自发达国家、拥有技术和品牌等优势的跨国公司进行知识互动提供了重要机遇，并通过组织间知识溢出为企业提供了良好的学习机会。② 根据溢出效应理论，一个行业获得的知识和技术不仅可以促进本行业技术进步，还可以通过产业关联对其他行业形成跨产业技术溢出。跨国

① 中国国际进口博览局：《第六届虹桥论坛分论坛丨不断推进区域经济一体化——“区域性国际组织示范区：‘一带一路’国际合作新平台、新实践”分论坛》，https://www.ciie.org/zbh/cn/19news/dynamics/voice/20231116/41919.html，最后访问日期：2024年6月25日。

② 李元旭、谭云清：《国际服务外包下接包企业技术创新能力提升路径——基于溢出效应和吸收能力视角》，《中国工业经济》2010年第12期。

公司通过与上下游企业分享技术和管理经验，形成技术溢出的跨行业传导。另一方面，随着中国与共建“一带一路”国家不断扩大双向投资规模，跨境投资的技术溢出效应也逐渐凸显。国际投资理论认为，外商直接投资往往伴随着资本、技术等要素的国际转移，会对东道国企业产生正向的技术溢出效应。相关研究也发现，外资进入会加剧国内企业竞争，倒逼企业加大研发力度，提高总体生产率，以缓解政策扭曲对资源配置的不利影响。①

二 进博会促进“一带一路”利益共享的成效及挑战

（一）取得的成效与进展

1. 进博会促进中国与共建“一带一路”国家贸易联通

从国内循环来看，进博会显著促进中国扩大从共建“一带一路”国家的进口，满足中国企业和消费者对更高质量、更多种类商品的需求，促进消费升级。从国内国际双循环来看，进博会助力越来越多的来自共建“一带一路”国家的企业向世界展示产品和技术，有效促进国内国际市场联通和要素资源共享，为中国与共建“一带一路”国家的贸易合作带来新的机遇。例如，作为进博会的“全勤生”，纽仕兰牛奶因进博会的溢出效应和贸易便利化措施迅速实现展品到商品的转变，并在短时间内将产品销售至五、六线城市，销量增加数十倍。益海嘉里金龙鱼公共事务部总监涂长明说，“这些年从非洲、俄罗斯、哈萨克斯坦等国进口了很多过去十几年前很少进口的产品”，“合作国家越来越多，合作品种、合作质量都有了很大提升”。② 中国的特色农产品如宁夏枸杞和老字号工艺品如乌拉草工艺品、云南永生花等也通过进博会快速进入国际市场。中国与共建“一带一路”国家的贸易数据

① 才国伟、杨豪：《外商直接投资能否改善中国要素市场扭曲》，《中国工业经济》2019 年第 10 期。

② 《进博展商投资在中国“一带一路”企业落地中国共创新商机》，https：//news. cctv. com/2023/11/03/ARTINfIOSYDD0exc75vgkQYd231103. shtml，最后访问日期：2024 年 7 月 15 日。

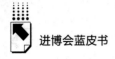

也能体现进博会促进共享发展、创造合作机遇的成效。

（1）中国与共建“一带一路”国家的贸易规模

2015~2023年，中国对共建“一带一路”国家[①]的进口额、出口额以及进出口总额均总体保持上升趋势（见图1）。其中，进口额从6932亿美元上升至12415亿美元，多数年份低于出口额。2015年，进口额占进出口总额的比例约为45%，2018年一度超过50%，此后虽然有所下滑，但在多数年份依然超过46%。进博会举办以来，中国持续彰显扩大开放的决心和态度，不断扩大从共建“一带一路”国家的进口规模，与各国的贸易往来日益密切。

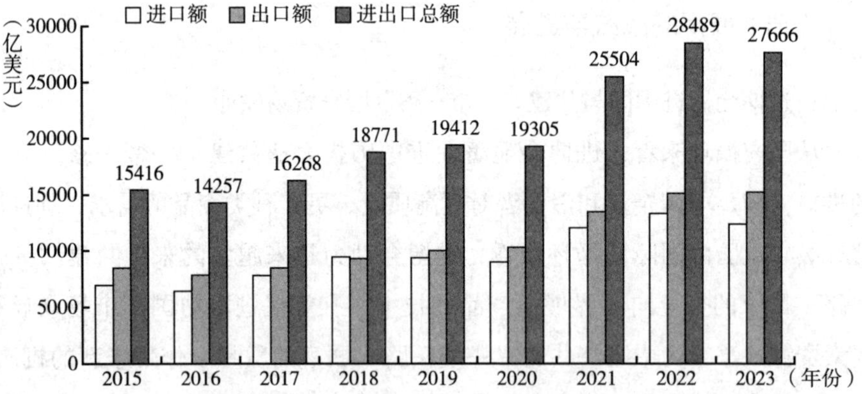

图1　2015~2023年中国与共建“一带一路”国家进出口贸易额

资料来源：原始数据来自中国一带一路网，笔者整理计算所得。

（2）中国与共建“一带一路”国家的贸易指数

除了贸易规模增长，进博会还助力中国与共建“一带一路”国家不断推动贸易自由化便利化，为国际贸易高质量发展积蓄动能、释放潜力。2013~2022年，中国与共建“一带一路”国家的贸易结构指数、贸易互利指数和贸易促进指数均显著提升。其中，贸易结构指数增加表明中国与共建“一带一路”国家的进出口商品结构、经营主体结构等不断优化。贸易互利

① 国家列表详情见中国一带一路网（https://www.yidaiyilu.gov.cn/）。

指数10年增长64%，2022年虽然下降至164，但依然高于2021年之前的年份。贸易互利指数体现了开放合作和互惠共享程度，随着越来越多的“一带一路”商品进入中国市场，中国与共建“一带一路”国家的互利互惠程度有效提升。贸易促进指数增幅最大，2022年达到217.3，增长率高达117.3%（见表1）。

表1　2013~2022年中国与共建“一带一路”国家的贸易指数

年份	贸易结构指数	贸易互利指数	贸易促进指数
2013	100.0	100.0	100.0
2014	100.6	105.1	100.2
2015	101.7	103.9	96.8
2016	101.9	112.6	101.0
2017	108.6	124.4	111.2
2018	112.1	133.9	121.9
2019	114.9	140.8	130.0
2020	115.9	154.6	149.8
2021	119.3	172.0	176.9
2022	118.9	164.0	217.3

资料来源：中华人民共和国海关总署《中国与共建“一带一路”国家贸易指数（2022年）》http：//gdfs.customs.gov.cn/customs/302249/zfxxgk/2799825/302274/myzs75/3840284/3840301/3842417/index.html，最后访问日期：2024年8月29日。

（3）中国与“一带一路”参展国的贸易额占比情况

无论是出口、进口还是进出口，中国与参展的共建“一带一路”国家①的贸易额占比都超过了80%，其中出口额占比最高，2018~2022年均保持在86%左右（见图2）。虽然参加进博会的共建“一带一路”国家不到一半，但这些国家与中国的贸易联系较为紧密，是连接进博会与高质量共建“一带一路”的重要纽带。

① “一带一路”参展国筛选方式如下：根据《中国国际进口博览会会刊》参展商名录，找出参展企业所对应的国家，并与共建“一带一路”国家名单进行匹配，得到共建“一带一路”国家中的参展国名单。

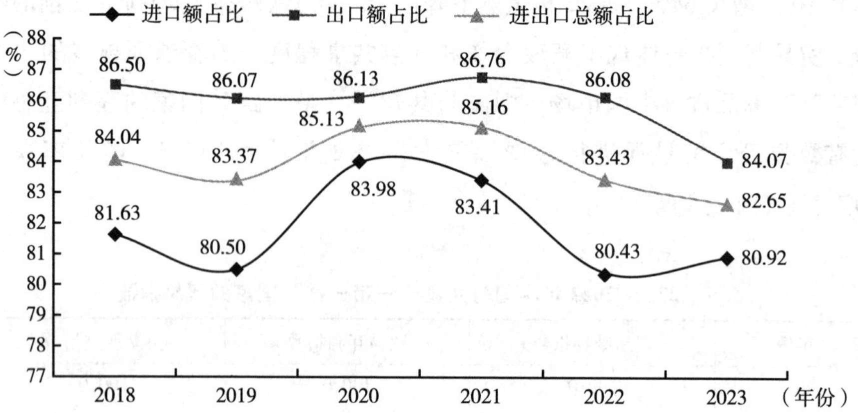

图 2　2018~2023 年中国与参展的共建"一带一路"国家的贸易额占比

资料来源：原始数据来自中国一带一路网和《中国国际进口博览会会刊》，笔者计算整理所得。

（4）中国与不同地区共建"一带一路"国家的贸易情况

根据各国的地理位置并参考中国一带一路网分类标准，将共建"一带一路"国家分布地区分为亚洲、非洲、欧洲、北美洲、南美洲和大洋洲六大地区。2023 年，来参展的共建"一带一路"国家中，来自亚洲的国家数量最多，占比约为 40%，其次为非洲和欧洲国家，来自三个地区的国家占比超过 80%。2015~2023 年，中国与亚洲国家的贸易额最大，其次为非洲和欧洲国家（见图 3）。其中，中国对北美洲国家的进口额常年不足 100 亿美元，远低于中国对这一地区的出口额。中国对南美洲和大洋洲的进口额高于出口额，且进口额与出口额之间的差距总体呈扩大趋势。未来，中国可通过进一步增加对亚洲、非洲、欧洲和北美洲国家的进口来发挥进博会的进口促进效应，传播共享理念。

2. 进博会助力中国与共建"一带一路"国家双向投资增长

（1）促进展商变投资商

进博会的"聚首效应"和"产业链效应"日渐凸显，多家龙头企业和世界 500 强企业汇聚进博会，数字经济、人工智能、生物医药等多个行业的上下游企业形成集聚，第六届进博会还设置了供应链产业链韧性高层论坛，

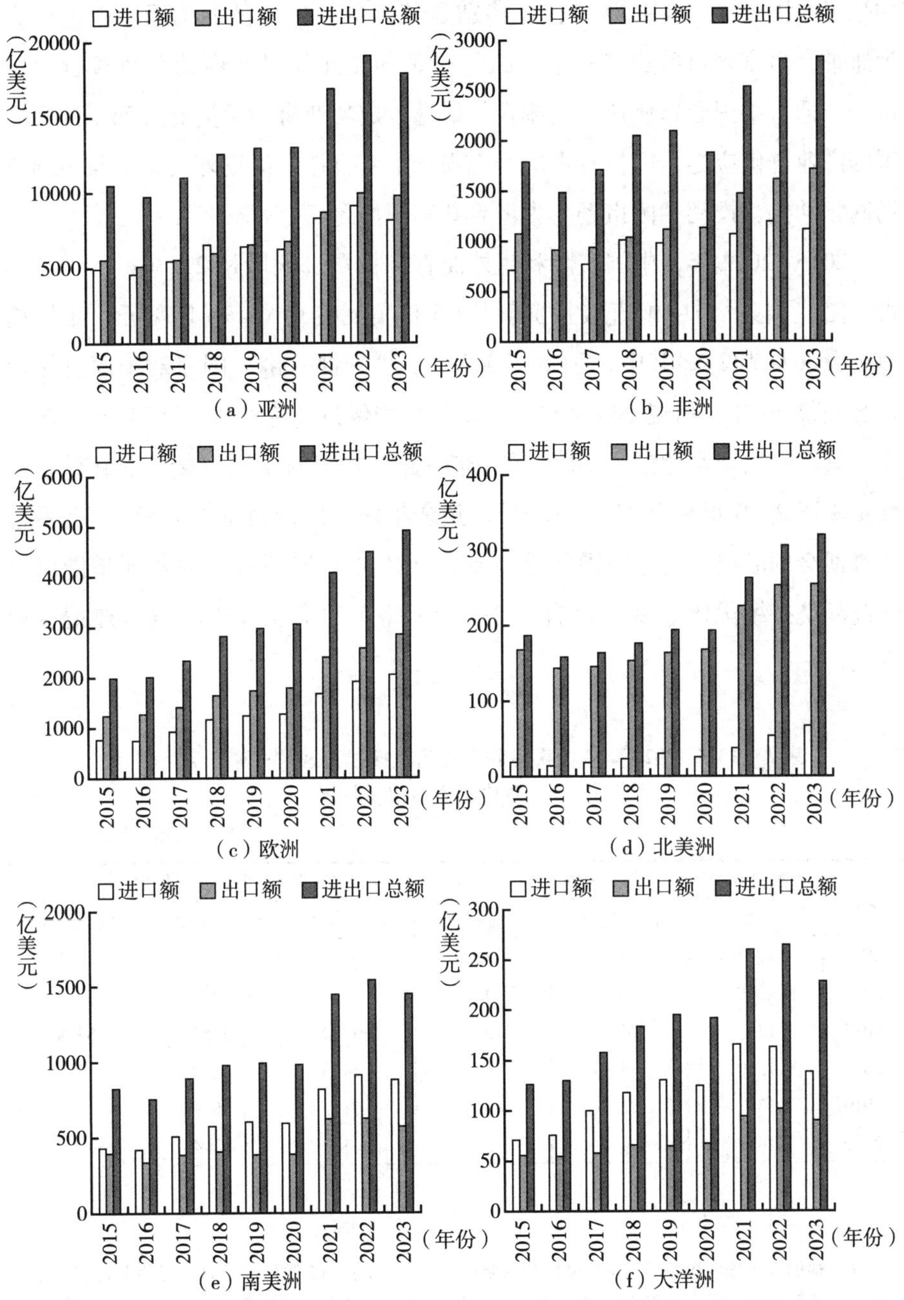

图 3　2015~2023 年中国与不同地区共建“一带一路”国家的贸易额

资料来源：原始数据来自中国一带一路网，笔者整理计算所得。

加强了中国与“一带一路”企业特别是其高层管理人员的沟通。以进博会为纽带，多家来自共建“一带一路”国家的企业先以展商的角色接触中国市场，通过结识合作伙伴、挖掘合作机遇，成功变身为投资商，深度嵌入中国的产业链供应链，以投资者的身份强化本土合作，促进外资企业与中国市场同频共振，推动中国市场变为世界共享的舞台。

2015~2023 年，中国实际利用外商直接投资金额增长 29.30%，而“一带一路”国家①对中国直接投资额从 85 亿美元变化至 176 亿美元，年均增速更大（见表 2）。其中，2018~2022 年，“一带一路”国家对中国直接投资金额仅 2020 年出现小幅下滑，其余年份均保持高速增长，2021 年和 2022 年连续两年增速都超过了 20%。“一带一路”国家对中国直接投资新设企业数量除了 2020 年和 2022 年负增长，其余年份均保持两位数的增长。② 得益于进博会的溢出效应、中国促进高质量共建“一带一路”的各项举措以及营商环境持续优化等多重影响，“一带一路”国家企业来华投资热情持续高涨。

表 2　2015~2023 年中国实际利用外商直接投资及“一带一路”国家对中国直接投资情况

单位：亿美元，%

年份	中国实际利用外商直接投资		“一带一路”国家对中国直接投资			
	金额	同比变化	金额	同比变化	新设企业数量	同比变化
2015	1263	5.6	85	—	2164	18.3
2016	1260	-0.2	71	-16.5	2905	34.2
2017	1310	4.0	56	-21.1	3857	32.8
2018	1350	3.1	64	14.3	4479	16.1
2019	1381	2.3	84	31.3	5591	24.8
2020	1444	4.6	83	-1.2	4294	-23.2

① 根据《中华人民共和国国民经济和社会发展统计公报》，仅 2023 年统计口径为共建“一带一路”国家，其余年份均为“一带一路”沿线国家，此处将二者统称为“一带一路”国家。

② 需要注意的是，2023 年对“一带一路”国家的统计口径从“一带一路”沿线国家变为共建“一带一路”国家，无论是投资金额还是同比增长率均发生较大变化。

续表

年份	中国实际利用外商直接投资		“一带一路”国家对中国直接投资			
	金额	同比变化	金额	同比变化	新设企业数量	同比变化
2021	1735	20.2	112	34.9	5336	24.3
2022	1891	9.0	137	22.3	4519	-15.3
2023	1633	-13.7	176	-16.7	13649	82.7

资料来源：2015~2023 年《中华人民共和国国民经济和社会发展统计公报》。为增强数据可比性，投资金额均采用美元计数，并由此计算同比变化。2023 年统计口径发生变化，投资金额及同比变化均来自《中华人民共和国 2023 年国民经济和社会发展统计公报》。

（2）促进中国企业“走出去”

进博会为世界提供了了解中国市场的机遇，同时让更多的中国企业了解来自世界各地的产品、技术和服务，成为企业间对接需求、洽谈合作的重要纽带。随着种类多样的“一带一路”商品进入中国市场并受到广大消费者喜爱，越来越多的中国企业开始试着了解共建“一带一路”国家并寻求投资机会。例如，在第三届进博会上，晨光文具发布了“走出去”消息并宣称即将成立“全球设计中心以色列工作室”，开启了中以文创领域合作交流的新篇章。2018 年以来，中国非金融类对外直接投资总体增速远低于对“一带一路”国家非金融类直接投资增速，中国对“一带一路”国家非金融类直接投资占总投资的比例从 12.5%上升至 24.4%。中国非金融类对外直接投资虽然多数年份保持正增长，但增速较 2017 年之前明显放缓，而中国对“一带一路”国家非金融类直接投资的增速总体呈加快趋势。2020 年和 2021 年，即使受到新冠疫情冲击，中国对“一带一路”国家非金融类直接投资也并未停止，同比增长率分别高达 18.7%和 14.0%（见表 3）。

表 3　2015~2023 年中国对外直接投资情况

单位：亿美元，%

年份	中国非金融类对外直接投资		中国对“一带一路”国家非金融类直接投资		中国对“一带一路”国家承包工程	
	金额	同比变化	金额	同比变化	营业额	同比变化
2015	1180	14.7	148	18.2	—	—
2016	1701	44.2	145	-2.0	760	9.7
2017	1201	-29.4	144	-0.7	855	12.5

续表

年份	中国非金融类对外直接投资		中国对“一带一路”国家非金融类直接投资		中国对“一带一路”国家承包工程	
	金额	同比变化	金额	同比变化	营业额	同比变化
2018	1205	0.3	156	8.3	893	4.4
2019	1106	-8.2	150	-3.8	980	9.7
2020	1102	-0.4	178	18.7	911	-7.0
2021	1136	3.1	203	14.0	897	-1.5
2022	1169	2.9	210	3.4	849	-5.4
2023	1301	11.4	318	22.6	1321	4.8

资料来源：2015~2023年《中华人民共和国国民经济和社会发展统计公报》。为增强数据可比性，投资金额均采用美元计数，并由此计算同比变化。2023年统计口径发生变化，投资金额及同比变化均来自《中华人民共和国2023年国民经济和社会发展统计公报》。

3. 进博会推动“丝路电商”发展

习近平主席在第三届“一带一路”国际合作高峰论坛开幕式上宣布了中国支持高质量共建“一带一路”的八项行动，创建“丝路电商”合作先行区是其中的重要内容。[①] 近年来，随着数字经济迅速发展，中国积极深化“丝路电商”国际合作，不断扩大“丝路电商”合作“朋友圈”。截至2023年底，中国已经与30个国家建立双边电子商务合作机制（见表4）。其中，签约的亚洲国家数量最多，占比40%，其次为欧洲，占比23.3%，非洲仅2个国家，远少于非洲的共建“一带一路”国家数量。可见，相较于非洲、南美洲和大洋洲，中国与亚洲和欧洲国家的跨境电子商务合作更为密切。

自进博会举办以来，上海全力打造“6天+365天”常年展示交易主平台——虹桥进口商品展示交易中心（以下简称“虹桥品汇”）。2023年上半年，虹桥品汇从共建“一带一路”国家引进40余家供应商，不仅让更多的“丝路商品”如印度尼西亚燕窝、柬埔寨腰果、新西兰蜂蜜等有机会进入中国市场，还进一步助力“展品变商品”“展品转跨境电商商品”，让进

① 《习近平宣布中国支持高质量共建“一带一路”的八项行动》，http：//www.qstheory.cn/yaowen/2023-10/18/c_1129922756.htm，最后访问日期：2024年8月4日。

博会“永不落幕”，持续与世界分享中国市场开放红利。在第六届进博会现场，交通银行携手 PingPong 发布“丝路电商”跨境电商综合金融服务平台——电商通，通过对接“丝路电商”客群的需求，大幅提升金融服务的便捷度和精准度，让金融服务与高质量共建“一带一路”在进博会这一高能级开放平台融合得更加紧密。

表 4　2016~2023 年与中国签署双边电子商务合作备忘录的国家情况

年份	签约国家	是否为共建“一带一路”国家
2016	智利	否
2017	新西兰、越南、巴西、澳大利亚、柬埔寨、爱沙尼亚、匈牙利	巴西和澳大利亚不是
2018	奥地利、哈萨克斯坦、俄罗斯、科威特、阿联酋、卢旺达、冰岛、阿根廷、巴拿马	冰岛和巴拿马不是
2019	意大利、哥伦比亚、萨摩亚、瓦努阿图、乌兹别克斯坦	意大利不是
2020	—	—
2021	塞内加尔	是
2022	白俄罗斯、新加坡、巴基斯坦、泰国、老挝	是
2023	菲律宾、印度尼西亚	是

资料来源：全国电子商务公共服务网、中国一带一路网。

（二）构建“一带一路”利益共享机制面临的挑战

1. 部分国家对华贸易政策不稳定

共建“一带一路”国家所处的经济发展阶段和利益诉求存在明显差异，部分国家市场化程度有限、经济发展基础薄弱，对华贸易政策不稳定。近年来，印度封禁了包括百度、支付宝在内的 118 个中国应用程序，[①] 发布对华反倾销调查，并与美国等国家加强产业链合作。部分国家多变的贸易政策使

① 《印度宣布封禁百度、支付宝等 118 个中国 App》，https：//www. thepaper. cn/newsDetail_ forward_ 9033590，最后访问日期：2024 年 8 月 1 日。

中国企业对相关国家的营商环境产生担忧，最终将影响跨境贸易和投资合作。

2. 国际经贸扰动因素增加

一是部分共建“一带一路”国家经济基本面脆弱性加剧，面临债务和金融风险。与中国签订共建“一带一路”合作协议的150多个国家中，大部分属于发展中国家，近半数属于低收入国家。这些国家债务负担重，再加上高通胀、高利率问题并存，经济增长动能进一步被削弱，债务风险较高。2022年，48个国家参与G20缓债倡议，这些国家大多来自非洲，同时是共建“一带一路”国家。[①] 另外，较多国家金融监管体系不完善、金融基础设施不完备、逆周期调节手段有限，面临外部冲击时风险暴露程度较高，金融稳定性面临挑战。

二是全球供应链加速重构，供应链风险凸显。2023年，全球外国直接投资下降2%，其中流向发展中国家的投资额下降7%；全球货物贸易同步萎缩，进出口总额下滑3%，其中主要经济体商品贸易额普遍下降。[②] 部分西方发达国家通过设置技术壁垒、建立“民主科技联盟”等方式，以“科技竞争”之名对中国进行“科技遏制”，进一步加速全球供应链重要环节和关键产品的本土化和近岸化。

3. “丝路电商”合作机制有待进一步完善

囿于大国博弈局势日益复杂、数字经济发展不均衡等因素，深入推进“丝路电商”国际合作仍然存在一些困难和挑战。

一是各国尚未形成统一的跨境贸易监管和互认标准。全球150多个国家参与共建“一带一路”，覆盖东南亚、中亚、中东、非洲、欧洲等多个地区，各国在经济发展水平、营商环境、贸易政策、风俗习惯以及对跨境电商发展的利益诉求等方面均存在较大差异，对跨境电商的规则、标准等制度型

---

① World Bank, “Publication Nternational Debt Report 2022: Updated International Debt Statistics,” http://hdl.handle.net/10986/38045.

② 联合国贸易和发展会议：《2024年世界投资报告》，https://unctad.org/publication/world-investment-report-2024，最后访问日期：2024年8月4日；联合国贸易和发展会议：《全球贸易更新报告》，https://unctad.org/publication/global-trade-update-march-2023#tab-2，最后访问日期：2024年8月4日。

开放举措较难达成一致。部分国家的管理体制未能与时俱进，对跨境电商仍采用传统的管理制度，在通关、检验检疫、外汇管制等方面存在诸多限制，提高了跨境电商交易成本，不利于贸易自由化便利化。

二是数字鸿沟限制“丝路电商”合作空间。各国数字化普及程度参差不齐，电子支付系统、物流体系等对接难度大。新加坡、新西兰数字化程度较高，而在非洲、拉美等地区，一些国家的数字化处于起步阶段，互联网普及率较低。2022 年，国际电信联盟对 58 个共建“一带一路”国家的调查统计结果显示，各国的宽带和固定电话普及率还不到 20%。[①] 国际电信联盟发布的《2023 年事实与数据》显示，在高收入国家和地区，上网人口占比达到 90%以上，而在低收入国家，仅 27%的人在使用互联网。[②] 国家信息中心发布的《“一带一路”大数据发展报告（2018）》显示，中国与共建“一带一路”国家的数字丝路畅通度差异较大，最高为 85，而最低为 13。[③]

三是大国博弈加剧合作不确定性。随着全球化进入新的阶段，全球数字技术、数字规则竞争日益激烈，各国更加注重数字经济发展和数据安全问题。部分西方发达国家对共建“一带一路”国家施压，使部分国家对与中国开展“丝路电商”国际合作的态度发生转变，阻碍了跨境电商合作进程。

三 进博会进一步促进“一带一路”利益共享的对策思路

（一）扩大进博会溢出效应，强化虹桥论坛的辐射效应

一是扩大进博会“朋友圈”。邀请更多的共建“一带一路”国家参展，

① 《院士视点丨数字丝路：打通经济命脉的“高阶内功”，我们该如何修炼?》，https://www.thepaper.cn/newsDetail_forward_25700223，最后访问日期：2024 年 7 月 5 日。

② 国际电信联盟：《新的全球连通性数据显示增长，但鸿沟依然存在》，https://www.itu.int/zh/mediacentre/Pages/PR-2023-11-27-facts-and-figures-measuring-digital-development.aspx，最后访问日期：2024 年 8 月 2 日。

③ 国家信息中心：《“一带一路”大数据报告（2018）》，http://www.clic.org.cn/xdwlgyl/298662.jhtml，最后访问日期：2024 年 8 月 3 日。

加大参展商补贴力度。有的小型展商表示，如果参加进博会的订单量不理想，可能会影响其接下来的参展意愿。为了吸引更多的共建“一带一路”国家参展，可考虑在现有优惠政策的基础上进一步制定差异化的展台设计费和搭建费补贴政策。选取部分来自最不发达国家的企业，在规定限额内提供补贴，让更多来自共建“一带一路”国家的企业来感受进博魅力。

二是完善虹桥论坛运行机制，进一步扩大影响力。首先，加强虹桥论坛与我国主要论坛的协调，减少同质化竞争。我国每年举办中国发展高层论坛、博鳌亚洲论坛、夏季达沃斯论坛，每两年举办一次“一带一路”国际合作高峰论坛。这些论坛活动虽拓展了我国的外交空间，但与虹桥论坛在议题设置方面存在同质化竞争，造成资源重复浪费。可尝试建立虹桥论坛与其他论坛之间的沟通协商机制，就每年的议题设置、出席嘉宾进行充分沟通，推动各论坛优势互补、错位发展，共同优化我国主场外交的总体布局。其次，以需求为导向进行议题设置。虹桥论坛设置多个分论坛，每个分论坛的主题应广泛吸收会员企业、专业观众、相关学科专家和带头人的意见，讨论主题进一步贴合用户诉求和高质量发展需要，避免因过于“高大上”和曲高和寡而影响论坛影响力。最后，完善全周期运作机制，扩大论坛影响力。当前虹桥论坛的影响力主要集中在进博会前后一段时间，且论坛嘉宾主要来自政府和工商界，专家学者参与度相对不足，学术成果宣传效果有限。应进一步汇聚整合国内外高端智库和知名高校的专家学者，加强会前宣传预热和会后持续深入研讨，形成有影响力的学术成果。

三是充分释放进博会的数据潜能。进博会已连续举办六届，形成了一大批有价值的数据，涵盖参展企业信息、产品信息、交易数据、参展人员信息、观众偏好等多个方面，但相关信息目前仅通过碎片化的报道向公众传播，缺乏统一的大数据平台，不利于挖掘数据价值、把握参展商演变趋势。数据是形成新质生产力的关键要素，应搭建进博会数据平台，形成标准化数据产品，并设置“一带一路”板块，以便与国际贸易、跨国投资、就业增长、民生改善等数据实现对接，用数据展现进博会对促进“一带一路”利益共享的切实成效。

（二）持续推动高水平对外开放，加强与共建“一带一路”国家的经贸合作

一是加大招商引资力度，加强外商投资权益保护。首先，进博会与自贸区战略联动，推动完善负面清单制度。对负面清单的完善不应一味追求减少条目数量，而应同时控制所涉及的行业范围，适度降低核心限制类行业的准入门槛，向外国参展商、投资商展现中国外商投资自由化便利化成效。其次，加大高新技术领域、高端品牌的引资力度。充分发挥进博会的资源整合和品牌集聚优势，邀请高新技术企业、高端品牌参展，为展示首发技术和首发产品的企业在展位费、搭建费等方面提供补贴，鼓励中国企业在进博会寻找“好项目”，推动参展商变贸易商、投资商，推动高质量外资更多地流向高端制造、数字技术、现代服务等领域，大力支持外资企业设立全球研发中心，增强中国的创新策源能力。最后，加强外资权益保护。探索知识产权、商标和版权“三合一”管理体制改革，建立知识产权侵权的快速反应机制，便于第一时间发现并处理侵权行为。尝试搭建针对知识产权侵权的信用平台，探索将企业或个人的侵权行为与信用挂钩的有效机制，最大限度地提高侵权成本。

二是完善贸易规则，服务长三角一体化战略。在加快建设虹桥海外贸易中心、长三角电子商务中心等功能性平台的基础上，联合成立一批综合和国别展示交易中心，提供更精准、更丰富的“6 天+365 天”一站式、全天候进口贸易服务。建立进口商品全流程质量安全溯源管理平台，开发信息化电子标签，加强生产、监测、航运、通关数据共享和业务协同，实现全链条监管。积极探索“边境后”规则试点，依据高标准经贸规则有关货物贸易的国民待遇和市场准入的条款，在部分自贸区进行产品进口试点，并形成跨部门协调机制，为来自共建“一带一路”国家的企业提供优质服务。同时，结合长三角生态绿色一体化发展示范区建设，在上海青浦、浙江嘉善、江苏吴江三地探索共建若干特色鲜明的“一带一路”进口小镇。共同策划和开展“‘一带一路’参展商走进长三角”等贸易投资配套活动，共同开发若干条精品旅游线路，打造长三角会商文体旅品牌项目。

（三）拓展“丝路电商”国际合作空间，打好“进博会+丝路电商”组合拳

一是加强“丝路电商”关键领域合作。与更多共建“一带一路”国家进行电子商务发展规划对接，加强与伙伴国业务合作，共同探讨数据确权、跨境支付系统对接、个人信息保护等方面的规则，以探索符合“一带一路”建设需要和国际通行规则的标准。共同成立技术联盟或研发机构，对影响数字经济发展的关键领域进行技术攻关，为探索电子商务新模式新业态提供技术支撑，打破部分发达国家在数字经济领域的技术垄断。探索跨境数据“白名单”机制，先将参展国中签署双边电子商务合作备忘录的国家纳入考察范围，充分评估各国的数据管理环境，初步形成跨境数据流动的“白名单”，再逐步对标国际高标准跨境数据流动规则，并将我国的开放经验分享给共建“一带一路”国家。

二是丰富“丝路电商”合作形式。依托进博会常年展示交易平台，绿地全球商品贸易港已经开设了国家馆 63 个，其中“丝路电商”国家馆 19 个，接下来可对伙伴国中的共建“一带一路”国家进一步增设国家馆，通过商品、文旅进行一体化综合展示。鼓励龙头企业和领军企业联合打造常年交易平台，加快“丝路电商”产业链布局。深化与阿里巴巴、抖音等电商平台的合作，构建“网红主播+专业客商”直播模式，并在大型购物节如“618”“双 11”等时加大宣传推广力度，让更多消费者了解丝路文化和丝路商品。

三是建立“丝路电商”国际合作长效机制。进博会的展品多为各个国家或企业的招牌或特色商品，也是体现各国比较优势的产品。优势互补、互利共赢是“一带一路”建设的重要目标，中国与各国的“丝路电商”合作可考虑以进博会展品为起点，再将合作范围扩大至各国的特色产业，通过产业关联效应带动上下游产业发展，促进全产业链服务提升，形成“丝路电商”国际合作长效机制。

四是完善“丝路电商”金融服务。通过进博会平台，促进更多的大型

中资银行与拥有全球化支付能力的企业合作，鼓励中资银行布局共建“一带一路”国家，完善“丝路电商”跨境电商综合金融服务平台建设，为贸易双方提供更加高效、精准、低成本的金融服务，促进更多共建“一带一路”国家与中国开展跨境电商合作，进而探索跨境贸易人民币结算特别是数字人民币在“丝路电商”中的应用场景。

参考文献

常娱、钱学锋：《制度型开放的内涵、现状与路径》，《世界经济研究》2022年第5期。

冯德连、沈石哲：《共生环境与中国对外直接投资效率关系研究——基于“一带一路”五通视角的经验证据》，《经济问题》2023年第4期。

刘伟主编《读懂“一带一路”蓝图：〈共建“一带一路”：理念、实践与中国的贡献〉详解》，商务印书馆，2017。

孙军：《制度型开放畅通双循环新发展格局的基本思路与推进策略》，《学术论坛》2024年第3期。

王煜昊、马野青、承朋飞：《跨境电商赋能企业供应链韧性提升：来自中国上市公司的微观证据》，《世界经济研究》2024年第6期。

韦东明等：《中国企业对外直接投资对“一带一路”共建国家的互惠效应——基于包容性增长的视角》，《南开经济研究》2024年第3期。

赵新泉、刘媛媛、林志刚：《“丝路电商”国际合作的成效、困难及对策》，《中国流通经济》2024年第8期。

朱兰：《共建“一带一路”十年：进展、成就与展望》，《改革》2023年第7期。

邹磊：《“一带一路”：合作共赢的中国方案》，上海人民出版社，2016。

邹磊：《中国国际进口博览会与全面开放新格局》，上海人民出版社，2018。

邹磊：《中国国际进口博览会：溢出效应与长效机制》，《太平洋学报》2021年第7期。

B.5

进博会促进国际经贸规则对接

张方波*

摘　要： 进博会不仅是“展品变商品”“展商变投资商”的国际合作平台，而且是对接国际经贸规则的高水平对外开放平台，有效地践行了“进博之诺”。自2018年举办首届进博会至2023年已经六年，我国在此期间积极对接国际经贸规则，不断缩减外商投资负面清单和跨境贸易负面清单，不断完善负面清单制度。此外，国际经贸规则以“边境上”为主的特征逐步向以“边境内”为主的特征转变，传统规则也开始向高标准规则转变，提升了规则的先进性。整体上看，进博会体现了贸易投资便利化的理念，而这是国际经贸规则中的重要内容。同时，货物展区、服务展区以及创新孵化展区分别体现了国际经贸规则中货物、服务以及投资等相关重要条款内容，有利于参展商、采购商、供应商、投资商等境外市场主体的洽谈和交流，为促进贸易和投资合作提供了便利。随着国际经贸规则在推动高水平对外开放中的作用越来越明显，进博会需要从丰富对接内容和完善对接机制两大方面进一步促进规则对接，从而发挥更大更好的进博功能。

关键词： 进博会　国际经贸规则　高水平对外开放

一　中国国际进口博览会通过国际经贸规则对接践行“进博之诺”

近年来，中国积极推进高水平对外开放。国际经贸规则对接是高水平开

* 张方波，经济学博士，中国社会科学院财经战略研究院副研究员，主要研究方向为国际经济。

放的重要内容。中国国际进口博览会（以下简称“进博会”）作为重要展会，通过国际经贸规则对接有效地践行了“进博之诺”。

（一）国际经贸规则对接是高水平对外开放的重要内容

党的二十大提出“推进高水平对外开放”，表明我国从原先的低水平对外开放向高水平对外开放过渡。高水平对外开放意味着不再延续之前的商品要素型开放，转向规则、规制、管理和标准等制度型开放。中国自 2013 年设立上海自贸试验区以来，就一直保持“双轮驱动”的对外开放步伐和节奏：一方面通过设立自贸区（包括海南自贸港）以及其他开放平台坚持自主开放，另一方面通过参与、签署区域或双边贸易协定推进开放。由此可见，提升对外开放的能级要求进博会对接国际经贸规则以实现高水平对外开放。

在对接国际经贸规则方面，中国从规则的参与者逐步向规则的制定者转变。2021 年 9 月 16 日，中国申请加入《全面与进步跨太平洋伙伴关系协定》（CPTPP），同年 11 月 1 日，正式提出申请加入《数字经济伙伴关系协定》（DEPA）。此外，中国积极构建面向全球的高标准自由贸易区网络。2022 年 1 月 1 日，包括中国在内的 15 个成员国签署的《区域全面经济伙伴关系协定》（RCEP）正式生效，该协定包括发达国家和发展中国家，相比之前的《美墨加三国协议》（USMCA）、《跨太平洋伙伴关系协定》（TPP）等以发达国家尤其是美国为主导的国际高标准经贸协定而言，具有更强的包容性，它尊重每个发展中国家的经济发展水平、对外开放力度等综合诉求，兼顾当前国际经贸协定的高标准性、先进性等元素，为带动更多的发展中国家实施对外开放战略提供了重要平台。截至 2023 年，所有的 RCEP 成员国均有参展商参加进博会。反观之，尽管美版经贸协定的高标准性领先于其他协定，但是其将发展中国家排除在外，势必会损失一部分国际市场，最终对自身开放产生不利的影响。综合而言，无论是对中国，还是对其他国家而言，对接国际经贸规则是提升对外开放能级的重要渠道，是高水平对外开放的重要体现。

（二）进博会是高水平对外开放的重要窗口

习近平主席在2018年首届进博会开幕式上的主旨演讲中指出："中国国际进口博览会，是迄今为止世界上第一个以进口为主题的国家级展会，是国际贸易发展史上一大创举。"[①] 2022年，习近平主席深刻指出："进博会已经成为中国构建新发展格局的窗口、推动高水平开放的平台、全球共享的国际公共产品。"它是集展览、交易、论坛、人文、外交等活动于一体的国际盛会。[②] 上海已经成功举办六届进博会，中国通过这一重要窗口，向世界展示了国内拥有14亿人口的超大规模的统一大市场、经济发展韧性和长期向好的基本面，以及纵深推进对外开放的新成就，符合"不仅要年年办下去，而且要办出水平、办出成效、越办越好"的总体遵循。第六届进博会有来自128个国家和地区的3400多家企业参展，世界500强和行业龙头企业达289家，数量再创历史之最，展示了442项具有代表性的首发新产品、新技术，企业商业展参展商达3486家，按一年计意向成交金额达到784.1亿美元。[③] 上海作为在中国对外开放中承担先行先试使命的重点城市，通过设立上海自贸试验区以及后续增设临港片区、建设上海国际金融中心和上海新兴金融中心（滴水湾）、打造社会主义现代化建设引领区（浦东新区），拥有众多具有先行先试职能的高水平开放平台。在这一具有集成性开放功能的国际大都市，进博会作为以进口为主题的国际高水平展会，势必会借助众多开放平台的示范效应和集聚功能，放大它所要展示的开放功能。[④] 从已经举办的六届进博会的主旨演讲主题也可以看出，每次进博会主题都围绕"开放"二字，其中前五届直接以"开放"定题，第六届虽然以"新时代·共享未来"为题，但以"中国式现代化新成就为世界提供新机遇"为主题，释放

① 《习近平在首届中国国际进口博览会开幕式上的主旨演讲（全文）》，https://www.gov.cn/xinwen/2018-11/05/content_5337572.htm，最后访问日期：2024年8月29日。

② 贾净雪：《进博会溢出效应助力构建双循环新发展格局》，《对外经贸实务》2021年第4期。

③ 《第六届中国国际进口博览会展会会刊》（未出版）。

④ 杨勇：《依托进博会平台强化上海对外开放枢纽门户功能》，《科学发展》2021年第10期。

着强烈的开放信号，重点展示我国在推进高水平对外开放以及推动高质量发展中所取得的最新最好成果。中国通过进博会向世界表明支持经济全球化、贸易自由化便利化以及自身进一步推进高水平对外开放的信心和决心。

（三）进博会是国际经贸规则对接的重要平台

进博会作为推动高水平开放平台的重要体现在于对接国际高标准经贸规则。作为一个搭建经贸合作交流平台的高级别展会，进博会不仅是各个国家的企业通过展示产品将“展品变商品”的重要平台，同时是通过各类场馆、展台等硬件设施和经贸论坛（如虹桥国际经济论坛）、发布报告（如《世界开放报告》等）等软性安排展示国家对外开放整体正能量的重要平台。在这一平台上，各类市场主体通过友好洽谈磋商，能够发现双方共同关注的点。比如在货物贸易领域，不仅需要关注商品的性能、质量和价格，而且需要了解贸易过程中的便利化自由化诉求，以及一些关于进口的关税补贴等，这些信息对于达成交易都非常重要。在服务贸易领域和引进外资领域，外商需要了解“准入”和“准营”的相关情况，是否可以享受以及如何享受国民待遇，从而需要对国内的营商环境有切实的了解。此外，自 2018 年首届进博会起，习近平主席每年在虹桥国际经济论坛开幕式上发表主旨演讲，向外界传达推动高水平对外开放的坚定信心。同时，通过对历届虹桥国际经济论坛的议题内容进行梳理也可以发现，像“开放、规制与营商环境”“数字化时代与电子商务创新发展”“提升全球产业链供应链韧性”“农产品贸易”“金融改革创新促进自贸试验区提升”“共享农业服务贸易发展机遇”“开展国际标准合作”“智能科技与未来产业发展”“坚守多边贸易体制完善全球经贸治理”“世贸组织改革与自由贸易协定”等重要议题的设置和深入探讨，为来华参展的采购商、供应商、投资商等市场主体凝聚开放共识、促进开放合作提供了重要契机，也为建设开放型世界经济贡献了“中国智慧”和“中国方案”。由此可见，进博会在对接国际经贸规则上起到了很好的杠杆作用。

二 国际经贸规则在历届进博会中的演进

自2018年至2023年，中国已经举办六届进博会。在这期间，国际经贸规则不断变化，中国受到进博会的激励积极推进高水平对外开放，[①] 顺应了这一变化并稳步缩减负面清单，负面清单制度逐步完善，经贸规则也从以“边境上”为主的特征转向以“边境内”为主的特征，同时传统标准逐步向高标准转变。

（一）负面清单稳步缩减

在2018年举办首届进博会之前，中国已经出台4个版本的负面清单目录，分别是2013年版、2014年版、2015年版和2017年版，随后负面清单目录不断压减。商务部在2024年3月22日发布《跨境服务贸易特别管理措施（负面清单）（2024年版）》和《自由贸易试验区跨境服务贸易特别管理措施（负面清单）（2024年版）》，进一步夯实了跨境服务贸易领域负面清单制度的政策基础（见表1）。此外，除了自主制定负面清单外，中国还通过签署区域贸易协定（RTA）的方式稳步推进负面清单机制的构建。中国自由贸易区服务网显示，我国已与27个国家和地区签署了20个双边自贸协定，部分协定为修订版或者完善版，进博会期间签署成功的协定有5个（见表2），在签署生效的RCEP中首次承诺在六年过渡期结束后实施负面清单管理，并且正在谈判的协定有13个，其中《中国-澳大利亚自由贸易协定》是中国首个以负面清单文本格式签署的经贸协定，其中“金融服务、所有保险及相关服务”条款就市场准入限制（包括跨境提供M1、境外消费M2、商业存在M3和自然人流动M4）和国民待遇限制等均体现了明显的负面清单文本特征。由此，中国通过在国内做好顶层设计和在国际上对标国际

① 何树全、沈国兵：《进博会推进中国与世界经贸深度融合共同发展》，《中国外汇》2021年第22期。

先进经贸规则，着力推进负面清单制度建设，疏通负面清单制度建设中的梗阻，从而为制度创新乃至制度集成创新奠定坚实的基础。随着负面清单的不断扩围，公平、有效、规范的市场竞争环境得以形成。随着历届进博会的举办，负面清单制度不断演进与完善，切实解决进口环节企业面临的制度成本高等问题，简化烦琐的产品通关流程，为进博会发挥“经济、人文、外交、文化”的综合效应增加了底色。

表 1　历届进博会中的负面清单

时间	负面清单	版本
2018 年 6 月 28 日	《外商投资准入特别管理措施（负面清单）（2018 年版）》	全国版
2019 年 6 月 30 日	《外商投资准入特别管理措施（负面清单）（2019 年版）》	全国版和自由贸易试验区版
2020 年 6 月 23 日	《外商投资准入特别管理措施（负面清单）（2020 年版）》	全国版
2021 年 12 月 27 日	《外商投资准入特别管理措施（负面清单）（2021 年版）》	全国版
2024 年 3 月 22 日	《跨境服务贸易特别管理措施（负面清单）（2024 年版）》 《自由贸易试验区跨境服务贸易特别管理措施（负面清单）（2024 年版）》	全国版和自由贸易试验区版

资料来源：《一图尽览丨第六届进博会传播影响力报告》，https：//www.ciie.org/zbh/cn/19news/infographics/20240109/42495.html，最后访问日期：2024 年 8 月 29 日。

表 2　进博会期间中国与其他国家签署的双边自贸协定

协议国	签署时间	协定名称
中国-塞尔维亚	2023 年 10 月 17 日	《中华人民共和国政府和塞尔维亚共和国政府自由贸易协定》
中国-厄瓜多尔	2023 年 5 月 11 日	《中华人民共和国政府和厄瓜多尔共和国政府自由贸易协定》
中国-尼加拉瓜	2023 年 8 月 31 日	《中华人民共和国政府和尼加拉瓜共和国政府自由贸易协定》
中国-柬埔寨	2020 年 10 月 12 日	《中华人民共和国政府和柬埔寨王国政府自由贸易协定》
中国-毛里求斯	2019 年 10 月 17 日	《中华人民共和国政府和毛里求斯共和国政府自由贸易协定》

资料来源：中国自由贸易区服务网（http：//fta.mofcom.gov.cn）。

（二）“边境上”规则向“边境内”规则转变

国际经贸协定的重要变化在于，原先以关税、非关税壁垒等“边境上”规则为主的条款内容逐渐向以“边境内”规则为主的条款内容转变，这主要得益于国际贸易新的发展趋势。在WTO框架下，货物贸易和服务贸易交换的对象主要是要素、产品、服务等，对外投资和引进外资的对象主要是资本，这些对象进行对外交换主要是基于“边境上”规则实现的。因此，规范国际贸易的协定内容，也是以“边境上”规则为主。时至今日，随着数据、创新、人才、技术、金融等不断成为跨境交易对象，这些新兴要素的优化配置和链接需要国内高水平的机制配套、政策支持和制度设计，因此在这种条件下对接国际经贸规则，应该与“边境内”规则的相关条款内容进行对标。具体而言，在原先规则的基础上，不仅存在规则的深化（即“WTO-Plus”），比如工业产品减让、农业产品减让、海关程序、出口税、卫生和植物检疫、技术性贸易壁垒、国有企业、反倾销、反补贴、公共补助等条款，同时存在规则的拓宽（即“WTO-X”），比如TPP中的电信、电子商务、知识产权、竞争政策、国有企业和指定垄断、劳工、环境、中小企业、竞争力和商务便利化、透明度和反腐败、监管一致性、管理和机制、争端解决、例外、最终条款、合作和能力建设、发展等条款，USMCA包括通信、数字贸易、良好监管实践、公布和管理、宏观政策和汇率等条款，CPTPP还包括政府采购等特有条款。

进博会作为开放窗口的重要功能之一在于，将当前重要的生产要素如数据、数字技术、金融、人才等嵌入“展品变商品”的全方位、多层次展示过程，让前来参展的企业通过进博会了解新兴生产要素，了解中国在对接国际高标准经贸规则中的积极努力和坚定决心。从数据要素来看，数字技术和跨境电商成为进博会展区中的重要分类。许多国家的高质量产品通过数字技术和跨境电商平台进入国内市场乃至世界市场。此外，一些网上展厅也是数字技术的重要体现，帮助境外企业通过数字化平台打开更大的消费市场，从而提高自身在全球市场中的占比。由此可见，无论是数字要素嵌入展品进行展示，还是作为展示的重要支撑，都验证了与数字技术、数据相关的数字贸易规则在进博会中的渗透和应用。另外，进博会也为数字技术、数据这些新兴要素的交流和合作提供了便利。从金融要素来看，其作为一项具有生产性职能的要素，在全球价值链分工中占据越来越重要的位置。金融贸易作为服务贸易的重要组成部分，近年来也成为以美国为代表的发达国家的重点关注对象。在 TPP、USMCA、RCEP、CPTPP 中，金融服务作为高标准经贸规则的重点内容独立成章，这种文本体例格式的重要变化，反映了金融服务在经济全球化、经济金融化背景下成交量的不断增加以及金融服务领域开放的深化。在进博会的服务贸易展区内，金融服务作为一个重要板块也得到有效展示，这充分体现了进博会在促进金融服务贸易中的重要作用。

（三）传统标准规则向高标准规则转变

进博会通过设置与高标准规则相关的会议议程、议题实现国际经贸规则探讨与形成共识。根据国际经贸规则的形成机制可知，无论是 USMCA、TiSA、TPP 等，还是 RCEP、CPTPP 等，条款内容都是多个成员国讨论、博弈最终形成的结果。因此，在进博会这一重要平台上，通过设置会议议题的方式为经贸规则条款内容的形成做好前期准备，一方面能够落实已经签署的协定，另一方面可以发现新的规则条款，以便为以后的经贸规则正式谈判和博弈做好预案。按照货物贸易、服务贸易、创新孵化等展区的设置，一些会议议程如“2023 贸易数字化与跨境电商发展论坛”“新时代外贸高质量发展与贸易便利化论坛”“合作共赢——金融助力‘RCEP’经贸合作发展论坛”“国际投资与金融合作论坛”“第六届进博会硬科技产业投资合作沙龙”等体现了高标准规则的重要指向。

三　进博会促进具体国际规则对接的作用机理与具体案例

进博会作为国际经贸规则对接的重要平台，其作用是通过设置不同类型的展区来实现的。具体而言，展会开始的环节就体现出贸易投资便利化的规则。此外，货物展区、服务展区以及创新孵化展区分别体现了国际经贸规则中的货物贸易、服务贸易以及投资等相关条款内容，更有助于各类参展的市场主体洽谈以及促进贸易和投资合作，进而发挥好进博会的重要功能。

（一）展会整体体现贸易投资便利化理念

进博会持续推动商品通关便利化制度创新。货物贸易便利化是近年来国际经贸协定关注的重点条款，无论是已经签署的 RCEP，还是中国与其他国家的双边自由贸易协定，均体现了这一点。第六届进博会便利化政策是对前五届进博会便利化政策的延续和拓展（见表 3），同时延续了之前将上海会展中心海关作为专门的贸易便利化规则的执行和对接机构的做法。比如“发布通关须知，提供详细通关指引”“派员入驻现场，提供服务保障”“设立常态化机构，随时响应需求”“设置展览品专门通道，优先办理手续”“简化监管手续，方便特殊物品进境”“简化出境手续，便利展览品展后处置”等具体内容是之前政策的延续，也使得海关等监管部门将这些在历届进博会中的试点政策逐步转变为贸易便利化机制。而“对符合条件的参展车辆优先检测、出具相关证明”“扩大参展范围，允许未获检疫准入的动植物产品、食品参展”属于增量政策，属于新的规则对接，由此可见，第六届进博会便利化政策举措在不断完善和丰富，一方面保持了延续性，另一方面体现了创新性。此外，对首发新品还实行海外预监测、预归类的制度，通过展品的全生命周期、全链条、全环节的一站式管理，如参展准入、展品通关、展品处置，扩大进口清关中的检验检疫准入范围。同时辅助实施税收优惠政策。[①] 此外，在历届进博会中，产品展示、销售、清关等多个环节的便利化政策使得境外商品很畅通地进入境内。另外，“馆区直通”“区区流转”等涉及海关监管模式以及清关便利化的措施也不断推出。比如第六届

---

① 张婷、刘洪愧：《以进博会创新发展促进高水平对外开放的对策思考》，《国际贸易》2020 年第 5 期。

进博会欧洲展品搭乘“中欧班列-进博号”到达上海，同时通过中国（上海）国际贸易单一窗口中的“铁路电子提单业务”，采用转关申报模式在上海一站式完成“申报”和“查验”通关程序，相比之前在多地申报和查验的模式更加便捷，运送一个展品到上海只需20天，比海运快了约15天，欧洲各地区的企业参加进博会有了“新通道”，直接享受贸易通关便利化优惠措施。

表3　第六届中国国际进口博览会便利化政策

具体内容	备注
发布通关须知，提供详细通关指引	延续政策
设立常态化机构，随时响应需求	延续政策
深化科技应用，打造智能化监管服务模式	延续政策
派员入驻现场，提供服务保障	延续政策
办展方统一提供税款担保，减轻境外参展企业负担	延续政策
就近开展验核，提升参展便利化水平	延续政策
设置展览品专门通道，优先办理手续	延续政策
固化监管措施，延长ATA单证册项下展览品暂时进境期限	延续政策
推进准入谈判，扩大进境展览品种类	延续政策
简化监管手续，方便特殊物品进境	延续政策
简化入境手续，方便食品化妆品参展	延续政策
简化出境手续，便利展览品展后处置	延续政策
支持保税展示展销常态化，扩大展会溢出效应	延续政策
支持跨境电商业务，推进线上线下融合	延续政策
支持文物展品参展，办理展后留购手续	延续政策
对符合条件的参展车辆优先检测、出具相关证明	创新政策
扩大参展范围，允许未获检疫准入的动植物产品、食品参展	创新政策

资料来源：根据海关总署发布的《2023年第六届中国国际进口博览会海关通关须知》和《海关支持2023年第六届中国国际进口博览会便利措施》整理。

（二）通过“展品变商品”促进规则对接

RCEP“第二章货物贸易”的“第一节总则和货物市场准入”提到“关

税”“货物完税价格”“进口许可程序”“免征”等条款以及“第四条关税削减或取消”条款。中国作为进博会举办国，通过展品展示生动地揭示了落实“进口许可程序”的要求，各个参展商在参展前提交相关申请，履行了 RCEP 中关于“进口缔约方相关行政机构提交除一般海关通关所需的单证外的申请或其他单证的行政程序”的相关要求。由此可见展会之前的申请环节符合 RCEP 关于进口许可程序的条款要求。

整个货物展区的设置还符合“第七条商品归类”条款，即 RCEP 成员国之间的货物贸易商品归类应符合协调制度。进博会主要设置了汽车、技术装备、消费品、医疗器械及医药保健品等货物展区，成为“展品变商品”的代表。其他非 RCEP 成员国在参展过程中也能领略到展区设置的含义。另外商务部等 6 部门发布的《关于高质量实施〈区域全面经济伙伴关系协定〉（RCEP）的指导意见》（以下简称《指导意见》）中的“促进货物贸易发展”内容提到了“汽车零件”“医药”“康复设备”“养老护理设备”“农产品等优势产品出口”“日用消费品”，进博会货物展区设置也符合《指导意见》的规定。同时《指导意见》提出了“增强展会等平台对贸易投资发展的促进作用”“扩大面向 RCEP 国家的贸易投资促进和推广”等。比如，对于文化艺术产品而言，全球三大拍卖行佳士得、苏富比、富艺斯落户上海，国内通过对标国际经贸协定的条款内容，探索与国际高端文化艺术品交易发展相适应的海关监管服务新模式，使得通关效率大大提高，通关时间由原先的 20 个工作日缩短为 5 个工作日。[①] 进博会通过完善供需信息对接制度推动货物贸易相关规则在上海落地实施，并在海关管理措施优化等方面实现较大突破。综合而言，进博会货物展区的设置高度契合了国际经贸协定中关于货物贸易的相关条款内容。

（三）通过服务展示促进规则对接

服务展区重点关注近年来国际经贸协定中的重要领域，通过展示服务贸

① 张培等：《从进博会到自贸区　中国制度型开放深入推进》，《中国海关》2023 年第 11 期。

易领域中的新技术、新成果，提高服务的可交易性和可贸易性。在服务贸易中，金融服务、文旅服务和咨询服务是重要组成部分。RCEP“第八章服务贸易”包括金融服务、电信服务和专业服务。在服务展区中，金融服务、供应链服务、文旅服务和咨询服务等专业服务属于进博会主题专区内容，整个服务展区种类安排也遵循了 RCEP 的文本框架内容。其中，进博会将金融服务放在展区首位，凸显出金融服务贸易在整个服务贸易中的重要作用，以及金融在大国博弈中的重要作用。金融服务作为一种生产性服务，在 WTO 成立之初就被写入整体框架的附件中。在中国已经签署且生效的 RCEP 中，有一条是作为“新金融服务”而出现的，金融科技服务和金融信息服务作为该条款的具体内容，在进博会服务展区中得到了重点展示，反映了 RCEP 中金融服务相关规则要求在国内的逐步落地。对于金融服务展区来说，来自日本的财产保险服务商三井住友海上火灾保险集团通过“保险+”不断探索金融服务和拓宽金融合作领域，在绿色保险、再保险、低碳金融服务上不断发力，同时积极融入上海国际金融中心建设。比如，随着中国新能源市场的不断扩大，三井住友海上火灾保险集团围绕这一领域与上海静安投资集团签署协议，作为专业性的保险公司为新能源车辆提供全流程风险解决方案。

随着国际贸易进入新的发展阶段，价值链供应链发挥了越来越重要的作用。供应链服务是新的服务种类，进博会将其作为主题展区符合经济全球化和服务贸易快速发展的大势。在供应链服务展区，来自美国的邓白氏供应链公司，考虑到数字经济、数字贸易、数字化转型在中国的蓬勃发展以及 ESG 理念在中国的普及等实际情况，充分利用数据、技术和专业能力等优势通过一揽子数字化方案（即“一站式供应商洞察”）在中国首发“供应链 ESG 解决方案”，具体包括“全球财务风险管理平台”“供应链风险管理平台”“全球企业查询平台”“解决方案”四大平台，从而有效地为中国企业在经营管理的全生命周期中落实 ESG 理念提供专业服务，同时帮助上游供应商通过引入 ESG 方案提升自己的核心竞争力并拓展业务，帮助下游采购商通过 ESG 方案来管理风险，为中国企业提高供应链的韧性和可持续性提供智力支持和业务决策。进博会这一高端平台以及多元化的应用场景，也为邓白氏深耕中国市场四十余年继续“添砖加瓦”。

在文旅服务展区，来自中国香港的冯氏文创基于自身设计、生产、制造的全环节供应链优势以及“香港通道　链接全球”的角色，在文旅服务“走出去”与“引进来”方面双向发力。通过进博会这一平台，将三星堆文创产品展示给全球，将中华传统文化传递给全世界，并推进中国文创产品依托香港发展和出海。

（四）通过投资拉动促进规则对接

国际经贸规则不仅对货物贸易、服务贸易等领域的国际市场进行划分，同时对投资进行地域划分。比如在 RCEP、CPTPP 等协定文本中将“投资”作为独立章节，对投资相关规则进行了说明。进博会通过设置各类投资促进活动和拉动投资促进投资相关的规则对接。

通过举办研讨会形成对接投资规则的相关共识，主要内容涵盖投资政策、投资法规及投资机会等。这些研讨会包括“第六届中国国际进口博览会贸易投资对接会”“国际投资与金融合作论坛”“跨境投资高质量发展圆桌会”。在这些研讨会中，各个投资商通过探讨互动实现了“就与投资促进相关的其他共同关心的话题进行信息交流”的目标。再如，就“投资便利化”条款而言，进博会的各程序环节践行了“简化其投资申请及批准程序”“设立或维持联络点”等条款的要求。

通过举办投资促进活动来对接投资规则。进博会为来华参展的投资商提供了一系列促进方案，符合 RCEP 中关于“为各种形式的投资创造必要的环境”“促进投资信息的传播”等条款的要求。进博会建立“投资中国”专区，“投资中国”是商务部谋划打造的一个品牌概念，投资中国就是投资未来。组建产业深度观展团等，了解最新生产技术、投资领域、投资理念，有助于深化投资商之间的交流和洽谈，通过发展新质生产力，同世界分享中国市场机遇、投资机遇、增长机遇。发布“投资中国年”招商引资活动，举办5场圆桌会和自贸试验区专场投资促进活动。投资对象为境外已经成熟的展品和首发新品。比如，在第六届进博会上设立了新品发布专区，专门用于发布全球首发、亚洲首秀、中国首展的展品，一些代表性首发新产品、新技术和新服务在展示后会产生水平型投资行为和商机。借助国内超大规模的市场优势，以及中国近年来不断以制度型开放推进高水平对外开放的契机，一些“展商变投资商”在历届进博会上演精彩的商业故事。这些生动实践证明了，进博会可以通过溢出效应实现通过投资促进国际经贸规则对接的目标。

创新孵化专区为促进规则对接做好深入沟通。创新孵化专区吸引了来自39个国家和地区的超过300个创新项目参展，是第四届和第五届进博会参展项目数量的总和，通过举办“最具市场潜力奖”评选活动、升级扩容展区，为境外各个行业的初创企业项目及其产品搭建集中展示的大平台，为投资商通过开拓国内外市场、与其他参展商投资商的深入沟通和对接以及开展双向路演提供了便捷的渠道和服务。比如巴西的PHYCOLABS公司提出了一种材料领域的可持续创新解决方案，可将海藻转化为可追溯再生纤维，在第六届进博会上进行首展。同时，美国的Refibered Inc公司提出了一种回收利用领域的可持续创新解决方案。该方案融合人工智能和机器人技术，检测服装的面料（材料）成分，并能按照面料（材料）成分对服装进行分拣。肯尼亚的RETHREAD AFRICA LTD将糖和玉米生产中产生的废物转化为与汽油基替代品品质相同的生物基合成材料，为中国首展。美国的Tereform LLC通过氧化操作将聚酯型纺织品解构和重构的方案在第六届进博会上首次在中国展示。此外，斯凯奇公司接下来会在中国加强内部基础设施建设投资，同时直播中心开始投入使用。新西兰康维他集团准备在国内实施可持续健康发展战略“1%共生计划”，通过“生态可持续”和“社区繁荣”落实。[①] 所有这些投资活动在促进投资的同时，也促进了国际投资规则的对接。

① 中国国际进口博览局：《第六届中国国际进口博览会展商展品信息》，https://www.ciie.org/zbh/cn/19BusEx/ProAud/zp6/summary，最后访问日期：2024年8月29日。

四　更好发挥进博会在促进国际经贸规则对接中的作用

进博会不仅是促进中国对接国际经贸规则的重要平台，而且为其他国家深化经贸合作提供了公平产品。随着我国稳步扩大规则、规制、管理、标准等制度型开放，进博会需要在对接国际经贸规则方面发挥更大的作用。整体来看，可以从丰富对接内容和完善对接机制两个方面入手。

（一）丰富对接内容

其一，我国正在申请加入 CPTPP 和 DEPA 等高标准经贸协定，进博会作为具有先行先试作用的重要平台，需要通过展品展示过程对一些经贸规则进行压力测试，从采购商、投资商、供应商的反馈中验证一些规则条款的适用性和接受度。另外还需要对接《中欧双边投资协定》，充分释放进博会带来的投资效应，助力“展商变投资商”。加强与参展商的合作交流，旨在打破对外投资和吸引外资的壁垒，推动投资自由化和便利化。国际经贸规则决定了贸易的种类和规模，同时决定了未来贸易的竞争力和影响力。在具体操作中，展品种类的设置直接反映了规则对接的范围和程度。因此，有必要在已有的货物展区、服务展区以及孵化创新展区大类的基础上，进一步细分各类展区。

其二，在货物展区，除了保持已有的汽车、医疗等专项展区外，还可以设置能对接 CPTPP、DEPA 等协定相应条款的新货物种类展区，比如将数字化产品作为一个主题展区来设置，主要是考虑到数字经济、数字贸易、跨境电商的快速发展，以及数字化技术、信息技术在生产、流通、消费等经济环节中的广泛渗透，数字贸易规则将会在国际经贸协定中占据越来越重要的地位，成为大国博弈的重要议题。因此应在借助 5G 技术、AR 手段等实现“云进博”效果的同时，将数字贸易的相关条款放在数字化产品展区进行揭示。此外，考虑到 CPTPP 中“纺织品和服装”独立成章，未来在CPTPP谈判中该类商品将会成为重点博弈领域，因此后续进博会可以在已有展区的基础上设置纺织品和服装专项展区，提高参展商对这一类展品的关注度。

其三，《第六届进博会传播影响力报告》显示，服务贸易展区传播影响力指数为70.04,[①] 未来服务贸易展区还有很大的提升空间。除了已有的金融服务、供应链服务、文旅服务、咨询服务等主题展区外，还可以按照《跨境服务贸易特别管理措施（负面清单）（2024年版）》和《自由贸易试验区跨境服务贸易特别管理措施（负面清单）（2024年版）》中相关服务的要求设置其他专业性服务主题展区，如交通运输、仓储和邮储服务，租赁和商务服务，科学研究和技术服务，教育服务，卫生服务，文化体育娱乐服务等，增加服务贸易展区种类。

其四，在创新孵化展区设置与投资相关的项目。考虑到近年来我国在生态文明建设方面取得了长足的进步，以及全球气候变暖等人类面临的共同挑战，可以通过设置环境创新孵化项目主题展区，吸引境外参展企业前来参展和投资洽谈，以便在环境领域的投资规则上减少博弈成本，较快地形成共识。考虑到绿色产品风力、光伏等新能源以及绿电项目的发展加快，未来可以设置这方面的专门展区，以便体现我国践行“绿水青山就是金山银山”的理念，为下一个国际经贸协定制定投资相关的条款提供支持。

（二）完善对接机制

其一，通过优化体制机制来完善对接机制。在全球国际经贸规则重塑和调整的大背景下，对接国际经贸规则需要在完善体制机制上下大力气。在已有的政策体系、监管制度、管理体制的基础上，进一步探索进博会对接规则的发展模式和路径。发挥进博会“展品变商品”“展商变投

① 中国国际进口博览会：《第六届进博会传播影响力报告》，https://www.ciie.org/zbh/cn/19news/infographics/20240109/42495.html，最后访问日期：2024年8月29日。

资商”的示范效应，让更多的境外市场主体在观展、洽谈和交易中深刻地感受到目前国际经贸规则的相关内容，从而为其开拓区域市场或全球市场提供帮助。

其二，进博会涉及货物贸易、服务贸易、投资以及进口等多个领域的规则问题，比如在六届进博会期间出台的一些临时性、便利性经贸措施具有“量身定做”的特点，但这仅停留在先行先试的层面上，未来可以将其发展为对接国际经贸规则的重要切入点，进而有机会使其成为新协定中的相关条款。因此，为更好地发挥进博会功能和释放进博会红利，需要对进博会上的一些好的规则，比如免征或减免关税、消费税等税收优惠政策等进行压力测试，就制度型开放的一些外溢效应进行事前评估及事中事后监管。

其三，充分发挥经贸行业协会、促进会（如贸易促进会、投资促进会）、产业协会等行业组织在完善对接国际经贸规则中的重要作用，邀请相关业内人士参与国际经贸规则对接洽谈会，同时在与境外参展商的交流互动中发现新的关于规则对接的想法，并对参展商、采购商、投资商、供应商等境外市场主体沟通和洽谈中的规则供需匹配进行分析，提出具有针对性的专业观点。积极发挥科研院所在进博会对接国际经贸规则中的研究优势以及产政研企一体化的融合优势，进而将理论层面的规则研究与国际贸易投资和实践有机地结合起来，降低交易成本，提高规则对接的效率，进而为推进贸易投资区域一体化、全球化做出积极的贡献。

其四，将进博会与上海自贸区、国际金融中心、国际消费中心、世界智慧城市等开放平台有机结合起来，形成开放平台的有效联动机制，从而提升对接国际经贸规则的能级。具体而言，进博会可以吸收其他开放平台对接国际经贸规则的经验和方法，同时可以将这些平台已经完成对接的规则直接复制过来。通过相互借鉴不同开放平台具有先进性的条款，省去不必要的探索成本，保障规则条款的先进性、实用性，为更好地对接国际经贸规则夯实基础。

结　语

进博会不仅是“展品变商品”的重要展台，同时是积极对接国际经贸规则的重要平台，是中国积极推进高水平对外开放的重要窗口，进博会通过规则对接践行了“进博之诺”。具体来说，进博会借助具体的商品展区、服务展区、创新孵化展区对国际经贸协定中关于货物贸易、服务贸易、投资等领域的条款分别进行展示。同时，许多首发、首秀、首展意味着境外有特色、竞争力强的展品和服务通过进博会打开了国内超大规模的市场，同时参展商、采购商、供应商、投资商等境外市场主体在这一平台上通过高效对话和信息交流，积极促进贸易和投资合作。进博会通过“国际采购、投资促进、人文交流、开放合作”四大平台发挥了自身在规则对接中的作用，让更多的境外市场主体成为我国推进高水平对外开放红利的重要受益者，从而进一步放大进博会的溢出效应。六届进博会的成功举办，在对接国际经贸规则上已经形成了一定的经验，下一步进博会仍需要通过丰富对接内容和完善对接机制来更好地对接国际经贸规则，进一步释放进博会红利。

参考文献

《习近平著作选读》（第二卷），人民出版社，2023。

B.6

进博会国际媒体传播影响力报告（2023）

——主题识别及时空扩散的演化分析

张 琛　谢寿光　张俊文*

摘　要： 2023年第六届进博会举办。进博会在国际媒体报道和社交媒体平台上的影响力不断扩大，在当代多元化场景中发挥引领作用。本报告以2023年1月1日至2024年5月31日的国际媒体和社交媒体（Twitter和Facebook）内容为基础，分析主题分布、议题结构、时序演变和空间分布四个方面。在英文媒体报道中，国内传播渠道仍处于主导地位，美国媒体成为西方新闻报道最多的信源方。但参展方的主动报道仍相对较少，媒体报道数量呈现幂律分布特征。在潜在议题上，无论是国际媒体还是社交媒体都集中关注金融市场投资、疫情与健康、中国农业与食品安全等议题。此外，在2023年的进博会上，人工智能和新能源汽车备受关注。未来，进博会国际传播应聚焦于构建"中国看世界"的方式，加快建设全球媒体网络的合作伙伴关系、提升东亚和东南亚地区关注度、促进"一带一路"共建国家报道实践发展、激发参展商自主传播的活力、创设进博会媒体高峰论坛、扩大上海媒体影响力等。只有如此，才能全景式关注进博会对中国现代化发展的传播贡献。

* 张琛，清华大学博士，北京服装学院时尚传播学院副教授，主要研究方向为传媒经济；谢寿光，中国出版协会副理事长，上海研究院特聘研究员，主要研究方向为知识生产；张俊文，斑马网络技术有限公司高级技术专家，主要研究方向为人工智能。

关键词： 进博会 国际媒体 社交媒体 时序演变 空间分布

引　言

习近平总书记在党的二十大报告中强调，“中国坚持对外开放的基本国策，基本奉行互利共赢的开放战略，不断以中国新发展为世界提供新机遇，推动建设开放型世界经济，更好惠及各国人民”。① 于2022 年和 2023 年在上海举办的第五届、第六届中国国际进口博览会（以下简称“进博会”），作为党的二十大后举办的重大国际展会，展现了全球共享的发展理念。历史已经充分证明，一个强大的国家可以通过传播自己的价值观、文化和形象，从而影响甚至改变全球范围内的舆论和认知。通过采取有效的国际传播策略和手段，一个国家可以在国际舞台上赢得更多尊重和认可，增强自身的软实力和影响力，开展更广泛的国际合作。因此，在国际传播共同体中，创新传播方式，打破地域和语言障碍，加强国际传播合作，是当前国际传播领域发展的必然趋势，也是进博会新闻信息发布模式与媒体角色转变的重要机遇。

本报告立足 2023 年第六届进博会，特别关注“中国经济”“上海议题”在传播过程中的灵活性和不规律性，基于国际主流媒体机构、社交媒体平台对进博会 2023 年的报道、粉丝信息、话题等内容进行分析，并结合大模型的数据辅助及分析功能进行计算。以此提取时空扩散特征，全面刻画多种信息源、媒体组织、社交账号之间的互动关系。通过对这些话题的深入分析，揭示进博会信息在时空传播上的动态特征，进而描绘出一个更加立体和细致的信息传播网络，展现出媒体组织、社交账号之间的关系和信息传递的复杂路径，从而进行全方位的研究。

① 《坚定不移推进高水平对外开放　以中国新发展为世界提供新机遇》，求是网，2023 年 3 月 13 日，http：//www. qstheory. cn/dukan/hqwg/2023-03/13/c_ 1129429321. htm。

一 研究设计

（一）研究思路与分析框架

在话语分析和文本时序算法的研究基础上，本报告提出如下研究思路：首先，将时间范围设定为2023年1月1日至2024年5月31日，将谷歌新闻、百度新闻、ChatGPT等多种渠道上关于进博会的英文报道作为数据来源，采用目的性与理论性抽样相结合的方式，进行原始数据筛选，并建立针对媒体机构英文报道的新闻数据集。为更全面地描绘国际传播中的社交媒体信息图景，在同样的时间跨度中，在Facebook和Twitter两个全球社交媒体平台采集关于“#CIIE”的帖子，形成包括发帖、点赞、转发、标签等多个维度的数据集。其次，两位编码员对数据进行交叉筛选和比对，来保证数据条目的完整性和有效性。对媒体报道数据库和社交媒体数据，分别进行主题识别。特别是对主题特征和时空特征建立关联。再次，对两个数据库内部的主题特征和分布空间、扩散时间进行指标界定以及算法分析。最后，利用非监督式学习算法和可视化方法，对主流媒体报道和社交媒体发帖分别进行时空扩散研究，包括主题聚类、失序和空间演化，同时与往年的主题演变特征进行比对分析。

（二）主题识别方法与流程

1. K-means算法

在信息技术领域，社会网络分析、情感分析以及话题分析等技术正备受学术界关注，尤其是对媒体内容进行广泛的分析应用。通过在Python环境下使用jieba进行分词处理，将报道和社交媒体内容训练成词语向量模型，并引入K-means算法实现具有相似特征的数据点的聚类，以实现媒体报道中议题的聚类。为挖掘进博会媒体报道中的主题内容，首先创建了经过分词处理的“词-索引字典”和“词-词向量字典”，并在训练完成词向量模型后进行保存。其次，对2023年1月1日至2024年5月31日的进博会媒体报道进行 K-means 词汇聚类。K-means 作为一种无监督学习方法，通过确定 K 值，将进博会议题文本数据聚类为 K 个不同的集合。再次，随机选择 K 个数据点作为质心，再反复迭代计算 K 个中心的欧式距离，将每个类别分配到距离最短的中心所在的类别中。最后，通过均值方法确定最佳的聚类数，利用聚类中的词形成逆文档频率（IDF），提取出文本中主要特征的定性词，从而完善聚类过程。

2. LDA 主题建模

针对海量的进博会社交媒体内容，运用主题模型提取大数据文本中的信息。LDA（Latent Dirichlet Allocation）是一种非监督学习算法，由 Blei 等人于 2003 年开发的一种特殊主题模型（见图 1）。通过吉布斯抽样实现对隐含狄利克雷分布的推断，从而提取语料库中潜在的主题，最终确定进博会的主题语义及各个主题词的分布。该方法利用 Python 中的 Gensim 模块和 pyLDAvis 模块对社交媒体中有关进博会的内容进行主题建模分类。在这里，K 代表主题数量，α 是主题 K 的 Dirichlet 先验权重，η 是主题 W 的 Dirichlet 先验权重，θ_d 表示每个文档的主题比率，β_k 表示生成单词 w 的主题概率，$Z_{d,n}$表示文档 d 中第 n 个词的主题，$W_{d,n}$是文档 d 中第 n 个单词。重复模型直至完成采样，最终输出有关进博会推文的主题分布。采用 LDA 模型分析进博会的影响力，得到“文档—主题—主题词”的三维映射矩阵，计算不同主题的相似度，特别是在空间维度上的关联路径，从而确定主题扩散的创新和演进脉络。

3. R 语言数据的可视化

R 语言提供了众多库和函数，用于制作视觉图。首先，需要导入相关库或包。其次，准备数据集，其中应包含状态或阶段之间的流动信息，例如起始节点、目标节点以及流量等。再次，使用 R 语言中用于视觉化的函数生成图表，设置节点和连线的参数，如节点颜色、线宽和标签等。最后，将结果导出为图像或交互式图表。

通过使用桑基图（Sankey diagram）对进博会主题的空间分布和流动状况予以可视化。借助可视化图中的节点和连线，观察者可以直观地了解不同

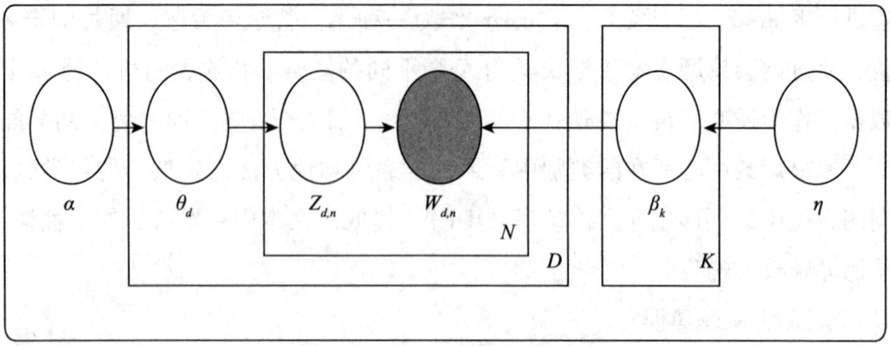

图 1　LDA 模型

主题之间的关系和交互，以及它们之间的流量或数量分布情况。R 语言的数据处理和可视化功能使得实现这种复杂图表变得简单而高效。

4. 数据的处理过程

（1）数据来源

针对国际媒体报道和社交媒体关于“进博会”的关键词，以英文关键词“China International Import Expo”进行获取。通过人工智能程序 Python 在谷歌新闻、ChatGPT、Twitter、Facebook 等平台获取数据，将时间设定为 2023 年 1 月 1 日至 2024 年 5 月 31 日，其中社交媒体选定 Twitter 和 Facebook 两个平台，字段包括 id（账号）、content（内容）、from（来源）、in（地理位置）、date/year（时间）、url（来源网址），字段还包括“tags#”的信息，同时附加“likes”“shares”两个社交属性的字段。

（2）数据清洗

采用 Pandas 和 Gensim 包对数据进行停用词及词形还原处理。

（3）创建词典及语料库

利用 Gensim 包中 doc2bow 词袋模型构建词典。

（4）对进博会的英文媒体报道使用 K-means 算法进行聚类处理，再利用可视化工具进行结构化呈现

同时使用 LDA 模型识别英文媒体报道的主题信息，通过相似度计算不同层级的关联。利用 R 语言对空间进行可视化演变分析。

（5）进博会社交媒体的主题建模

实验环境是 Pyhton3. 6，使用工具 Gensim 包 models. ldamodel. LdaModel。运用 LDA 模型对 Twitter 和 Facebook 主题内容和主题文档分布规律进行分析。

二　进博会国际媒体报道的传播影响力分析

（一）媒体信源空间分布：国内信源占主导地位，亚洲媒体为主新闻源

作为我国具有全球影响力的重大国际展会，第六届进博会如期举行，受到了社会各界的广泛关注和热烈追捧。这次展会在国际传播上取得了特别好的舆论反响，吸引了来自世界各地的参展商和观众。展会规模宏大，展示的产品种类丰富多样，展示了中国在经济、科技和创新领域的最新成就。境内外媒体机构以权威和优质的报道内容深入解读这届进博会背后的“上海创新”和“中国合作”。

通过连续 3 年的追踪发现，在第六届进博会的数据采集周期内，经过有效性检验后，共采集到英文报道 3683 篇。这些报道既包括来自中国媒体的新闻通稿，也包括国际媒体自行采写的文章和专栏评论等。目前，在传统与现代媒介传播秩序的二分框架下，以进博会为重要报道载体形成的舆论环境，实现了全球经济与文化叙事的多元呈现。

从媒体信源报道地分布情况可以看出（见表 1），进博会在亚洲地区具有较大影响力。其中，有 2932 篇报道来自中国，其中香港 668 篇，澳门 82 篇，其次是新加坡（225 篇）、美国（135 篇）、马来西亚（64 篇）、文莱（58 篇）等。首先，中国是报道数量最多的国家，反映进博会在国内受到广泛关注和报道。其次，新加坡、美国紧随其后，这些国家在国际传播中具有一定的影响力，其报道数量较多。再次，东南亚地区的马来西亚、文莱等国家也有一定的报道数量，表明进博会在东南亚地区较受关

注。最后，其他国家和地区如伊朗、南非、印度、英国、法国等也有报道。总体而言，进博会在国内外的传播效果不错，在亚洲地区具有较大的影响力。国内媒体机构处于主导地位，丰富和多样化的本土语境报道贯穿整个进博会的宣传周期。然而，统计数据同时揭示了欧洲和非洲地区的传播与报道仍有进一步提升的空间。这意味着在未来的传播策略中，需要针对这些地区进行宣传推广，以提高进博会在全球范围内的知名度和影响力。

表 1　媒体信源报道地 TOP10

单位：篇

序号	所属国家/地区	报道数量	序号	所属国家/地区	报道数量
1	中国	2182	6	马来西亚	64
2	中国香港	668	7	文莱	58
3	新加坡	225	8	澳大利亚	57
4	美国	135	9	伊朗	22
5	中国澳门	82	10	南非	22

对进博会的报道进行归纳后发现，有 27 个国家和地区来自亚洲，共 3401 篇报道，在总体报道量中的占比为 92%（见图 2），这反映出亚洲对进博会的关注度较高，进博会在亚洲地区具有较大的影响力，同时也说明进博会在亚洲地区的宣传和推广工作较为成功。其中，中国、新加坡等的媒体报道数量位居前列。

除亚洲地区外，美洲和欧洲地区的媒体也有一定数量的报道，如美国、加拿大、英国、法国等国家的媒体均参与其中。这展示了进博会在全球受到了广泛关注，彰显了其在国际舞台上的影响力。这不仅体现了进博会作为全球贸易盛会的重要地位，也反映了各国对中国市场的重视，以及对加强国际经贸合作的期待。也应该看到，非洲等地区的媒体报道数量较少，这与参展国数量形成鲜明对比。例如，2023 年进博会为 20 家非洲参展商单独设立了“非洲农产品专区”，但是在非洲媒体报道上却鲜有提及。这种差

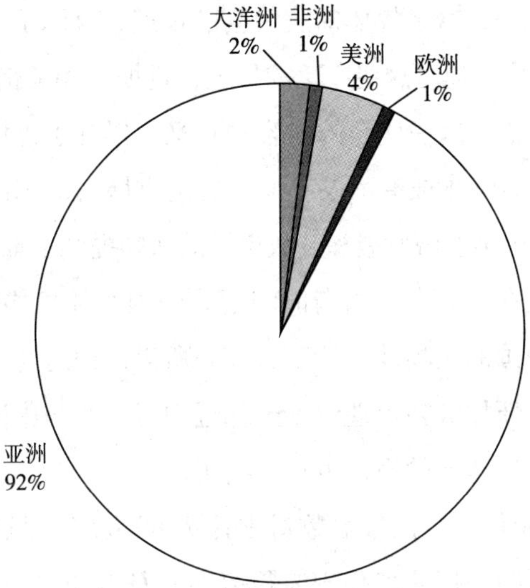

图 2　各洲进博会媒体报道占比

异也反映出一个问题，英文报道主要来源于中国。虽然使中国在舆论传播中掌握主动权，但也可能导致信息的单一性和局限性。因此，应鼓励不同地区的媒体加强合作，共同推出具有全球影响力的报道和节目，以提高国际传播的效果和影响力。这是推动全球合作与交流的重要环节。

（二）媒体机构特征：关注度呈现幂律分布特征，上海地方媒体报道亮眼

从 2023 年 1 月 1 日到 2024 年 5 月 31 日，共有 191 家媒体机构参与报道。报道数量排名前五的媒体机构分别是 Xinhua News Agency（489 篇）、Shanghai Daily（312 篇）、CGTN（290 篇）、China Daily（HONG KONG）（225 篇）和《环球时报》（223 篇）。这些数据反映出，首先，将近 200 家媒体机构的广泛参与表明进博会吸引了国内外媒体的高度关注。其次，权威媒体如 Xinhua News Agency 和 CGTN 在报道数量方面处于领先地位，展示了它们在传媒行业中的重要地位。最后，地方媒体也积极参与，比如地方媒体 Shanghai Daily 在报道数量上表现突出。这种地方媒体的报道有助于扩大进

博会的影响力。此外，众多媒体对进博会的报道，显示了进博会在国际舞台上的重要性和影响力。通过这些广泛的报道，进博会相关信息得以广泛传播，让更多的人有机会了解这一盛会的内容和意义，提升了进博会的关注度。这种多渠道、多角度的媒体报道不仅有助于促进进博会的国际传播，也为进一步增进国际社会对中国经济发展和开放市场的认知提供了重要的平台。

媒体报道数量存在分布不均衡的问题。中国媒体机构的报道数量较多，这也与进博会是中国的主场外交活动有关，所以国内对这一活动的关注度和宣传力度都较大。新加坡在地理位置上邻近中国，并与中国经济和贸易保持紧密联系，因此对进博会的报道也较为密集。

排名前 20 的媒体机构的报道数量占比为 80.40%，虽然与上年 85.06% 的占比相比有所下降，但依然呈现幂律分布特征（见图 3）。其中，排名前三的媒体机构报道数量占比分别为 13.28%、8.47%和 7.87%，与上年相比，排名略有变化。此外，在排名前 20 的媒体机构中，有 7 家媒体机构的报道数量占比超过 5%，这些媒体机构在行业内具有较大的影响力。同时表现出突出的跨境报道特征，如 China Daily Global Edition、China Daily（AFRICA）、News Guangdong 等媒体机构也跻身报道数量前二十。跨境报道有助于信息传播的国际化和多元化。

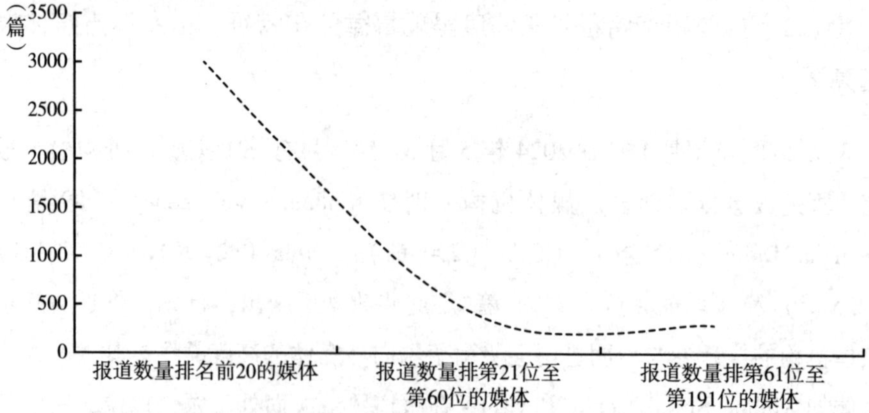

图 3　媒体机构的报道数量呈现幂律分布特征

（三）潜在主题挖掘的时序演变（2018~2023年）

1. 第六届进博会的报道时序演变

通过对 2023 年 1 月 1 日至 2024 年 5 月 31 日报道数量进行分析，可以看出 3 个关键趋势。首先，在不同月份报道数量出现了较明显的波动，其中 2023 年 11 月的报道数量急剧增加至 1668 篇，在各月中表现异常突出。这种波动与进博会于该月举办有关。其次，2023 年 1 月至 10 月，报道数量逐渐增加，达到高点 242 篇。这体现出媒体机构对进博会的关注度逐渐提升。最后，2023 年 12 月报道数量骤减至 218 篇，在 2024 年 1 月又跌至 126 篇（见图 4）。这种跨年度的波动反映了新一年报道形势发生变化，进博会的主题又再次引起关注。

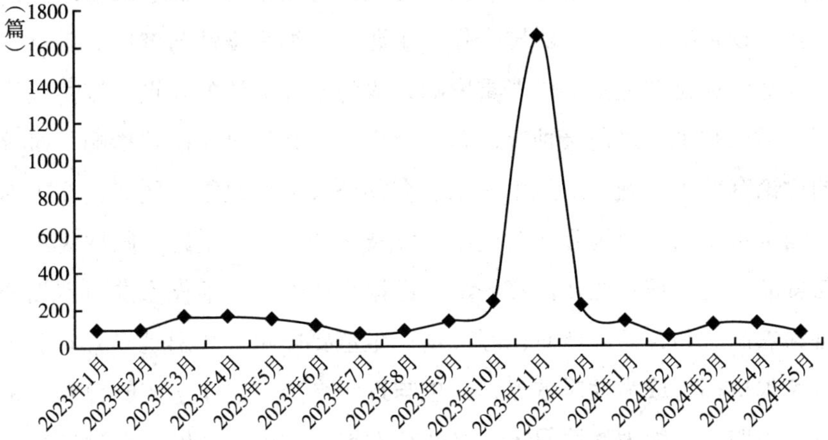

图 4　第六届进博会的报道数量时序演变

尽管在 2023 年 11 月报道数量激增，但在接下来的月份报道数量逐渐下降。整体来看，2024 年的报道数量仍保持稳定。这表明进博会作为一个重要事件，持续吸引着媒体和公众的关注。尽管报道数量在某些月份出现波动，但整体的关注度还是显示出该事件的持久影响力和吸引力，这也反映了其在国际贸易和经济领域的重要地位。

2. 第六届进博会主题的聚类特征

在新冠疫情和全球经济形势变化的影响下，中国的进出口贸易面临诸多挑战和机遇。国际贸易摩擦加剧、全球供应链受阻、经济增长放缓等虽然都对中国经济造成一定的影响，但是进博会仍是一个面向全球开放的重要窗口，反映了国际贸易和产业创新的最新动向。对 2023 年进博会媒体报道展开 K-means 主题聚类分析（见表 2），可以发现第六届进博会媒体报道关注的重点内容与焦点议题，同时深入挖掘全球经济、健康、农业、环保、科技、教育等领域的发展趋势。通过对进博会的媒体报道进行分析，能够更好地领悟当下举办国际博览会的重要意义。媒体报道的主题聚类分成 6 类（见图 5）。主题 0 归纳为金融市场与投资。这个领域一直是国际贸易的重要一环。该主题涉及金融市场、投资、股市、经济预测等主题词。从媒体报道中可以看到，对金融市场与投资的关注可以帮助人们了解全球经济形势，指导投资决策，促进跨国合作。主题 1 归纳为疫情与健康。新冠疫情对全球经济和公共健康造成严重影响，成为全球关注的焦点。该主题聚焦疫情、健康政策、疫苗接种等议题，突出了公共健康与疫情影响。对该领域的讨论有助于提升全球卫生意识、完善公共卫生政策。同时，在进博会上中国也透露出其对国际前沿生物医疗技术的需求。主题 2 归纳为中国农业与食品产业。该主题在国民经济中占据重要地位，不仅为国内市场提供丰富的农产品和食品，还对国际市场产生重要影响。特别是未来农业科技和绿色种植都将成为发展重点，这也与近年来国内农业生产的智能化密切相关。主题 3 归纳为环境保护与可持续发展。对进博会媒体报道进行分析发现环境问题日益严峻，可持续发展已成为全球共识，对经济发展方向产生深远影响。在经贸合作中，环境保护、气候变化、清洁能源等主题词成为焦点，特别是绿色产业和低碳更是进博会参展商改进的重要方向。主题 4 归纳为科技创新与人工智能。近年来进博会的科技亮点集中体现在新能源汽车领域，“EV”“vehicles” 等主题词反映出，进博会成为展现中国新能源汽车的重要平台。媒体不仅关注到中国新能源汽车的技术实力和创新成果，而且为国内外新能源汽车企业提供了一个交流合作的机会。主题 5 归纳为教育与文化交流。这是促进多民族团结、文明互鉴的重要途径，也反映出中国社会的进步。进博会围绕教育发展、文化交流、教育政策等内容，推动教育国际化，加强文化多样性保护。进博会展现了中国各地不同的文化面貌，又通过媒体报道使世界更好地了解和欣赏不同国家和地区的文化。

表 2　2023 年进博会媒体报道 K-means 主题聚类分析结果

主题	聚类词集合	核心主题
0	trade, foreign, economic, US, growth, billion, economy, world, global, business, market, investment	金融市场与投资
1	cooperation, development, countries, relations, international, sides, COVID-19, new, economic, exchanges, promote, people	疫情与健康
2	visit, Beijing, Albanese, trade, Minister, wine, relations, relationship, South, agriculture, import, market	中国农业与食品产业
3	company, market, energy, products, industry, innovation, local, payment, environment, development, global, consumption	环境保护与可持续发展
4	UnionPay, Tesla, cards, electric, EV, card, vehicles, car, AI, visitors, payments, Pudong	科技创新与人工智能
5	CIIE, International, products, Import, market, companies, Xinhua, education, exhibition, culture, enterprises, platform	教育与文化交流

3. 媒体报道主题扩散空间分布及其可视化

根据“主题维度—主题发布—核心主题”思路设计可视化图谱，由此展示第六届进博会媒体报道的主题扩散空间分布状态。图谱左侧第一列为主题维度的分布，右侧第一列为核心主题（见图 6），线条的粗细表示主题扩散的程度。通过这个图谱可以清晰展示不同主题在空间上的扩散情况，包括主题的占比情况。由于中国、新加坡、美国的媒体报道数量都是 3 位数及以上，且这些地区的报道数量占总量的 87.16%，因此只观察这些地区便可以看出媒体报道数量在空间分布上的特征。第一，中国、新加坡都重点关注教

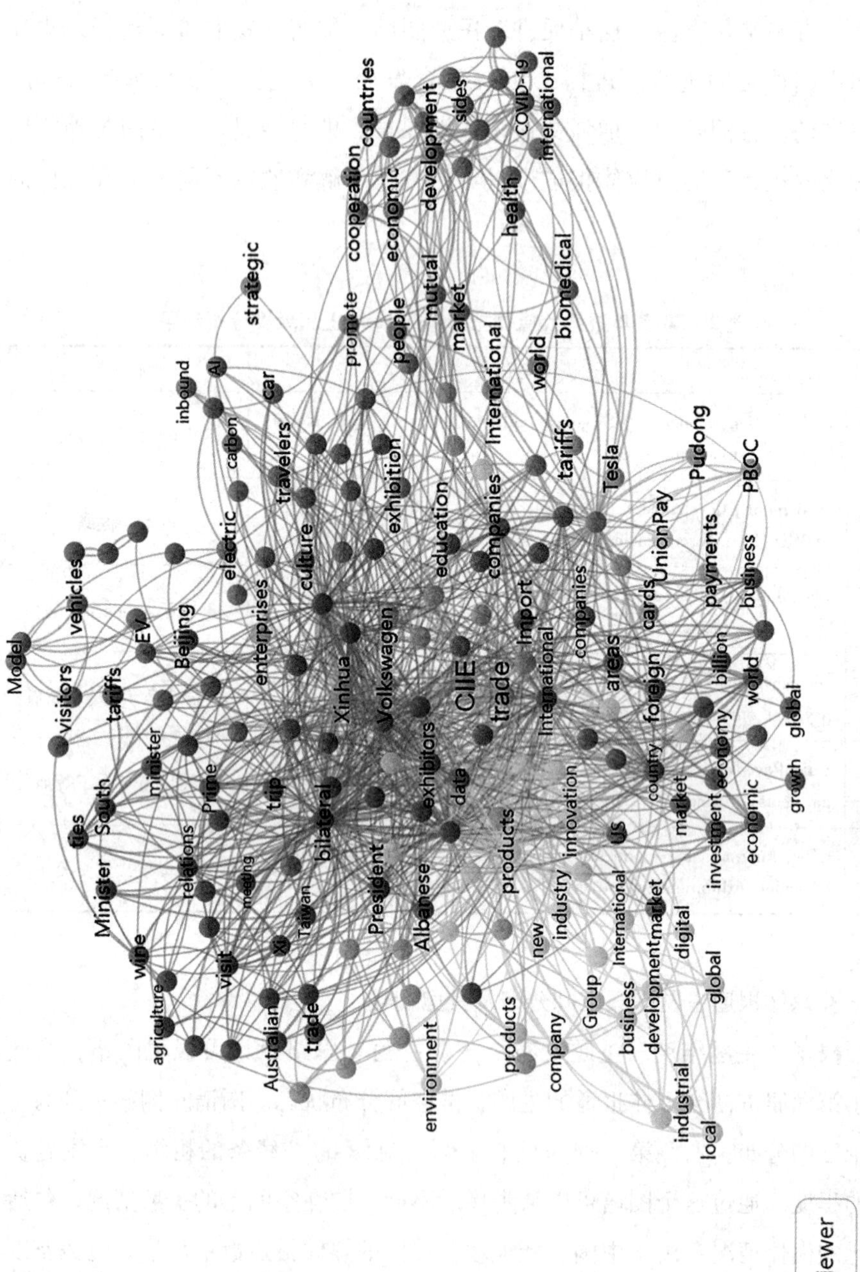

图 5　进博会国际媒体报道主题聚类的可视化

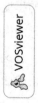

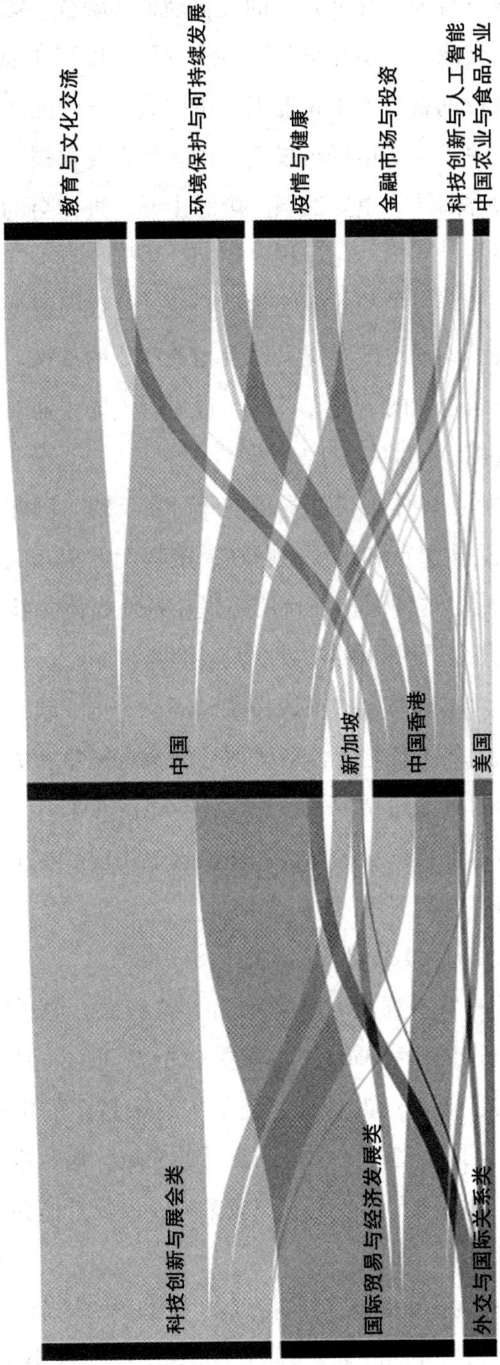

图6 第六届进博会媒体报道的主题扩散空间分布状态可视化图谱

育与文化交流，以媒体视角看经济往来背后的文化理解和融合。第二，中国媒体重点关注教育与文化交流、环境保护与可持续发展、疫情与健康和金融市场与投资领域，而对科技创新与人工智能以及中国农业与食品产业关注较少。第三，中国香港重点关注金融市场与投资，反映其高度重视经济发展和金融市场的稳定。上海和香港同为重要的国际金融中心，进博会的报道关注两大城市的金融市场发展情况和国际化进程。第四，美国重点关注金融市场与投资、科技创新与人工智能、中国农业与食品产业，这表明进博会在美国的影响力逐渐扩大，反映了美国对国际贸易以及相关产业的重视。进博会涉及多个领域，能够吸引美国企业的关注和参与，也说明美国企业对拓展国际市场和加强国际合作的重视。

综合来看，2023 年进博会媒体报道的主题空间分布反映了国际传播扩散的整体特征。不同地区的关注重点和报道主题在一定程度上相互关联，形成重大主场活动的结构性特质。这种结构性特质体现在各地媒体关注的主题以及报道角度的多样性上，同时呈现一种共通性和互补性。

不同国家和地区对第六届进博会的报道，在经济、文化、政治等重点领域的关注焦点有所不同，反映了各地媒体对进博会的报道视角和关注重点具有多样性。此外，进博会的报道还展示了各地媒体对经济往来背后文化理解和融合的重视，以及对国际市场拓展的积极态度，这也体现了在全球化背景下进博会国际传播网络的广度和深度。

4. 进博会主题热词演变（2018~2023年）

进博会作为全球瞩目的贸易盛会，其影响力日益扩大。通过对 2018~2023 年 6 届进博会媒体报道的 K-means 主题聚类分析发现，进博会的主题呈现多样化、发展演变和影响深远的特征，吸引了越来越多的国家/地区、企业和参与者。通过分析媒体报道中的关键词和话题领域，揭示进博会在推动全球经济一体化、贸易自由化方面产生的积极影响，以及其作为国际合作平台和创新引擎的独特价值。

媒体报道的主题呈现更为多元和复杂的特点。从国际媒体报道主要议题的网络结构来看（见图 5、图 7 和图 8），主题聚类的数量递增，涵盖的话题

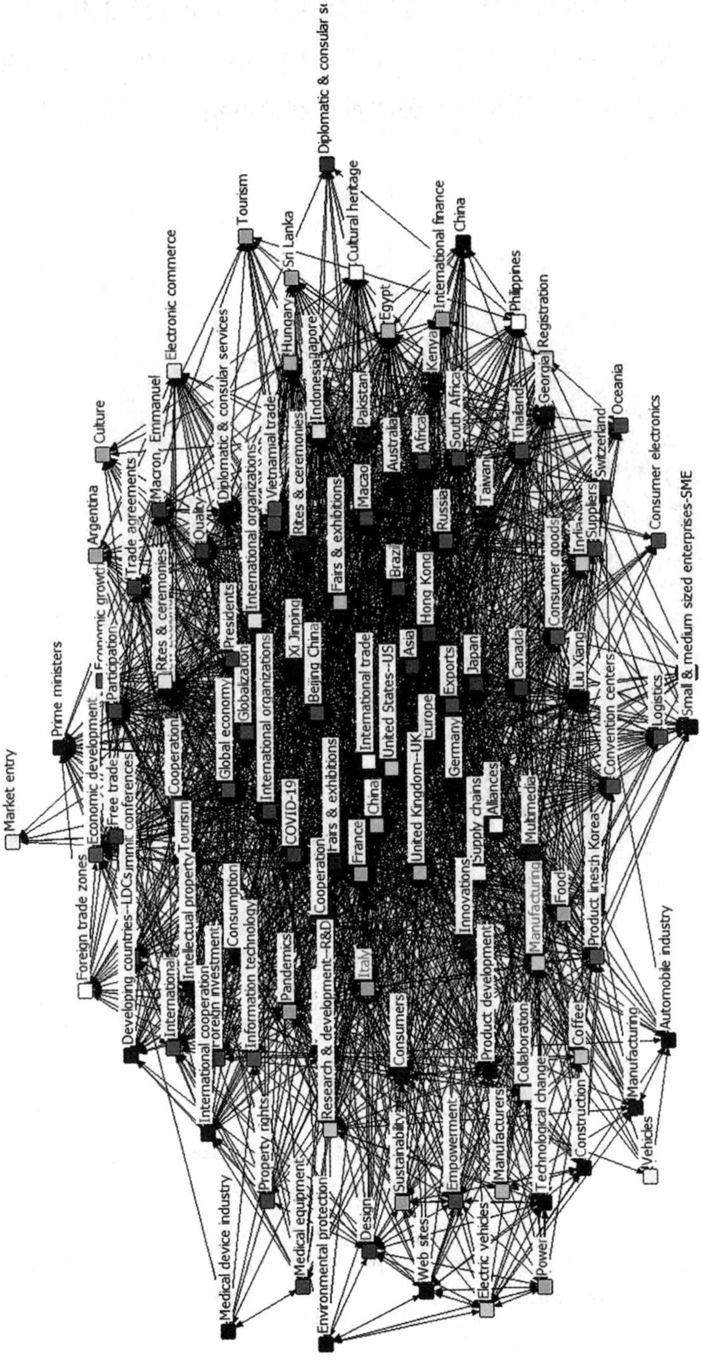

图 7　2018 年 1 月 1 日至 2021 年 12 月 31 日进博会国际媒体报道主要议题的网络结构

资料来源：张琛、谢寿光、张俊文《进博会国际媒体传播影响力报告（2018～2021）——基于大数据信息建模与仿真研究》，载上海研究院项目组研创《中国国际进口博览会发展研究报告 No. 4》，社会科学文献出版社，2022，第 210 页。

范畴也更加广泛。这显示出进博会作为国际贸易平台在全球经济中的地位持续上升，吸引了更多不同领域的关注与报道。主题聚类牵涉的关键词逐年发生变化，体现出进博会在不同年份的关注重点和议题演进。例如，从产品、

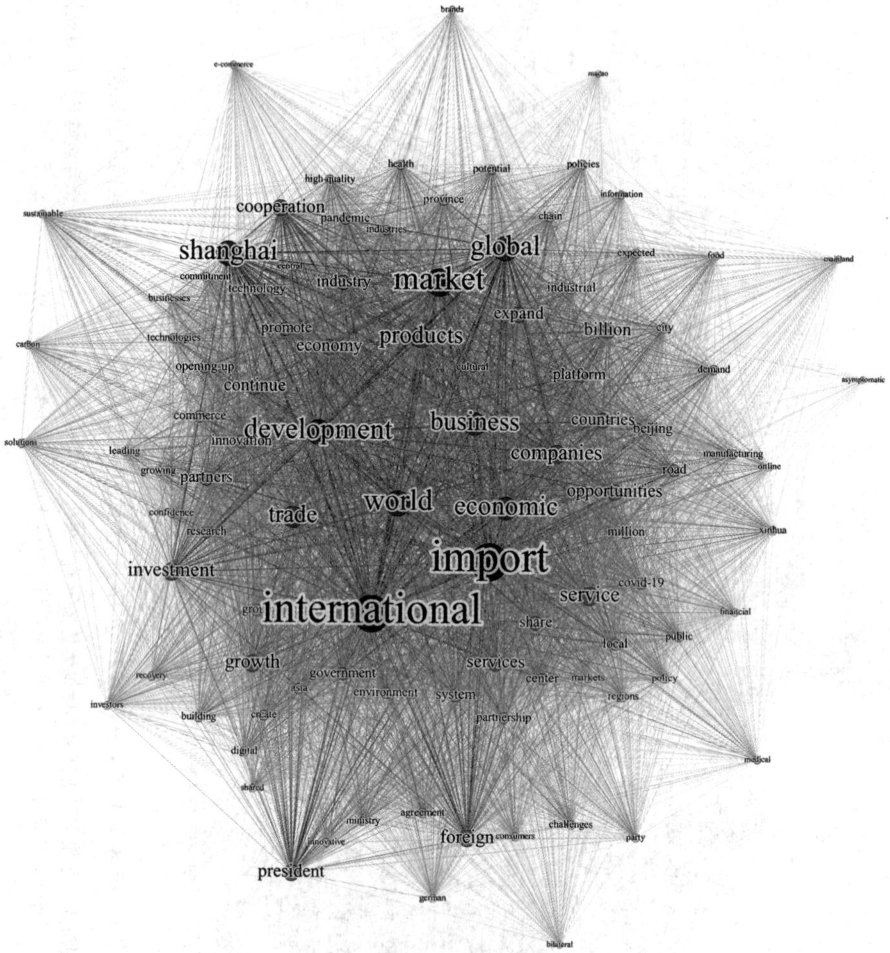

图 8　2022 年 1 月 1 日至 2023 年 3 月 31 日进博会国际媒体报道主要议题的网络结构

资料来源：张琛、谢寿光、张俊文《进博会国际媒体传播影响力报告（2022）——基于大数据信息建模与仿真研究》，载上海研究院项目组研创《中国国际进口博览会发展研究报告 No. 5》，社会科学文献出版社，2023，第 77 页。

市场、企业到互联网、数字化、创新，再到电动车、可持续发展等报道领域的变化，体现出进博会在引领全球贸易发展方面的强大影响力。通过主题聚类分析可以看出，进博会在推动国际合作、贸易往来、创新发展等方面发挥巨大作用。媒体报道中的主题词集中在国际贸易、合作交流、市场拓展、企业发展等方面，凸显了进博会作为国际合作平台的独特价值和影响力。六届世博会主题的变化反映出，进博会在促进全球经济一体化、贸易自由化、创新发展等方面的作用日益显著。越来越多的国家、企业和参与者将视线聚焦于进博会上，他们通过参与进博会获取合作契机、推进发展战略、达成全球商业合作等。在主题时序演变中也可以看到进博会的跨文化交流功能。进博会作为国际贸易盛会，吸引了来自不同国家和文化背景的参与者和观众。媒体报道的主题聚类反映了不同文化背景下的关注点和议题，体现了进博会作为跨文化交流平台的功能和价值。这种跨文化交流不仅促进了国家间的合作与交流，同时推动了全球经济的发展与繁荣。

三　社交媒体传播影响力的主题特征及时空分布

（一）基于 LDA 模型的进博会社交媒体主题挖掘

2023 年 1 月 1 日至 2024 年 3 月 31 日，以“CIIE”（进博会）为关键词，在 Facebook 和 Twitter 平台上共采集有效发帖数据 1618 条，来自官方账号、账号评论以及转发内容等。对这些文本数据进行了预处理，包括分词、去除停用词以及词干化或词形还原等操作，以便将其转化为机器学习能够处理的形式。采用 LDA 模型对这些社交媒体上的推文和评论文本进行分析，设置了相关参数，如 $\alpha=1$，$\beta=0.01$。LDA 模型是一种无监督模型，其主题个数是其中一个需要重点关注的参数。为避免模型过拟合或欠拟合，我们训练了多个模型，并通过交叉验证选择了最优主题个数。通过主题一致性（Coherence Score）和困惑度（Perplexity）等指标进行双重评价，最终将 4

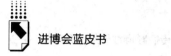

作为模型训练的主题数，这个数量较为合适，并用可视化工具 Gephi 生成主题聚类图（见图 9）。

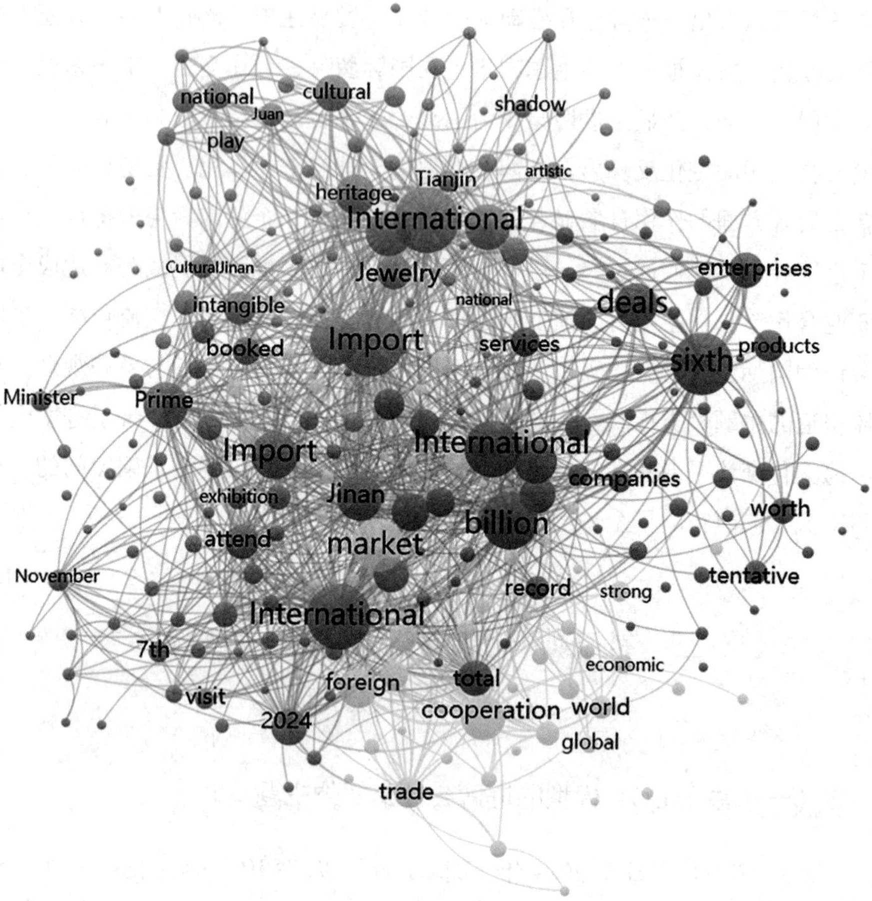

图 9　进博会社交媒体主题聚类的可视化

主题 1 是国际政治经济事务与交流。可以看到，“International” 和 “Import” 两个关键词出现次数多，表明与国际贸易和进口相关的内容在聚类中占据重要位置，特别是涉及国际贸易展会的参与国家、进口商品的展示或交易等主题。“November”、“7th” 和 “2024” 这些与时间相关的词语，指向进博会的举办时间。而大量对第七届进博会以及 2024 年的计划或预测，反映出人们对新一届进博会的期许。“Minister”、“Prime”、“Albanese”和“Australian”[①] 这些词涉及政府官员和国家名称，反映了社交媒体通过这些参展商同时报道各国政府的参与度或关注度。这些词反映了进博会涉及的多个层面，包括国际贸易、政府参与、活动安排、公司展示等，展现了进博会作为一个国际性贸易平台的多样性和复杂性。

主题 2 是国际文化传承与特色行业。“Jewelry”、“artistic”和“heritage”这些词指向艺术、文化遗产等主题，这些社交账号特别关注文化类商贸往来，如文化展示、传统工艺等。“intangible”、“cultural”和“heritage”这些词与非物质文化遗产相关，体现出非物质文化遗产在进博会或相关活动中得到展示或推广。“play”、“shadow”和“Journey”这些词指向游戏、影子等概念，体现出在进博会展区娱乐业参展商利用新技术提高观众的互动体验。这些与艺术、文化、地理位置、工艺等相关的词，反映了进博会作为一个多元文化展示平台的特点。

主题 3 是国际进出口贸易动态。“billion”、“worth”和“total”这些词表明进博会涉及大额交易或贸易价值，国内外媒体特别关注进博会期间达成的巨额贸易协议或交易金额。同样，“deals”、“signed”和“purchases”这些词指向协议、签约和购买，代表参与者在进博会上达成的各种贸易协议或交易。“companies”、“enterprises”和“goods”体现了进博会各类商业实体和产品的参与度。这些词涵盖贸易价值、交易数量、企业参与、商品服务等多个方面，反映出进博会的参与者在积极进行社交媒体的传播。

主题 4 是全球经济贸易形势与合作。“market”和“trade”两个关键词表明聚类涉及市场和贸易方面的话题，这反映出与进博会相关的社交媒体账号特别关注国际贸易、市场趋势或交易规模等内容。“cooperation”和“foreign”两个词指向合作和外国相关话题，这些主题的发帖讨论了进博会吸引来的外国企业或机构之间的合作关系，也涉及国际合作的新机遇。“global”和

① 图 9 是用可视化工具生成的主题聚类图，只能呈现主要词，而且重点展现关联特征。LDA 模型分析后得到更多的主题词，因为词量大，所以无法全部呈现在图 9 中，下同。

“economic” 这些词涉及全球经济。“high-tech”、“investment” 和 “importance” 体现出社交媒体账号关注高科技、投资领域，特别是高科技产业发展、投资机会或重要合作方面。在对关键词进行综合考察后，发现进博会相关社交媒体账号对市场、贸易、合作、经济等方面给予重点关注，尤其重视高科技和投资领域。

（二）进博会社交媒体传播的主题规模和主题强度

在社交媒体中，主题规模指与特定主题相关的讨论数量或提及频率。通过分析与 2023 年进博会相关的关键词、标签或话题评估主题规模。较大的主题规模意味着该主题引发了广泛的讨论和关注，也意味着有更多的用户参与相关帖子的发布。而主题强度指在社交媒体上与特定主题相关的情感强度，或者说是表达的积极性或消极性程度。综合考虑在 Facebook 和 Twitter 上对进博会讨论的主题规模和主题强度，将有助于更全面地理解进博会不同主题的关注度。

基于推文的主题分布，计算 2023 年 1 月 1 日至 2024 年 5 月 31 日不同的主题规模以及主题强度的平均值，如图 10 所示。横轴为主题类别，纵轴为主题强度（左轴）和主题规模（右轴）。在 2023 年社交媒体账号上，主题 3 的规模最大，与其他主题差距较大。主题 3 反映国际进出口贸易动态，表明在此期间人们在社交媒体上对国际贸易及其相关议题较为关注。主题 3 与全球经济发展、贸易关系重塑等议题密切相关，进一步凸显了主题 3 在社交媒体上的重要性和影响力。主题 4 的规模相对较大，涉及全球经济贸易形势与合作，与主题 3 反映的国际进出口贸易动态相关。2023 年的社交媒体账号对经贸合作高度关注，反映出人们对全球经济、贸易关系以及国际合作等议题的持续关注和热议。主题 1 和主题 2 的规模相近，主题 1 涉及国际政治经济事务与交流，主题 2 则涉及国际文化传统与特色行业，这表明人们对国际政治经济事务与交流以及国际文化传承与特色行业这两个议题的关注度相近。通过分析发现，人们对不同类型的议题有多样化的兴趣和关注点。该研究有利于引导公众关注多样的议题，进而摆脱进博会仅为经贸博览会的偏见，从而推动社群舆论的多元化发展。

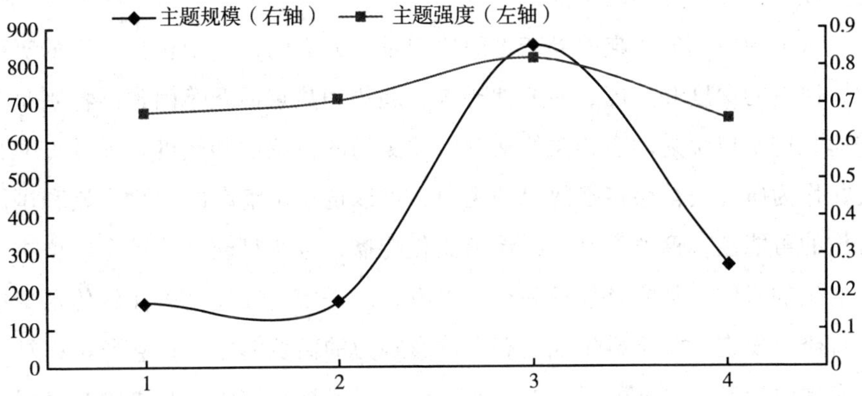

图 10　进博会社交媒体的主题规模与主题强度

社交媒体的主题强度与主题规模打破以往的正相关关系。特别是在主题 4 上，其主题规模较大，仅次于排名第一的主题 3，但是其主题强度是最小的。这种情况反映出主题 4 在内容上拥有广泛的覆盖范围和讨论数量，具体内容的热度却不高，这意味着全球经济贸易形势与合作虽然发帖数量不少，但这些讨论更为表面化，缺乏深入和丰富的内容。而主题 3 的规模与强度成正比，这一发现的有趣之处在于，与进出口最新动态相关的大量话题，也具有较高的讨论量和深度。这也意味着人们对该主题的关注度很高，且展开不同方面和层面的讨论，可见这一主题在社交媒体讨论中的重要性和热度。主题 2 涉及国际文化，而主题 1 涉及国际政治经济事务。这解释了为什么尽管它们在规模上相同，但主题 2 的强度高于主题 1。国际文化作为一个主题，往往涉及各种各样的文化元素、艺术形式、民俗习惯等，这些内容往往能够引起人们的共鸣和讨论。特别是来自不同国家和地区的参展商品，其背后是不同国家的文化传统、文化交流、文化碰撞等内容，激发人们的兴趣和关注，从而使讨论更具深度和热度。反观主题 1 涉及国际政治经济事务，进博会在社交媒体传播时内容更为具体和专业化，需要掌握丰富的政治经济知识才能参与讨论，也更容易受到特定政治经济背景和立场的影响。由于该主题只受到特定领域专家和相关人士的关注，因此讨论热度不高。

对不同主题的兴趣差异产生的原因是多方面的，其中包括内容的吸引力、讨论的深度和广度、专业性要求、趋势和热点话题等因素。特别是与进博会进出口贸易动态相关的话题引发更高的讨论度和热度。另外，文化交往作为研究进博会传播效果的视角，可以透视出潜在的文化交流和国际合作的可能性。商业贸易始终伴随文化传播，也是打破文化壁垒、增进文化交流的载体。从主题规模和热度出发，对进博会在社交媒体的传播情况进行研究发现，其不再仅仅是有全球影响力的商贸博览会；它更可以被视为实现政治互信、文明对话的重要媒介。通过社交媒体架起中国与世界经济往来的桥梁，而进博会也在社交媒体上扮演连接不同文化、促进全球合作与发展的重要角色。

（三）进博会社交媒体平台主题时序扩散规律

2023 年 1 月 1 日至 2024 年 5 月 31 日，对 Python 语言的 Pandas 库中每一条关于上海进博会的帖子进行逐一主题归类后，得到了在特定时间窗口内的进博会社交媒体发帖量情况。如图 11 所示，2023 年 1~3 月，以主题 3 和主题 4 为主导。人们更多关注进博会的特定主题，尤其是各个参展商开始关注新一届进博会的召开情况。5~6 月，数据非常丰富，包括主题 1、主题 2 和主题 3，其中主题 3 的频次最高。这说明在这两个月份，关于进博会的讨论非常活跃且涵盖多个主题，不再局限于经贸合作。7~10 月，也就是在进博会召开之前，在传播时间和主题类别分布上呈现一定的规律性和动态变化。不同月份的讨论焦点和热度有所不同，反映出在进博会召开之前社交媒体用户对进博会关注以及讨论内容的多样性和变化趋势。7 月，社交媒体更关注国际进出口贸易动态，8 月全球经济贸易形势与合作成为热议话题。

2023 年 9~10 月对主题 3 国际进出口贸易动态和主题 4 全球经济形势与合作的讨论最为活跃。随着国家间政治活动以及文化交往越来越密切，可以

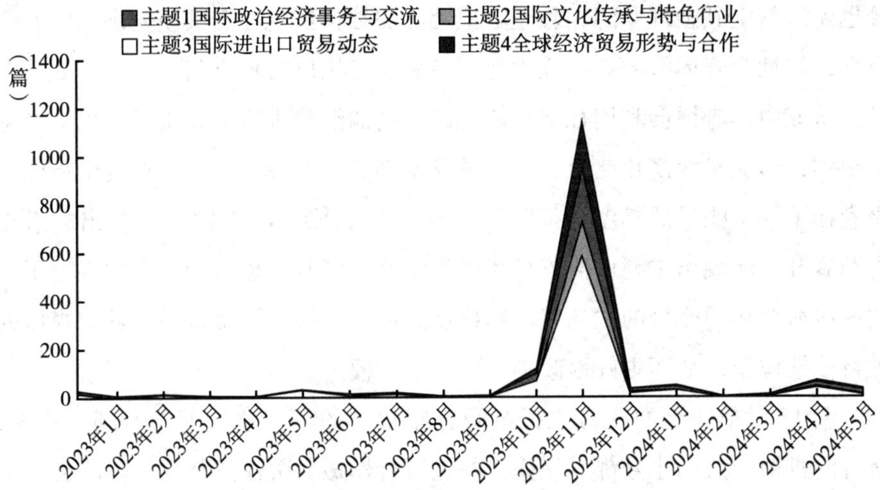

图 11　进博会社交媒体发帖量的时序变化

看到社交媒体对进博会的多个主题都保持着浓厚的兴趣。而在 11 月，进博会举办期间，社交媒体整体发帖数量达到顶峰，并且各类主题都成为热点话题，这些政治事务的讨论涉及各国政府之间的合作、政策解读等，而经贸合作是进博会的核心内容，包括商贸洽谈、合作等。从分析中可知，社交媒体平台在过去一年中对各类主题的关注较为均衡。同时社交媒体成为一种对话机会，尤其涉及政治、经济和文化的交流，增进了不同国家和人民之间的友谊和理解。

与其他几个主题相比，国际文化传承与特色行业在第三季度和第四季度的发帖量相对较少，这个主题在进博会社交媒体的关注度相对较低，在进博会举办期间也并没有引起足够的讨论和关注。但 2024 年以后社交媒体对进博会的关注度整体下降，对此合理的解释是，11 月进博会举办后，社交媒体信息过载，加之其他重大话题抢占进博会的关注度，使其在社交媒体上的曝光度降低。

（四）进博会社交媒体的主题扩散路径及演化规律

社交媒体上的空间扩散演化是一个较为抽象的过程，即使有大量位置标签也无法判定其地理空间，甚至虚拟社区的独特性也在于其模糊现实的空间概念，但社交媒体账号逐渐成为地理参照点，用以实现空间分配。因此，在具体研究中，进博会利用社交媒体上热度高的账号进行关联构建，以辅助主题识别，形成扩散演化路径。每一条发帖都有 likes 和 shares，这两个指标几乎囊括了一个账号的热度。很明显，不同账号围绕 LDA 模型分析出的潜在主题展开，体现出主题传播路径和演化轨迹。同时，也能让活动主办方了解这些进博会热门账号的主题偏好和特点。最终，形成围绕进博会社交媒体的独特传播框架，从而更好地改进并形成新的模式。

图 12 对热度高的账号进行空间分布状态的可视化，可以看到，首先，所有的进博会热门账号都对该盛会的经贸合作最为关注。其次，国际文化交流展示是相对薄弱的主题维度。Facebook 和 Twitter 的用户对文化类信息的关注度低于对国际政治经济事务。这虽然可以用进博会本身的定位来解释，但也可以看到相较于娱乐时尚、科技等其他话题，国际文化交流展示就没有那么大的吸引力了。另外，进博会除了展示中国优秀文化成果以外，还会展示不同国家和地区的文化、语言与习俗，这就面临跨文化传播的难题，也就降低了其在社交媒体上的关注度。再次，China Xinhua News、Xi's Moments 重点关注国际进出口贸易动态，China Daily 则更加关注国际进出口贸易动态和国际政治经济事务与交流，作为中国在对外报道上的主流新闻媒体机构，它们从更加全面和多层次的角度展现中国在全球贸易合作中的立场。可以利用社交媒体账号增进国际社会对中国的了解，也体现出这些主流账号开放和包容的态度。最后，CGTN 作为中国中央电视台下属的全球 24 小时英文频道，对国际文化传播更为重视。其社交媒体账号有较多关于优秀文化传播的内容，特别是进博会展示的国外新产品，其具有的国家和地区文化特色成为传播的亮点。

通过主题的空间分布还可以看到，这些高热度的账号都来自国内主流媒体机构，表现出国内主流媒体在宣传报道进博会方面发挥重要作用，通过它们的影响力，能够有效地推动进博会相关信息在社交媒体上广泛传播。此外，国内主流媒体对进博会的报道也能够为国内外企业提供更多的合作与交

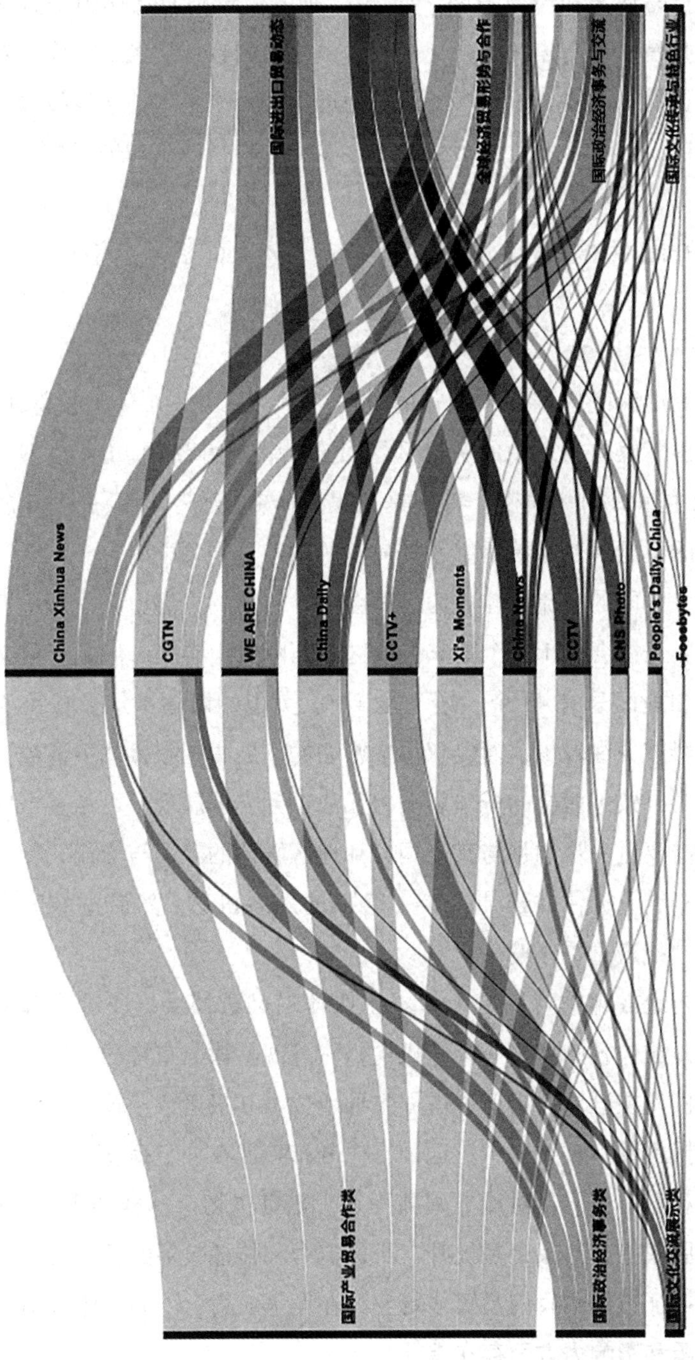

图 12　进博会社交媒体中主题扩散分布状态可视化图谱

流机会，促进贸易往来和经济发展。如图 12 所示，Fossbytes 作为一家科技媒体公司，同时是一个高热度的社交账号，关注的内容包括经贸合作和对特色行业的介绍。科技媒体公司的参与能够为进博会带来更多关于科技领域的专业解读和报道，可以帮助人们了解进博会展示的科技产品和创新技术。

四　结论与展望：进博会传播“大国气象”中的国际话题与实践

本文在研究中深度挖掘文本涵盖的潜在主题，采用 K-means 聚类算法，揭示进博会在国际媒体报道中的关键话题分布特征，并使用 LDA 模型，以及 R 语言实现主题识别和演变。特别是在媒体研究部分，回顾过去 6 届进博会媒体报道的主题演变，揭示主题扩散中的动态性和关联内容。

第一，来自中国的主流媒体成为进博会对外传播的主要力量。据进博会官方消息，本届进博会有 154 个国家、地区和国际组织参展。但是有英文媒体报道的国家和地区只有 43 个，还不足 1/3。美国的媒体报道数量位居第四，欧洲国家媒体关注较少，而经贸往来密切的发展中国家媒体报道数量也明显不足。这会导致进博会的全球影响力无法得到充分展现。可见在今后的宣传工作中，需要进一步加强与其他国家和地区媒体的合作与交流。特别是越来越多的外资企业抓住共建“一带一路”的发展机遇，然而这些国家和地区的媒体机构报道量整体偏少。

第二，国内地方媒体特别是上海本土媒体借助进博会，展示上海国际化、现代化和开放包容的形象。媒体机构仍然呈现幂律分布特征。这意味着少数头部媒体机构在进博会报道中占据主导地位，其报道数量较大，而大多数媒体机构的报道数量相对较少。这种幂律分布特征在一定程度上反映了媒体资源的集中和竞争格局。对地方媒体而言，借助进博会这样的重要平台，展示本地的发展成果和形象，是提升自身影响力和传播效果的重要机会。然而，幂律分布特征也提醒我们，媒体行业存在竞争压力，不同媒体机构在报道进博会的资源和影响力方面存在差异。

第三，2023年媒体报道主题聚类结果反映出，进博会是一个多元文化交流的舞台，展现出中国社会在教育与文化方面的进步。媒体对进博会的报道表明，全球经济、健康、农业、环保、科技、教育等领域的发展趋势已成为时代的重要主题。金融市场的稳定与投资风险、疫情对健康的冲击、农业与食品产业的现代化、环境保护与可持续发展、科技创新与人工智能的崛起，以及教育与文化交流的促进，都是这个时代全球发展的重要方面。也可以通过媒体报道，发现全球发展的多样性和复杂性。通过对这些主题的关注和报道，媒体在引导公众关注重要问题、促进国际合作与交流方面发挥重要作用。

第四，从媒体报道的空间扩散规律来看，不同地区对进博会的关注重点各异，反映出其各自的发展需求和特点。可以观察到中国、新加坡以及美国媒体在进博会议题上各自的重点。中国、新加坡媒体特别关注教育与文化交流，强调经济往来背后文化的理解与融合。中国媒体关注教育与文化交流、环境保护与可持续发展、疫情与健康和金融市场与投资，而对科技创新与人工智能以及中国农业与食品产业关注较少。美国媒体关注金融市场与投资、科技创新与人工智能、中国农业与食品产业，体现了其对国际贸易与相关产业的重视。这些关注重点展示了进博会的多元性和吸引力，也为各国提供了合作交流的机会。

第五，社交媒体的主题内容涉及国际政治经济、文化传承、进出口贸易动态、经贸合作等多个领域，充分展示国际性贸易平台的多样性。其中，关注最多的还是国际政治经济事务与交流方面。包括艺术、文化遗产等在内的主题也是社交媒体关注的热点，表明进博会正在实现多元文化展示。总体来看，既对国际进出口贸易动态给予充分关注，同时兼顾地缘政治，成为社交媒体关注的主要特征。

第六，在“进博会”讨论中展现出主题数量与主题强度不匹配的情况。Facebook 和 Twitter 平台对全球经济贸易形势与合作的讨论数量最多，但是该主题的强度略低。这也与这些社交媒体的快节奏和碎片化特征有关，下沉的用户群体更关心简洁明了、没有专业壁垒的话题，而与经济贸易有关的主题受限于本身的深度和复杂性，难以兼顾发帖规模与主题深度。这种不匹配的情况再次体现了在社交媒体讨论中，主题强度与主题规模间的复杂关系。

第七，2023 年社交媒体对进博会的关注在时序上具有明显的特点。1~6 月，参展国和企业开始与进博会主办方接洽，因此在社交媒体上发布的内容多集中于中国进口贸易和相关政策主题。距离进博会开幕还有 4 个月时间，国内主流媒体英语账号开始密集在社交媒体上对进博会展开宣传。从 7 月到进博会召开的 11 月，各类主题都成为热点话题。自 2024 年以来，社交媒体对进博会的关注度整体有所下降。但是，值得注意的是，与其他主题相比，国际文化传承与特色行业方面的发帖量在 2023 年第三、第四季度较低，受关注度也较低，在进博会期间未引起充分讨论。

国内主流媒体在进博会宣传报道中发挥重要作用，推动信息传播和交流合作，科技媒体公司带来专业解读和报道。以社交媒体账号为虚拟空间节点，从主题分布可以看出，高热度账号多为国内主流媒体机构，这表明国内主流媒体对进博会的宣传报道至关重要。它们凭借广泛覆盖和影响力，促进相关信息在社交媒体上的传播，为国内外企业创造了更多合作交流的机会。很多科技媒体如 Fossbytes 也是高热度社交账号，特别关注进博会展示的先进技术，并提供专业解读和报道。

五　“自塑”与“他塑”：提升进博会国际媒体传播影响力的建议

第一，建立全球合作伙伴的媒体关系网络，特别是与国内外知名媒体建立更加紧密的战略合作关系。在全球贸易保护主义抬头的背景下，中国坚持开放共享理念，加强与其他国家和地区媒体的合作与交流。进博会作为中国推动经济全球化和贸易自由化的重要举措，吸引了全球众多企业参与。然而，要扩大进博会报道的范围和影响力，仅仅依靠国内媒体的努力是不够的，与其他国家和地区媒体的合作成为必然选择。与各国媒体的合作，能够吸引更多国家和地区的媒体参与报道，从而提升进博会的曝光度。这不仅有助于提升进博会在全球范围内的知名度，还能让更多的人了解中国市场的开放和潜力，为各国企业提供更多的合作机会。此外，媒体合作还增进了不同国家和地区之间的文化交流与理解。媒体的报道能够让各国更好地了解彼此的文化、经济和社会发展情况，打破文化隔阂，增进相互之间的友谊和合作。在全球化的时代背景下，这种文化交流和理解显得尤为重要。

第二，提高东亚和东南亚地区对进博会的关注度，打造“地缘合作共同体”。针对东亚和东南亚地区对2023年进博会的关注度较低的问题，建议在报道上形成“地缘合作共同体”。特别是有效利用区域合作平台，如东亚峰会、东盟峰会等，推动信息共享和合作，提高这些国家和地区对进博会的关注度。也可以通过外交渠道，加强与东亚和东南亚国家的沟通，促进进博会信息在当地的广泛传播。此外，利用“主流媒体+自媒体”的双向赋能作用，定制针对东亚和东南亚地区受众的内容，吸引更多目标受众关注。通过采取这些举措，可以有效提高东亚和东南亚地区对进博会的关注度，扩大进博会的国际传播和交流范围。

第三，加强与“一带一路”共建国家媒体的合作，创新联合报道形式。2023年，有64个“一带一路”共建国家参与进博会。正值该倡议提出10周年之际，很多媒体机构策划了专题报道。但还需要与这些“一带一路”共建国家媒体建立长期的合作伙伴关系，通过常态化的合作机制，围绕进博会的主题、亮点和参展国家等创新报道形式，扩大进博会在这些国家的影响力。

第四，让各参展商对进博会传播“化被动为主动”，以外交活动为契机举办进博会年度媒体高峰论坛。首先，主办方可以通过举办公共外交活动，邀请参展商参与，利用机器翻译技术在这些活动中提供多语种的语音和文本翻译，消除语言障碍，让参展商更容易参与、更愿意参与传播活动。其次，每年进博会召开期间，策划举办进博会年度媒体高峰论坛，邀请专业人士、行业领袖和自媒体代表参与，分享传播经验和最佳实践。通过设立专题讨论环节，鼓励参展商分享自身在社交媒体、电商直播等方面的经验，促进经验交流与合作，这也有助于将论坛的影响力和效果扩大到更广泛的国际参与者和观众群体。

第五，发挥上海主办地的媒体行动力，以“上海视角”解读进博会的进程。进博会的成功举办不仅为中国经济发展注入了新动力，也为世界经济增长提供了新机遇。上海作为进博会的主办城市，拥有丰富的媒体资源和强大的传播能力，在进博会的国际传播中发挥重要作用。上海本地的媒体可以通过多种渠道和形式，向国内外受众传播进博会的理念和成果，展示中国开放市场、推动经济全球化的决心和信心。更为重要的是，进博会是上海向世界展示城市形象的重要窗口，上海本地的媒体还可借进博会展示城市风貌、文化底蕴和发展成就，提升上海的国际知名度和影响力。

第六，制定社交媒体宣传策略，精准设计选题，形成话题和提高知名度。强调从内容策略上，积极利用各种社交媒体平台，如微博、微信、抖音、Twitter 等，制作高质量的多媒体内容，包括视频、图片和文字。分享进博会的亮点、成果和参展商故事。从主题设计上，结合热点话题和进博会特色，设计有吸引力的主题。例如，“绿色进博”“科技创新进博”“人类命运共同体”等。从社交互动策略来看，与有影响力的 KOL 社交媒体账号合作，进行宣传推广。发布进博会的最新动态、亮点和活动信息，吸引更多受众的关注。特别是同步在多个社交媒体上发布与进博会相关的内容，扩大传播范围。

进博会是中国主动向世界开放市场的重大举措，是中国推动建设开放型世界经济、支持经济全球化的实际行动。传播学者麦克卢汉提到“一种新媒介往往以另外一种媒介作为其内容”①，近年来进博会在全球传播环境中的“自塑”能力也得到显著提升。但部分西方媒体在报道时仍带有偏见，其中也不乏唱衰中国经济的观点。面对这种“他塑”带来的机遇和挑战，既要加强媒体间的合作，也要强化自主意义生产。充分利用中国现有的媒体

① 〔加〕马歇尔·麦克卢汉：《理解媒介：论人的延伸》，何道宽译，商务印书馆，2000，第34页。

渠道和社交平台，促进形成共享性和实践性并存的国际传播秩序，这为他塑者理解进博会和上海的发展提供了可进入的渠道。与传统的传播实践相比，新兴的进博会国际传播行动者网络探索的是“中国看世界”的方式，将进博会魅力呈现给全球观众，为促进跨文化交流和理解做出积极贡献。

B.7

助力进博会，推进高水平对外开放的财税制度研究

冯静　杜爽*

摘　要：　中国国际进口博览会是国际采购、投资促进、人文交流、开放合作的重要平台，也是我国构建新发展格局的窗口、推动高水平对外开放的平台、全球共享的国际公共产品。为充分发挥进博会的四大功能，强化其三大定位，我国不断优化财税制度助力进博会、推进高水平对外开放：财政税收政策协同发力，构建新发展格局；优化税收服务体系，推动高水平对外开放平台建设；深化国际税收合作，提供高质量的国际公共产品。在这个过程中，由于进博会平台交易的复杂性、对外经贸合作环境的不确定性，以及交易模式的多变性，相关财税制度的设计以及运行也遇到了一些挑战，包括财税政策的制定面临进一步提升施策精准性与时效性的挑战；税收服务与税收征管面临平衡效率与安全的挑战；在全球化背景下，国际税收合作面临持续深化与拓展的挑战。对此，未来助力进博会，稳步推进高水平对外开放的财税制度研究的着力点应放在：完善相关财税政策及配套措施，提升政策精准性与时效性；进一步优化税收服务与税收征管，提高征管效率与安全性；深化国际税收合作，提升合作网络的联结性与外溢性。

关键词：　进博会　财税制度　高水平对外开放

---

* 冯静，经济学博士，中国社会科学院财经战略研究院副研究员，主要研究方向为财税理论与政策；杜爽，经济学博士，中国社会科学院财经战略研究院助理研究员，主要研究方向为财税理论与政策。

引　言

中国国际进口博览会（以下简称“进博会”），作为全球首个以进口为主题的国家级展会，在经济全球化浪潮中应运而生，充分彰显了中国坚持对外开放合作、促进发展成果共享的坚定信念与时代担当。进博会是我国构建新发展格局的重要窗口，其独特的展商与展品双境外模式，极大地促进了国内外市场的深度融合与互动。此外，作为一个推动高水平对外开放的关键平台，进博会持续放宽市场准入条件，不断优化营商环境，为国内外企业搭建了一个互利共赢、交流合作的广阔舞台，向全球传递出中国坚定不移全面扩大开放的积极信号。进博会不仅是中国的平台，更是全球共享的国际公共产品，它为各国企业搭建起促进商品、技术、服务和理念交流互鉴的桥梁，为与会各方提供市场机遇、投资机遇、增长机遇。

在倾向性财税制度支持和政策引导下，进博会显著促进了国内外资源的优化配置，有效激发市场主体的创新活力。数据显示，在前六届进博会上，首发的新产品、新技术和新服务超过2400项，累计意向成交额达4242.3亿美元。第六届进博会共吸引来自全球154个国家、地区及国际组织的参展商。其中，72个国家和国际组织参加国家展，128个国家和地区的3486家企业参加企业展，世界500强企业与行业领军企业参与数量达到289家，创历届进博会新高。[①] 作为国际采购、投资促进、人文交流、开放合作的重要平台，在有关财税政策的支持下，进博会进一步促进了全球商品与服务的顺畅流通，加速了新技术、新产品的广泛推广与应用，推动了消费结构的升级。

当前，面对世界百年未有之大变局，贸易保护主义和单边主义抬头，

① 《进博观察丨年年写进政府工作报告的进博会，给上海和长三角带来了什么?》，https://www.ciie.org/zbh/cn/19news/dynamics/ciieVoice/20240131/42951.html，最后访问日期：2024年8月29日。

多边主义和自由贸易体制面临挑战，对全球化经济秩序产生一定的负面冲击，经济全球化进程受阻。在此背景下，如何通过财税制度的创新，更好地发挥进博会这一平台功能，在推动全球贸易和投资更加自由便利的同时，持续推进我国高水平对外开放以及经济的高质量发展，推动经济全球化与世界经济增长成果的共享，将是我们需要深入研究与探索的重要命题。

一　财税制度助力进博会推进高水平对外开放的作用机制

进博会作为国际采购、投资促进、人文交流、开放合作的重要平台，承载着推动构建新发展格局、促进高水平对外开放的重任。财税制度通过优化激励政策、创新税收服务、深化国际税收合作等方式，为进博会的成功举办提供了坚实保障，更在优化资源配置、促进产业升级、深化国际交流合作、促进高水平对外开放等方面发挥了积极作用。

（一）财政税收政策协同发力，全力打造进博会这一新发展格局的“窗口”

财政税收政策不仅为进博会成功举办提供了支持，还通过精准引导资源配置、促进国内外市场的交融与联动，有力推动了以国内大循环为主体、国内国际双循环相互促进的新发展格局的构建。

1. 税收政策精准施策，显著引导并促进以进博会为平台的全球资源配置与优化

税收优惠政策是吸引全球创新企业与优质资源汇聚的重要手段。针对进博会展期内，符合相关销售条件的进口展品，尤其是重要设备、关键零部件，我国实施了免征进口关税、增值税和消费税等优惠政策（见表 1），直接降低了参展企业以及购买方的成本，这不仅有效提高了参展商的积极性，促进更多新产品、新技术、新服务进入国内市场，也给国内的购买方

带来了实惠，扩大进口商品规模，特别是高新产品。此外，从中长期来看，通过进博会这一平台实施的针对性税收优惠政策对我国贸易结构的升级以及全球化市场开拓和利用具有极为重要的意义：其一，定向的税收优惠政策有利于促进我国外贸结构的优化升级。传统上，我国外贸以“规模扩张”为主，如今通过税收优惠政策的引导，我国外贸结构正逐步从重数量向“质量提升”转变，更加注重产品的附加值与技术含量，外贸发展逐渐向高质量转型。其二，优惠政策增强了国内国际两个市场的联动效应。进博会的成功举办不仅为中国企业提供了与世界接轨的窗口，也为全球企业进入中国市场铺设了便捷通道。税收优惠政策的实施有利于加速国内外市场的融合，促进劳动力、技术、资本等生产要素的自由流动，为建成现代化经济体系、构建新发展格局、实现高质量发展提供强大的内生动力。

表 1　进博会相关税收优惠政策

阶段	文件名称	优惠政策
展前	《海关总署关于发布〈2024 年第七届中国国际进口博览会海关通关须知〉和〈海关支持 2024 年第七届中国国际进口博览会便利措施〉的公告》（公告〔2024〕78 号）	对进博会暂时进境展览品，由国家会展中心（上海）有限责任公司（以下简称“国家会展中心”）向上海海关提供税款担保。境外参展商或其委托的主场运输服务商持国家会展中心出具的《2024 年第七届中国国际进口博览会进境物资证明函》和《2024 年第七届中国国际进口博览会进境物资清单》，免于逐票向海关提交税款担保
展中	《财政部　海关总署　税务总局　关于中国国际进口博览会展期内销售的进口展品税收优惠政策的通知》（财关税〔2020〕38 号）	对进博会展期内销售的合理数量的进口展品免征进口关税、进口环节增值税和消费税。享受税收优惠的展品不包括国家禁止进口商品，濒危动植物及其产品，烟、酒、汽车以及列入《进口不予免税的重大技术装备和产品目录》的商品。 每个展商享受税收优惠的销售数量或限额，按附件规定执行。附件所列 1~5 类展品，每个展商享受税收优惠政策的销售数量不超过列表规定；其他展品每个展商享受税收优惠政策的销售限额不超过 2 万美元

续表

阶段	文件名称	优惠政策
展后	《海关总署关于发布〈2024 年第七届中国国际进口博览会海关通关须知〉和〈海关支持 2024 年第七届中国国际进口博览会便利措施〉的公告》（公告〔2024〕78 号）	1. 展后留购 对于展后留购的展览品，国家会展中心或其委托的主场运输服务商应当按照海关相关规定统一办理进口手续。涉及许可证件管理的，应当办理相关许可证件。 允许列入跨境电商零售进口商品清单的进境展览品，在展览结束后进入经海关注册登记的海关特殊监管区域或保税物流中心（B 型）（以下简称“区域中心”）的，对符合条件的，可按照跨境电商网购保税零售进口商品模式销售。 2. 保税展示交易 区域中心内企业对保税货物提交担保后，可以运至区域中心外的进博会展馆进行展示和销售

2. 财政专项资金支持，杠杆效应强势撬动以进博会为支点的全球产业链

上海市各区不仅为进博会招商招展、宣传推广、活动组织等关键环节提供资金保障，也对参展商、采购商、组展商等进博会相关企业实施专项资金补贴与奖励等一系列财政支持政策（见表 2 和表 3）。更为重要的是，财政资金的投入不仅局限于进博会本身的运营与发展，而是以其为支点，撬动全球整个产业链企业的联动与协同发展。例如，通过财政补贴与奖励，鼓励参展商展示最新技术成果与优质产品；鼓励采购商积极参与洽谈合作；支持组展商创新展会模式与服务方式，形成上、中、下游全产业链无缝对接、多方共赢的良好局面。并且，进博会作为桥梁和纽带，直接连通国内外市场，消除了上、中、下游企业之间的信息壁垒，国内外技术交流与贸易合作不断深化，实现了从单一产品、单一环节的“单点突破”向全产业链、全价值链“全面开花”的转变。此外，进博会的溢出效应在财政政策的催化下进一步放大，成为推动我国产业结构优化升级的重要力量。新技术、新产品、新业态在进博会上加速涌现与推广应用，在一定程度上激励了我国传统产业的转型升级以及新兴产业的兴起与蓬勃发展。产业结构的逐步优化有助于国内国际双循环的相互促进与良性互动。

表 2　上海市增强会展经济带动效应的财政支持政策

文件名称	财政支持政策
《上海市人民政府办公厅印发〈关于增强本市会展经济带动效应的若干措施〉的通知》(沪府办规〔2024〕12 号)	1. 鼓励引进新展,做大会展获客基本盘 吸引更多国际知名品牌展会落户,推动高能级会展项目在上海集聚,对新引进的世界商展 100 强、国际展览业协会(UFI)认证展会等国际知名展览项目,首次在沪办展且展览面积不低于 5 万平方米的,给予最高 200 万元的资金支持。鼓励有条件的展览场馆创新办展模式,策划举办自办展。 2. 扩大规模效应,支持大型展会稳定发展 分档支持在特定时段(1 月、2 月、7 月、8 月、12 月)和非特定时段(全年其他月份)举办的展会。全年在上海市举办规模达到 5 万平方米或日均入场人次达到 5 万的展会,给予最高 50 万元的资金支持;全年在上海市举办规模达到 10 万平方米或日均入场人次达到 10 万的展会,给予最高 100 万元的资金支持。 3. 支持提质增效,提高会展企业获得感 为推动会展企业进一步提质增效,对在本市展览场馆内举办规模达到 5 万平方米以上的展会,且举办单位通过招商招展、宣传推介等提升展会影响力以及落实安全生产、治安消防等公共安全保障要求的,给予最高 25 万元的资金支持

表 3　上海市青浦区进博会财政支持政策

文件名称	财政支持政策
《青浦区商务委员会关于印发〈青浦区关于进一步放大进博会溢出效应促进高能级贸易主体集聚发展若干措施〉的通知》(青商规〔2024〕5 号)	1. 推动“展品变商品” ①支持开展保税展示展销常态化业务,对在青浦区进博会保税展示场所进行常态化展销,根据进口产品类别和销售额等给予资助,每家企业每年不超过 20 万元。 ②鼓励参展企业按照“1210”跨境电商网购保税零售进口商品模式销售。对在青浦区海关特殊监管区域开展跨境电商业务的进博会参展企业,根据进口产品类别和销售额等给予资助,每家企业每年不超过 20 万元。 2. 推动“采购商变贸易商” ①支持功能性服务平台和区内招商主体积极对接采购商,为其提供证照办理、市场准入等服务,引导“采购商变贸易商”。对在青浦区设立国际贸易企业的采购商,根据本年度进口额给予资助,每家企业每年不超过 20 万元。 ②鼓励进博会采购商达成意向采购订单,对促成采购订单落地的企业,给予最高不超过 100 万元的资助。 3. 推动“参展商变投资商” ①支持通过举办各类投资促进活动或进馆招商等方式,吸引进博会展商。对进博会参展企业落户青浦区的,根据申报年度实际到位外资情况给予不超过 50 万元的一次性资助。申报年限为投资协议签订后 3 年内。 ②支持青浦区企业持续扩大投资,对其境外母公司或境外关联企业参展进博会的,按展位费用的 50%给予一次性资助,每家企业不超过 30 万元;对落户青浦区的进博会组展机构,按组织参展企业数目给予一次性资助,最高不超过 50 万元

续表

文件名称	财政支持政策
《青浦区商务委员会关于印发〈青浦区关于进一步放大进博会溢出效应促进高能级贸易主体集聚发展若干措施〉的通知》(青商规〔2024〕5号)	③鼓励青浦区高能级贸易主体、功能性服务平台积极招商,承接进博会溢出效应,引进符合青浦区产业发展导向的组织、机构或企业,每引进一家投资额达到一定标准的组织、机构或企业,给予不超过10万元的一次性资助。 4. 推动贸易主体集聚发展 ①支持高能级贸易主体落地并开展实质性办公,给予3年租金资助,每家主体每年最高不超过100万元。 ②支持已落地青浦区的高能级贸易主体积极开展实质性经营活动。对经济绩效符合条件的给予最高不超过100万元的运营资助。 ③鼓励各功能性服务平台、高能级贸易主体在青浦区开展与进博会相关的各类经贸活动,对经认定的活动根据规模给予分档资助。同一申报单位同一年度获得的资助不超过100万元

3. 推动税收优惠与定向监管举措无缝衔接,全过程联动促进进博会平台功能的延伸

进博会的税收优惠政策贯穿展览的各个环节,并与海关特殊监管区、新型业态税收优惠政策等无缝衔接,形成了独具中国特色的政策优惠体系,促进进博会平台功能的延伸。[①] 在这一体系下,参展前参展商可通过进口担保机制,提前享受关税递延纳税的便利,有效缓解资金占用压力;参展中,我国特别出台了一系列针对展中销售的税收优惠政策,鼓励展品直接转化为商品,促进交易达成;参展后,对有意向继续在我国销售的展品,可通过保税展示交易的模式[进入海关特殊监管区域或保税物流中心(B型)],享受免关税、减免增值税和消费税等优惠政策。贯穿进博会全过程的优惠政策体系不仅有效降低了参展企业的税收成本,也通过降低展商市场准入成本以及后续的参展沉没成本,全方位提高其产品在中国市场的竞争力,有利于展品向商品的持续转化,以及进博会平台功能的持续发挥。这一制度的创新不仅成为我国扩大进口、吸引外资的重要举措,也是我国推动全球经济一体化、构建开放型世界经济新体制的有益探索。

① 崔荣春、张剀:《从税收视角打量首届进博会:扩进口引外资》,《中国用开放、务实姿态欢迎世界》,《中国税务报》2018年11月9日,第5版。

（二）优化税收服务，提高税收征管效率，推动高水平对外开放平台建设

为进一步提升进博会的全球吸引力与影响力，我国财税部门专门实施了一系列税收征管创新举措，不仅聚焦提升进博会举办的效果，更着眼于发挥好进博会的“窗口优势”，促进国际采购、扩大外商投资，进而将平台功能转化为发展红利，推动我国经济结构转型升级。

1. 简化进口税收流程，推动企业高效参展

为支持第七届进博会召开，《海关总署关于发布〈2024 年第七届中国国际进口博览会海关通关须知〉和〈海关支持 2024 年第七届中国国际进口博览会便利措施〉的公告》，旨在通过一系列创新举措，进一步简化进口税收流程，提高企业参展便捷性。不仅设立了进博会专属绿色通道，还全面简化了监管、入境及出境等各个环节的手续，确保展品够迅速、顺畅地通过海关，极大地缩短了通关时间。同时，通过引入智能化监管系统，实现货物信息的快速审核，配合统一税款担保等创新机制，有效降低参展企业的财务成本与时间成本。这一系列便利措施为参展商与全球合作伙伴构建了一个无缝对接、高效互动的交流平台，同时，显著增强了进博会的国际影响力和吸引力，为我国深化高水平对外开放、推动贸易投资自由化便利化进程注入新的动力。

2. 创新全生命周期税务服务，推动营商环境优化

2023 年，税务部门启动全生命周期服务进博会机制。促进税务服务模式逐步从展会期间的现场服务，向全年覆盖、场外延伸的模式转变，确保税务支持的连续性和有效性。构建以“全周期驱动、个性化赋能、集成化服务”为特征的税务服务机制，通过建立高效的税务问题解决机制，确保参展企业在遇到税务难题或税收争议时，能够迅速获得专业、权威的解答与帮助，有效降低企业的税务风险和成本。同时，税务部门还十分关注企业的成长需求，为其提供从入驻、参展到后续发展壮大的全方位、持续性支持。税务服务的升级提升了参展企业的满意度和获得感，更在优化税收营商环境、

吸引外资方面发挥重要作用，确保进博会溢出效应更快、更好地转化为经济效益。

（三）深化国际税收合作，提供高质量国际公共产品

在全球经济格局深刻调整、复苏之路充满挑战的背景下，我国致力于深化国际税收交流合作，借助进博会这一全球共享的国际公共产品服务平台，积极贡献中国智慧与力量，推动构建更加开放、包容、共赢的世界经济体系。

1. 财税政策驱动“双平台”协同，推动全球经济合作与发展

高质量共建“一带一路”是我国实行全方位对外开放的重大举措，也是推动经济全球化、强化国际合作与交流的桥梁。为推动与“一带一路”共建国家的经贸合作与交流，进博会积极实施对共建国家的财税支持政策，对其中最不发达国家实施提供免费展位、搭建补贴和展品留购税收优惠等措施，推动当地特色产品进入中国市场乃至全球市场，既有利于促进当地经济发展，也为国内消费者带来多元化的选择。在财税政策的支持下，进博会与“一带一路”“双平台”实现深度叠加与有机融合，共同构建了一个开放包容、互利共赢的国际经济合作新体系。这一体系不仅促进了商品、技术、资本等的自由流动，还推动共建国家间政策沟通、设施联通、贸易畅通、资金融通、民心相通，为全球经济合作与发展增添了鲜活的内容、赋予了新的内涵。

2. 税收协定网络营造公平营商环境，为进博会引进投资助力

签订避免双重征税协定（以下简称“税收协定”）有助于解决跨境经营中的重复征税问题、提高税收确定性、推动涉税争议解决，对促进双边贸易、技术交流、资金流动和人员往来具有重要作用。截至 2024 年 8 月，我国税收协定网络覆盖 114 个国家和地区，基本涵盖我国对外投资主要目的地以及来华投资的主要国家和地区。对进博会而言，我国的税收协定网络为参展的海外企业提供了公平、可预测的税收环境。这些企业在进入中国市场时，可以更加清晰地了解自身的税收义务与权益，避免因税收问题产生额外

的负担与风险。同时，税收协定的争议解决机制也为企业在遇到涉税难题时提供了高效、便捷的解决途径，进一步增强了海外企业来华投资的信心与决心。更为重要的是，税收协定有助于降低跨境交易成本，促进生产要素的自由流动和资源的优化配置，为我国构建以国内大循环为主体、国内国际双循环相互促进的新发展格局提供了坚实的支撑。

3. 我国积极参与全球经济治理体系改革，有利于发挥进博会“双向开放”桥梁的作用

当前，全球经济数字化进程加快，传统税收规则面临挑战、新的税收规则体系尚在完善之中，这无疑加剧了跨国经贸活动中税收的不确定性与风险。在此背景下，我国积极参与全球经济治理体系改革与建设，倡导并推动多边税收合作，通过加强与国际组织、各国税务当局以及业界沟通交流，共同探索适应数字经济时代的国际税收新规则，致力于推动形成更加公平、包容的国际税收新秩序。在这一过程中，进博会作为“双向开放”的重要平台，面对一个更为稳定的国际税收环境，其作为沟通桥梁的作用将得到进一步强化，有利于我国充分利用进博会的国际影响力，吸引全球优质企业和资源汇聚中国，为外资入华提供广阔的市场空间和良好的营商环境。同时，进博会是我国企业走向世界的窗口，助力其在国际舞台上拓展业务、提升品牌影响力。并且，随着国际税收新秩序的建立与完善，单边措施引发的税收争议和贸易摩擦将减少，这将有助于促进全球营商环境的持续优化，推动构建基于合作共赢原则的新型国际税收关系、促进全球开放型经济体系健康发展。

二　面临的困难与挑战

财税制度在助力进博会、推进高水平对外开放的过程中，也面临多维度、深层次的困难与挑战。这些挑战不仅关乎政策制定与执行的精准性、效率与安全性，还涉及国际税收合作的深化与拓展，以及复杂利益关系的平衡。

（一）财税政策的制定面临进一步提升施策精准性与时效性的挑战

1. 政策执行与监管具有复杂性

进博会财税支持政策的执行与监管较为复杂。其一，展品分类与数量限制严格。以展品分类为例，进博会汇集了来自世界各地的展品，种类繁多、技术含量高，如高端医疗设备、智能机器人等。这些展品需严格按照《中国国际进口博览会享受税收优惠政策的展品清单》进行分类并享受税收优惠。但在实际操作中，部分展品使用了特殊技术或适用特殊用途，甚至有许多首展商品，难以按照现有标准准确分类，这给税务部门的工作带来挑战。其二，政策理解与执行存在偏差。不同参展商对税收优惠政策的解读各异，税务部门在执行时也需面对多样化的解释需求和差异化诉求，这种信息不对称可能引发政策执行过程中的争议和误解。

2. 政策调整与更新需要及时

进博会作为国际贸易交流的重要窗口，其税收优惠政策需紧跟国际贸易形势的变化。近年来全球贸易保护主义抬头，部分国家提高了关税壁垒，为吸引更多国际参展商，我国需要对进博会的税收优惠政策进行调整，如加大对某些关键进口技术的税收优惠力度等。并且，这种调整要求政策制定与执行部门迅速响应，确保政策调整的及时性和有效性。

3. 政策效果评估存在难度

财政支持政策的效果评估需要综合考虑多个因素，如参展商数量、交易额、国际影响力等。然而，这些因素之间的关系复杂且难以量化，使得政策效果评估的难度较大。如何建立科学、合理的评估体系，准确反映政策效果，为未来政策的调整与优化提供依据，将是后续财政支持政策效果评估面临的一个重要挑战。

4. 政策间需要协同配合

财政政策需要与税收优惠政策、海关通关政策等其他相关政策协同配合，进而形成政策合力。在实际操作中，不同政策之间可能存在目标不一致、执行难度不一致等问题，导致政策协同效果不佳。因此，如何加强政策之间的沟通和协调，确保政策协同配合的有效性，是财税优惠政策执行需要解决的问题。

（二）税收服务与税收征管面临平衡效率与安全的挑战

1. 需要提高信息处理与响应速度

进博会期间，我国税务部门需要迅速响应来自全球各地参展商与采购商的税收政策咨询、税务登记及发票开具等政策需求。这些需求不仅数量庞大，而且种类繁多，涉及不同国家和地区的税收政策差异。如何在短时间内及时准确地处理上述信息并做出回应，对我国税务部门而言将是严峻的考验。

2. 面临个性化服务需求精准匹配的难题

进博会参展商与采购商来自全球各行各业，其税收服务需求各具特色，涉及特定行业的税收优惠政策咨询、跨国交易的税务筹划等。我国税务部门在提供标准化服务的同时，还要精准识别并满足上述个性化需求，确保服务的针对性和有效性。这不仅要求税务人员具备丰富的专业知识，还要具备高度的灵活性和应变能力，对我国税务人员的专业化以及国际化水平提出了新的要求。

3. 存在征管流程简化与风险管控的矛盾

随着税收政策不断调整和完善，征管流程也需要不断优化以适应新的要求。然而，征管流程简化往往伴随合规性风险的增加。如何在保证税收合规性的前提下，通过技术创新和流程再造，简化征管流程，减少不必要的环节和征管成本成为提高税收管理效率的关键。

4. 面临风险防控与精准监管的双重压力

面对进博会复杂的跨境交易环境，如何在海量交易数据中准确识别税收风险点、实现精准监管、避免误报和漏报成为税收征管风险防控的一个重要挑战。这要求税务部门依托数字化智能化的手段，在海量数据中准确识别风险点，抽丝剥茧，及时追踪，实现精准监管与高效风险防控。

（三）在全球化背景下，国际税收合作面临持续深化与拓展的挑战

1. 国际税收规则具有适应性与创新性需求

一是当前数字经济模式下的税收基本原则尚未确定。进博会作为展示全球最新产品和技术的重要平台，吸引了大量数字经济、跨境电商等新兴业态参与。然而，这些新兴业态可能超过了现有国际税收规则的覆盖范围，导致税收政策的适用性与合规性成为难题。如何探索和创新适应新经济模式的税收规则，成为深化国际税收合作的首要挑战。二是国际税收规则需要具有兼容性与灵活性。不同国家和地区在税收规则上存在差异，如何在保障各自税收主权的同时，实现进博会平台上税收规则的兼容性和灵活性，促进跨国交易的顺畅进行，是深化国际税收合作的另一大挑战。

2. 利用与拓展税收协定网络的任务艰巨

一是税收协定利用有待深化。尽管我国已与众多国家和地区签订了税收协定，但在进博会平台上，如何更有效地利用这些协定，为参展商和投资者提供更为便捷和优惠的税收待遇，减少税收障碍，是深化国际税收合作的关键。二是新税收协定的谈判与签署较为复杂、耗时。随着进博会影响力的不断扩大，需要继续拓展税收协定网络，与更多国家和地区建立税收合作关系。然而，新税收协定的谈判和签署过程复杂且耗时，如何加快这一进程，更好地服务国际税收合作，也是需要解决的难题。

3. 国际税收合作中的利益关系复杂

一是难以完全平衡参展国的利益。进博会吸引了来自全球各地的参展商和投资者，各国在税收利益上存在差异和竞争。如何在保障各国税收利益的同时，推动形成共赢的税收合作机制，促进参展国之间的互利合作，是深化国际税收合作的重要课题。二是发展中国家需要特殊的关注。我国作为发展中国家，在推动国际税收合作时，需要关注并照顾发展中国家的特殊需求和利益。如何在发达国家和发展中国家之间找到利益平衡点，推动形成更加公平、包容的国际税收秩序至关重要。

三　对策建议

（一）完善相关财税政策及配套措施，提升政策的精准性与时效性

进一步完善进博会的相关财税政策，提升施策精准性，强化进博会平台功能。其一，细化税收政策的分类标准。针对展品分类的复杂问题，引入专家评审机制，科学细化展品的分类标准，确保展品分类的准确性和政策适用的合理性。同时，努力建立快速响应机制，对新兴技术和特殊用途展品进行快速分类与政策调整。其二，强化政策解读与培训。加强对参展商的政策解读与培训，通过线上线下相结合的方式，提供多语种、多形式的政策宣讲和咨询服务，减少因信息不对称导致的政策误解和执行偏差。其三，加强政策研究与评估。建立科学的财税政策效果评估体系，通过大数据分析、问卷调查、专家评审等方式，综合评估政策对参展商、采购商及整体经济的影响，为政策调整提供数据支持。其四，强化政策协同与配合。加强财政、税务、海关等部门间的沟通与协调，确保各项政策在目标、执行和效果上的一致性，形成政策合力。

（二）优化税收服务与税收征管，提高征管效率与安全性

其一，推进智能化服务平台建设。加大信息技术投入，构建集税务咨询、登记、申报、缴税等功能于一体的智能化服务平台，实现业务办理流程的自动化和智能化，提高信息处理与响应速度。其二，采取个性化服务策略。建立税收服务需求预测模型，根据参展商和采购商的历史数据和行业特点，精准预测其服务需求，并提供定制化服务方案。同时，加强税务人员的专业培训，提升其应对复杂服务需求的能力。其三，加强风险防控与精准监管。利用大数据和人工智能技术，建立风险预警系统，对跨境交易中的税收风险进行实时监控和预警。同时，优化征管流程，减少不必要的环节和等待时间，确保税收合规性的同时提高征管效率。

（三）深化国际税收合作，提升税收协定网络的联结性与外溢性

其一，深化国际税收合作，积极参与并推动数字经济背景下的国际税收规则的创新。新时期，我国应主动参与新的国际税收规则的制定，针对数字经济、跨境电商等新兴业态，提出适应新经济模式的税收规则，在保障自身税收利益、维护本国企业利益的同时，为构建全球更加包容、更加公平的税收环境和分配格局发出“中国声音”，贡献“中国方案”。营造更加和谐的国际税收环境，推动以进博会为平台的国际贸易新窗口的打造，以及新的国际贸易体系的构建与发展。其二，加强税收协定的利用。充分利用已签订的税收协定，为参展商和投资者提供更加便捷和优惠的税收待遇。同时，加强与“一带一路”共建国家以及主要贸易伙伴的沟通与合作，加快新协定的谈判签署进程，拓展税收协定网络，推动税收共识的达成。在这一过程中，尤其要注重税收协定的实质内容与执行效果。增强税收协定网络的联结性与外溢性，助力商品、资本与人才的跨境自由流动。其三，促进国际税收利益与经济利益的平衡。在推动国际税收合作时，注重各国税收利益的平衡以及经济利益的公平分配，尤其是在数字经济领域争取达成更多共识，以沟通和合作应对逆全球化的挑战。另外，进一步加强与发展中国家的合作与对话，关注其特殊需求和利益，形成更加公平、包容的国际税收和经济秩序，推动世界经济发展成果共享。

B.8

进博会促进与最不发达国家共享发展机遇

廖 璇*

摘 要： 作为世界上首个以进口为主题的国家级展会，进博会为世界最不发达国家提供了更大的展示舞台。多年来，进博会通过提供免费展位、制定补贴和展品留购税收优惠政策等措施，持续推动最不发达国家企业的特色产品进入中国市场。结合我国与最不发达国家的国际经贸合作现状来看，进博会促进与最不发达国家共享发展机遇的效应主要体现在促进进出口贸易、推动双向投资、助力融入多边贸易体制、提供开放合作平台四个方面。未来，可利用进博会进一步助力与最不发达国家之间进出口良性循环，扩大双向投资规模，推动民心相通和互利共赢，全面释放进博会在促进与最不发达国家共享发展机遇方面的溢出和带动效应。

关键词： 进博会 最不发达国家 共享发展机遇

一 中国与最不发达国家国际经贸合作情况

最不发达国家（Least Developed Countries，LDCs），是指经联合国认定的社会、经济发展水平以及人类发展指数最低的国家。根据联合国数据，2023年12月13日，不丹正式从联合国“最不发达国家”名单中“毕业”，成为继博茨瓦纳（1994年）、佛得角（2007年）、马尔代夫（2011年）、萨摩亚（2014年）、赤道几内亚（2017年）和瓦努阿图（2020年）之后第七

* 廖璇，上海市商务发展研究中心国际贸易研究部副主任，主要研究方向为开放型经济。

个摆脱最不发达国家地位的国家①。截至 2023 年 12 月底，全球共有 45 个最不发达国家，考虑到不丹在 2023 年才退出最不发达国家，故本文仍将其纳入分析，即最不发达国家共 46 个，其中 31 个位于非洲、8 个位于亚洲、7 个位于岛屿和加勒比地区②。46 个最不发达国家人口约占世界人口的 14%，但它们是世界上最贫穷和最脆弱的经济体，仅占全球生产总值的 1.3%、全球外国直接投资总额的 1.4%，以及仅占全球商品出口额的不到 1%③。十多年以来，最不发达国家在全球商品出口中所占的份额一直停滞在 1%左右，低于《2011—2020 十年期支援最不发达国家行动纲领》和可持续发展目标提出的 2%，亟须获得更为强有力的全球支持与伙伴关系，以克服结构性障碍，从而有效融入区域和全球价值链。中国已成为最不发达国家重要的贸易伙伴，进博会则在其中扮演着重要角色。

（一）国际贸易持续增长

1.货物贸易进口规模变化

2015 年以来，中国自最不发达国家的进口额呈波动上升趋势，进出口总额亦呈现此特点，但中国一直保持贸易顺差。根据海关总署数据，2018 年，中国自最不发达国家的进口规模从上一年的 435.1 亿美元上升至 545.3 亿美元，同比增长 25.3%，但在之后两年出现连续下滑。2020 年，受新冠疫情和国际环境不确定影响，中国自最不发达国家的进口规模出现下跌，降至 460.7 亿美元，同比下降 14.1%。2021～2022 年连续两年实现高增长，

---

① “Bhutan Graduates from LDC Status | Department of Economic and Social Affairs”，https：//www.un.org/development/desa/dpad/2023/bhutan-graduates-from-ldc-status/.

② 最不发达国家包括：亚洲（8 个），阿富汗、孟加拉国、不丹、柬埔寨、老挝、缅甸、尼泊尔、也门；非洲（31 个），安哥拉、贝宁、布基纳法索、布隆迪、中非共和国、乍得、刚果（金）、吉布提、厄立特里亚、埃塞俄比亚、冈比亚、几内亚、几内亚比绍、莱索托、利比里亚、马达加斯加、马拉维、马里、毛里塔尼亚、莫桑比克、尼日尔、卢旺达、塞内加尔、塞拉利昂、索马里、南苏丹、苏丹、坦桑尼亚、多哥、乌干达、赞比亚；岛屿和加勒比地区（7 个），科摩罗、海地、基里巴斯、圣多美和普林西比、所罗门群岛、东帝汶、图瓦卢。

③ “UNCTAD at the 5th UN Conference on the Least Developed Countries（LDC5）| UNCTAD”，https：//unctad.org/topic/least-developed-countries/ldc5.

2022 年增长至 780.2 亿美元，同比增长 23.4%。2023 年中国自最不发达国家进口额为 701.6 亿美元，同比下降 10.1%，但规模仍为中国国际进口博览会（以下简称“进博会”）之前 2017 年的 1.6 倍。自进博会举办以来，中国自最不发达国家的进口规模较 2017 年明显增长。2020 年，即使受到百年变局加速演进和疫情冲击的叠加影响，进口规模并未出现明显萎缩，依然保持较高水平。2021 年以来，进博会的溢出效应持续显现，中国自最不发达国家的进口规模创新高，且同期中国对最不发达国家的出口额出现了更快增长（见图 1）。

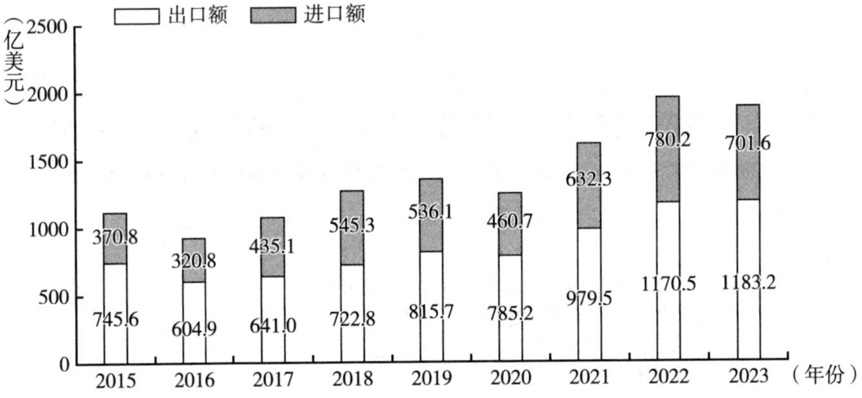

图 1　2015~2023 年中国与最不发达国家货物贸易额

资料来源：海关统计数据在线查询平台（http：//stats. customs. gov. cn/）。

2. 进口贸易占比变化

从自最不发达国家进口额占中国货物进口总额的比重来看，中国自最不发达国家进口额占比从 2015 年的 2.2%升至 2017 年的 2.4%，2018 年上升至 2.6%，2019 年自最不发达国家进口额占比保持在 2.6%，2020 年下降至 2.2%，随后连续增长至 2022 年的 2.9%，2023 年微降至 2.7%（见图 2）。中国自最不发达国家进口额占最不发达国家货物出口总额的比重从 2015 年的 24.5%微降至 2017 年的 24.3%，随后上升至 2018 年的 26.5%、2019 年的 27.1%，随后下降至 2020 年的 24.7%，之后连续增长至 2022 年的 29.0%，2023 年微降至 27.3%。总体来看，中国自最不发达国家的进口额在中国货物进口贸易额中占比有所提升，且与中国的进出口额在最不发达国家进出口额中的占比总体呈上升趋势，2023 年达到 32.8%，占据越来越重要的地位（见图 3）。

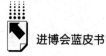

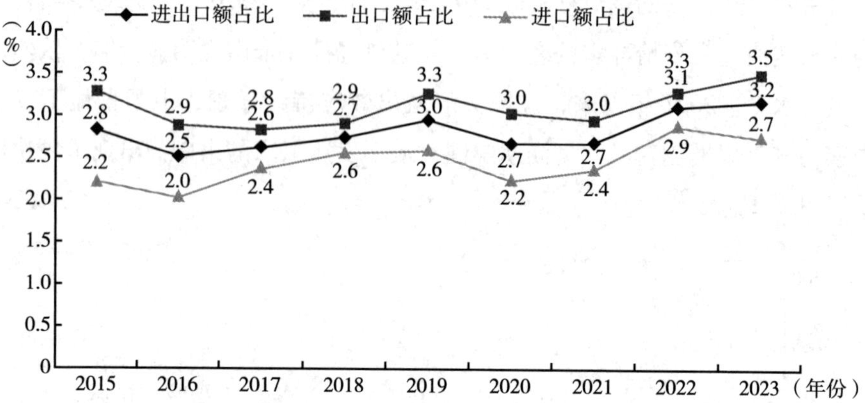

图 2　2015~2023 年中国与最不发达国家货物贸易额占中国对外贸易总额比重

资料来源：海关统计数据在线查询平台（http：//stats. customs. gov. cn/）。

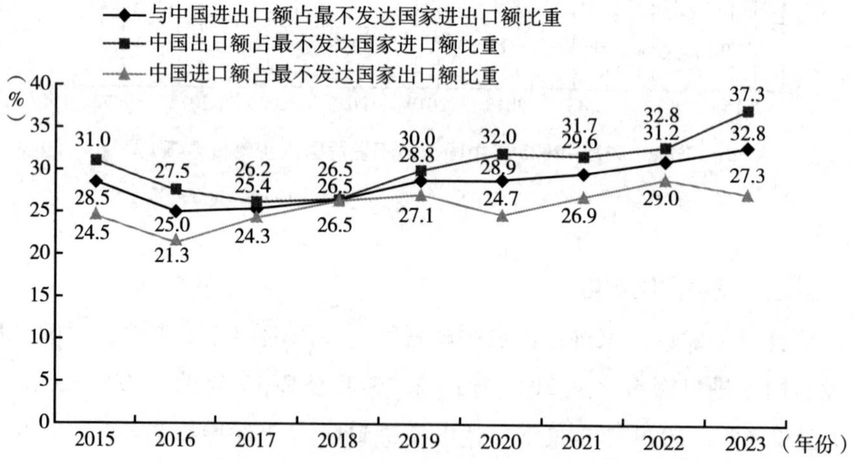

图 3　2015~2023 年中国与最不发达国家货物贸易额占最不发达国家对外贸易总额比重

资料来源：海关统计数据在线查询平台（http：//stats. customs. gov. cn/）、联合国贸发会议数据库。

3. 进口来源国结构变化

2015~2023 年，中国自最不发达国家进口主要来源区域为非洲，占比基本保持在 70%~80%；其次为亚洲，占比在 20%左右；岛屿和加勒比地区的占比在 1%左右。亚洲最不发达国家中，中国的主要进口来源地为缅甸、老挝、柬埔寨、孟加拉国等；非洲最不发达国家中，中国的主要进口来源地为安哥拉、刚果（金）、几内亚、赞比亚、莫桑比克等；岛屿和加勒比地区最不发达国家中，中国的主要进口来源地为所罗门群岛和东帝汶（见表 1）。2023 年相较于进博会之前（2017 年），中国自最不发达国家进口额占比上升的国家主要有：刚果（金）、几内亚、缅甸、老挝、莫桑比克、塞拉利昂、柬埔寨、乍得、尼日尔、坦桑尼亚、吉布提、塞内加尔、卢旺达、厄立特里亚、东帝汶、阿富汗、多哥、利比里亚；占比有下降的国家主要有安哥拉、南苏丹、也门、赞比亚、所罗门群岛、孟加拉国、埃塞俄比亚、冈比亚、马达加斯加、毛里塔尼亚、苏丹、贝宁。

表 1　2015~2023 年中国自最不发达国家进口的来源结构变化

单位：%

进口来源	2015 年	2016 年	2017 年	2018 年	2019 年	2020 年	2021 年	2022 年	2023 年
最不发达国家总计	100.0	100.0	100.0	100.0	100.0	100.0	100.0	100.0	100.0
最不发达国家:亚洲	25.4	22.9	20.0	18.0	22.3	24.9	22.9	23.5	23.6
缅甸	14.7	12.8	10.4	8.6	11.9	13.8	12.8	14.7	13.6
老挝	4.2	4.2	3.7	3.7	4.0	4.5	4.2	4.3	5.4
柬埔寨	1.8	2.6	2.3	2.5	2.7	3.3	3.3	2.4	3.0
孟加拉国	2.2	2.7	2.0	1.8	1.9	1.7	1.7	1.3	1.5
阿富汗	0.0	0.0	0.0	0.0	0.1	0.1	0.1	0.1	0.1
尼泊尔	0.1	0.1	0.0	0.0	0.1	0.0	0.0	0.0	0.0
也门	2.4	0.5	1.5	1.3	1.6	1.5	0.8	0.8	0.0
不丹	0.0	0.0	0.0	0.0	0.0	0.0	0.0	0.0	0.0
最不发达国家:非洲*	73.3	75.9	78.7	80.8	76.8	74.3	76.4	75.9	75.9
安哥拉	43.2	43.5	47.6	47.4	44.5	32.0	33.3	29.8	27.0

续表

进口来源	2015年	2016年	2017年	2018年	2019年	2020年	2021年	2022年	2023年
刚果(金)	7.1	6.5	7.6	10.4	8.3	15.4	18.5	21.2	20.3
几内亚	0.1	2.0	3.4	4.0	4.6	5.3	4.4	5.8	9.1
赞比亚	4.8	6.8	7.2	7.5	6.1	7.6	6.9	7.3	6.1
莫桑比克	1.2	1.5	1.2	1.2	1.3	1.3	1.8	1.7	2.5
毛里塔尼亚	1.9	2.3	1.8	1.6	1.7	2.8	2.8	1.5	1.7
塞拉利昂	0.4	0.7	0.8	0.3	0.4	0.3	0.6	1.0	1.5
苏丹	2.0	1.6	1.4	1.2	1.4	1.7	1.2	1.1	1.3
乍得	0.2	0.4	0.6	0.2	0.8	0.9	0.3	1.4	1.2
坦桑尼亚	1.0	1.0	0.8	0.7	0.7	0.9	1.0	0.7	1.0
最不发达国家:岛屿和加勒比地区	1.3	1.2	1.3	1.2	0.9	0.8	0.7	0.6	0.6
所罗门群岛	1.2	1.2	1.3	1.2	0.9	0.8	0.5	0.4	0.4
东帝汶	0.0	0.0	0.0	0.0	0.0	0.0	0.2	0.2	0.1
海地	0.0	0.0	0.0	0.0	0.0	0.0	0.0	0.0	0.0
圣多美和普林西比	0.0	0.0	0.0	0.0	0.0	0.0	0.0	0.0	0.0
科摩罗	0.0	0.0	0.0	0.0	0.0	0.0	0.0	0.0	0.0
基里巴斯	0.0	0.0	0.0	0.0	0.0	0.0	0.0	0.0	0.0
图瓦卢	0.0	0.0	0.0	0.0	0.0	0.0	0.0	0.0	0.0

注：*表示仅列举出31个非洲最不发达国家中对中国出口额前十的国家。

资料来源：海关统计数据在线查询平台（http://stats.customs.gov.cn/）。

（二）双向投资力度加大

1. 中国对最不发达国家直接投资额总体增长

中国积极与最不发达国家开展投资合作。根据联合国最不发达国家、内陆发展中国家和小岛屿发展中国家高级代表办公室（UN-OHRLLS）发布的《2017年最不发达国家状况》报告，中国已成为最不发达国家最大的投资方，仅在2010~2015年，中国对最不发达国家的外国直接投资额增长了3

倍以上，达 310 亿美元①，其中超过 1/3 资金流向了柬埔寨、老挝和缅甸 3 个亚洲最不发达国家。随后，中国对最不发达国家的投资持续拓展，促进了相关国家新冠疫情后经济的恢复。根据商务部数据，2014~2022 年，中国境内投资者对最不发达国家直接投资合计 349.2 亿美元，年均投资额 38.8 亿美元。中国境内投资者对最不发达国家直接投资从 2014 年的 31.2 亿美元下降至 2016 年的 12.7 亿美元，再从 2017 年的 53.5 亿美元增长至 2018 年的 57.1 亿美元，达到阶段峰值。2020 年，在新冠疫情导致全球对外直接投资同比缩水 35%的背景下，中国境内投资者对最不发达国家实现直接投资 53.1 亿美元，同比增长 17.7%，占同期中国对外投资总额的 3.5%，较上年占比提升 0.2 个百分点。2022 年，中国境内投资者对最不发达国家实现直接投资 21.5 亿美元，同比下降 56.8%，占同期总额的 1.3%，较上年占比下降 1.5 个百分点（见图 4），主要投向柬埔寨、孟加拉国、老挝等亚洲最不发达国家（合计占比为 64.5%），尼日尔、刚果（金）、厄立特里亚、贝宁、莫桑比克等非洲最不发达国家（合计占比为 34.3%），基里巴斯、所罗门群岛等岛屿和加勒比地区最不发达国家（合计占比为 1.2%）。

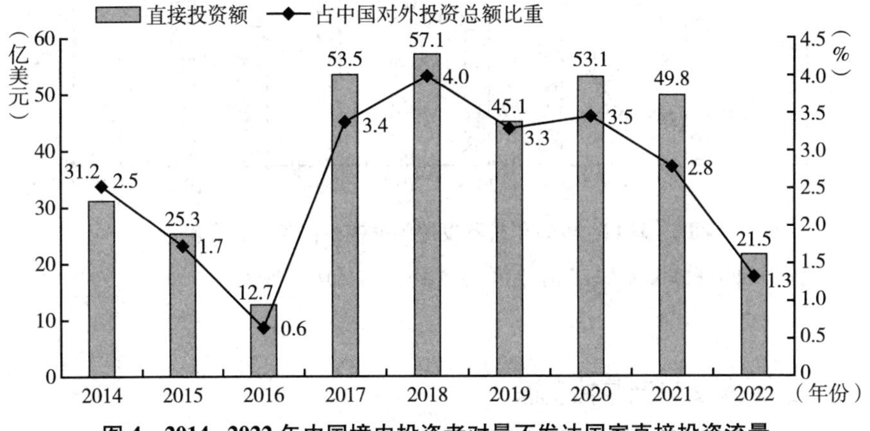

图 4　2014~2022 年中国境内投资者对最不发达国家直接投资流量

资料来源：根据商务部发布的《2022 年度中国对外直接投资统计公报》等整理。

① "State of the Least Developed Countries 2017", https://unohrlls.org/lander.

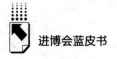

2. 中国来自最不发达国家外资规模波动下降

2014~2023 年，最不发达国家对中国直接投资额合计超过 3.6 亿美元，最不发达国家对中国直接投资额从 2014 年的 0.11 亿美元上升至 2017 年的 0.4 亿美元，2018 年和 2019 年分别为 0.36 亿美元和 0.83 亿美元，分别占中国实际吸收外资总额的 0.03%、0.06%。2018~2023 年中国年均利用来自最不发达国家的外资额为 0.44 亿美元，外资额仅在 2019 年同比增长 130.7%，达到阶段峰值。2020 年，受新冠疫情影响，最不发达国家对中国直接投资额下降至 0.43 亿美元，占中国实际吸收外资总额的 0.03%。2022 年，最不发达国家对中国直接投资额为 0.58 亿美元，同比增长 56.8%，占中国实际吸收外资总额的 0.03%。2023 年，最不发达国家对中国直接投资额为 0.08 亿美元，同比下降 86.5%，占中国实际吸收外资总额的 0.01%（见图 5）。

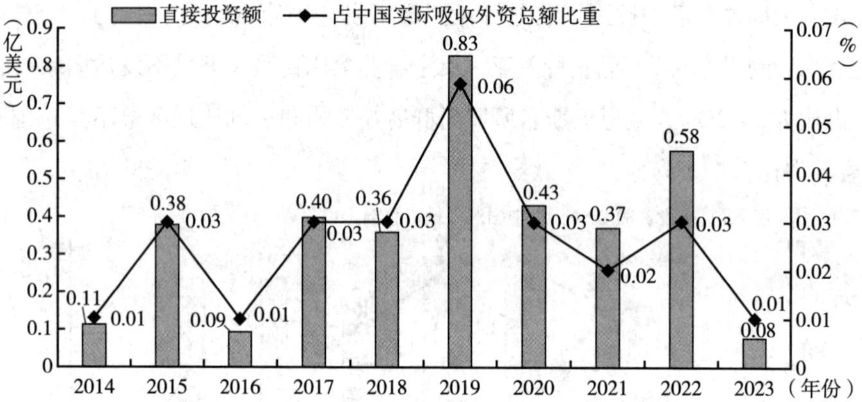

图 5　2014~2023 年最不发达国家在中国直接投资流量

资料来源：根据商务部发布的《中国外资统计公报 2023》等整理。

（三）人文交流厚植友谊

中国与最不发达国家关系的根基和血脉在人民，中国重视与最不发达国家之间的人文交流，坚持真诚友好、平等相待，通过增进彼此之间人民的相互了解、交流和合作，夯实国际经贸合作的人文合作基础。一是拓展文化、旅游等交流与合作。中国与非洲最不发达国家积极签署双边政府文化协定执行计划，通过合作举办“国家年”“文化年”“欢乐春节”“中非文化聚焦”“意会中国”等品牌活动，进一步深化中国与最不发达国家的文化交流与合作。二是深化新闻传媒与影视合作。中国与最不发达国家不断加强对话与交流，如鼓励联合开发制作、创作更多讲述中国故事、非洲故事、中非友好故事等作品。近年来，中国对约 200 部中国优秀视听作品进行面向非洲的多语种译制，在 10 余个非洲国家举办中国电影展映展播活动，每年都有一定数量的非洲影片在中国电影节上展映①。三是鼓励学术与智库合作。中国与最不发达国家支持双方学术研究机构、智库、高校开展课题研究、学术交流、著作出版等多种形式的合作，优先支持开展治国理政、发展道路、产能合作、文化与法律等课题研究及成果分享，壮大学术研究力量。四是增进民间交流。积极落实《中非民间交流合作倡议书》，鼓励实施“中非民间友好行动”“丝路一家亲”“中非民间友好伙伴计划”等，支持中非工会、民间组织、非政府组织及社会团体深化交流。

（四）开放合作互利共赢

最不发达国家是世界上最脆弱的国家之一，其大部分人口生活在极端贫困之中。当前，全球正面临气候变化、地缘冲突加剧、地缘经济碎片化等多重危机，所有这些危机都使正努力在新冠疫情后重振经济的最不发达国家雪上加霜。这些危机的影响导致最不发达国家多年来取得的增长和发展进步出现逆转，包括消除贫困、营养、卫生、教育和性别平等实现可持续发展目标的关键领域。在此背景下，中国坚决秉承开放合作、互利共赢的理念，通过加大发展援助力度等方式推动与最不发达国家的经贸合作加速发展，让发展成果更多惠及最不发达国家。如 2013～2018 年中国对外援助金额为 2702 亿元，其中对非洲国家的援助占比 44.6%，包括无偿援助、无息贷款和优惠

① 《新时代的中非合作》，https：//www.fmprc.gov.cn/web/wjb_ 673085/zzjg_ 673183/fzs_ 673445/xwlb_ 673447/202111/t20211126_ 10453869.shtml，最后访问日期：2024 年 7 月 31 日。

贷款。中国已宣布免除与中国有外交关系的非洲最不发达国家、重债穷国、内陆发展中国家、小岛屿发展中国家截至2018年底到期未偿还政府间无息贷款①。中国是柬埔寨的主要发展合作伙伴，中国在柬埔寨的援助重点集中在交通、仓储和卫生领域，提供无偿援助和非优惠贷款。

二　进博会促进与最不发达国家共享发展机遇的成效与不足

（一）成效

1. 促进中国与最不发达国家扩大进出口贸易

一方面，进博会是推动最不发达国家直接扩大对华进出口的重要平台。习近平主席在第三届中国国际进口博览会开幕式上的视频主旨演讲中强调："中国有14亿人口，中等收入群体超过4亿，是全球最具潜力的大市场。预计未来10年累计商品进口额有望超过22万亿美元"②。进博会为来自最不发达国家的企业和商品搭建了进入并扩大中国市场的快车道，最不发达国家一直都是进博会的积极参与者，前六届进博会已累计吸引43个最不发达国家的企业来进博会展示自己的产品。在2018年首届进博会中，就有35个最不发达国家参与其中。2019年进博会上，全球40个最不发达国家参加了进博会的企业展，赞比亚野生蜂蜜、布基纳法索手工艺品、坦桑尼亚腰果、马达加斯加香草等特色产品参展。2020年进博会，30个最不发达国家参加了进博会的企业展，展览面积超过4000平方米。2021年进博会，全球共有33个最不发达国家参与企业展，把当地富有特色的咖啡、蜂蜜、辣椒、松子等

① 《新时代的中非合作》，https：//www.fmprc.gov.cn/web/wjb_673085/zzjg_673183/fzs_673445/xwlb_673447/202111/t20211126_10453869.shtml，最后访问日期：2024年7月31日。

② 习近平：《在第三届中国国际进口博览会开幕式上的主旨演讲》，https：//www.gov.cn/gongbao/content/2020/content_5560287.htm，最后访问日期：2024年7月31日。

商品推向中国市场。2022 年进博会上，为了更好地帮助最不发达国家企业“走出来”推广当地特色食品、传统工艺及旅游文化等，近 30 个最不发达国家企业参加了企业展，展位数比上届进博会增加了近一倍。2023 年进博会，国家展中 69 个国家有 16 个为最不发达国家，企业展有来自 29 个最不发达国家的 100 多家企业。

另一方面，进博会借助中国在市场准入优惠、能力建设和贸易基础设施援助等方面给予最不发达国家的一系列优惠措施主动吸纳来自最不发达国家的商品和服务。2022 年，中国先后对中非共和国、乍得、吉布提、厄立特里亚、几内亚、莫桑比克、卢旺达、苏丹、多哥、贝宁、布基纳法索、几内亚比绍、莱索托、马拉维、圣多美和普林西比、坦桑尼亚、乌干达和赞比亚等 18 个最不发达国家给予了 98%输华产品零关税待遇。2023 年 3 月 1 日起，中国对原产于埃塞俄比亚、布隆迪、尼日尔的 98%税目产品实施零关税。中国切实践行与最不发达国家友好合作精神，支持和帮助最不发达国家加快发展，也将进一步促进中国和最不发达国家的经贸往来，推动最不发达国家向中国出口更多优质非资源性产品。根据笔者测算，2023 年，中国已吸收最不发达国家 32. 8%的进出口额、37. 3%的进口额、27. 3%的出口额，相较进博会之前的 2017 年分别提升 7. 4 个、11. 1 个、3. 0 个百分点，进博会已成为中国进一步推动最不发达国家对华进出口的重要平台。

2. 推动中国与最不发达国家双向投资

作为全球共享的国际公共产品，进博会致力推动经济全球化朝着开放、包容、普惠、平衡、共赢的方向发展，积极通过促进双向投资，与最不发达国家分享发展红利。最不发达国家由于基础设施落后、人力资源不足、外贸壁垒等现实原因，在融入全球价值链上一直处于弱势地位。进博会通过一系列的优惠举措，为最不发达国家企业参展提供便利，提供更包容的开放平台，助力它们链接中国大市场乃至全球市场，从而有更多机会可以共享经济全球化的红利。比如，东帝汶的黑胡椒、老挝的茶叶、中非共和国的木雕、埃塞俄比亚的咖啡、阿富汗的坎大哈石榴、孟加拉国的黄麻地毯、叙利亚古皂等特色产品，都通过进博会加速了迈向全球市场的步伐，由此带来的国际订单，为所在国民众的就业、收入增长乃至产业升级等增添了新的发展动力。

如进博会参展商之一、2017 年创立的孟加拉国黄麻手工艺品企业达达公司表示，自从 2018 年参加首届进博会以来，公司员工已从 40 名扩充至 2000 名。该公司专门生产地毯、墙垫等黄麻手工产品，随着公众环保意识的增强，其黄麻产品在进博会上表现出了强大的吸引力，并在欧洲、中东和北美扩大业务①。在高科技领域，中国与最不发达国家间也通过进博会促进人才培育和交流互鉴，结出投资果实。来自非洲中部国家刚果（金）的进博会参展商在中国扬州创办了一家从事数据分析和开发的信息技术公司，2023 年进博会其带着自主研发的人工智能机械臂的应用场景来到创新孵化专区参展。

东帝汶在进博会上的收获远远超出贸易合作范畴。东帝汶国家统计局数据显示，2021 年，该国对华出口咖啡豆 348 吨，同比增长 1.4 倍。在咖啡行销中国的同时，东帝汶不断受惠于进博会的溢出效应。2019 年 12 月，在两国政府共同推动下，东帝汶国家馆在上海自贸区落户，成为该国全天候展示平台；次年 9 月，东帝汶咖啡产业中心在国家馆揭幕，借助中国的人才和技术，不断推动东帝汶咖啡产业提质升级。从进博舞台出发，东帝汶咖啡率先实现了产业化、品牌化，搭上中国高质量发展快车②。进博会直接促进了东帝汶咖啡批量出口中国市场，中国则通过人才、技术交流和资金捐赠，积极支持该国的咖啡树修复计划，对于提高生豆质量、推动咖啡业可持续发展发挥了重要作用。该国进博会参展商还选择在中国江苏昆山综合保税区开设了专属东帝汶咖啡的烘焙基地，借助中国技术和人才不断提升烘焙品质，孕育了两款“冠军豆”，成为进博会的热门产品。

---

① 《进博会向最不发达国家分享发展机遇》，https：//www.gov.cn/xinwen/2018-11/10/content_5339178.htm，最后访问日期：2024 年 7 月 31 日。

② 《最不发达国家的 5 年“进博”历程》，http：//finance.people.com.cn/n1/2022/1111/c1004-32563964.html，最后访问日期：2024 年 7 月 31 日。

进博会不仅带动东帝汶企业在中国扩大投资，还带动中国企业和技术进入东帝汶。东帝汶家禽养殖产业比较落后，东帝汶进博会参展商从进口咖啡获益后，联合中国投资商初期投资2000万美元在当地建立规模化鸭养殖基地，利用“绿色”养殖技术，提升当地养殖业水平、完善产业链。这一投资有望为当地创造200多个就业岗位，让当地分享更多红利[①]。从进口咖啡，到“出口”绿色养殖技术，东帝汶的进博故事进入了真正的“2.0版”。

3. 助力最不发达国家融入多边贸易体制

一方面，中国通过进博会加大对最不发达国家的贸易援助力度。进博会主要通过提供免费展位、制定补贴和税收优惠政策等措施，有力促进了最不发达国家的对华出口。从首届进博会开始，中国就广泛邀请最不发达国家参展，并为每一个最不发达国家免费提供2个标准展位，2023年第六届进博会免费展位增加到了4个。免费标摊面积虽然不大，却承载着诸多非洲最不发达国家的展商寻求发展的美好希望，使最不发达国家的特色商品和服务能在同一个平台与世界500强企业及其他龙头企业的高精尖产品差异化竞争。第六届进博会还设立“非洲农产品专区”突出集中展示效果，专区汇集了来自尼日尔、苏丹等9个非洲最不发达国家的20家农产品出口企业。另外，不少非洲最不发达国家曾在国际组织等机构的支持协助下参展。例如，马达加斯加、莫桑比克等国企业通过联合国国际贸易中心参展，中非共和国、尼日尔、安哥拉、索马里等国则借助欧美工商会等机构参展，推出了编织、木雕、石制工艺品等特色产品。第六届进博会期间，在主办方协调下，更多实力雄厚的中国企业和国际机构向参展的欠发达国家伸出援助之手。通过进博会的大平台，这些最不发达国家的企业开始接触中国市场，并形成长效机制，推动双方民间、商贸等各层面加强往来，实现互利共赢。

---

① 《第六届进博会丨同台进博　美美与共——最不发达国家共享中国高质量发展新机遇》，http：//www.xinhuanet.com/world/2023-11/11/c_1129969769.htm，最后访问日期：2024年7月31日。

另一方面，进博会助力最不发达国家主动融入多边贸易体制。除了免费标准摊位，进博会对最不发达国家的支持是多方位的。例如，挖掘各最不发达国家有市场潜力的特色产品，积极引进参展，帮助最不发达国家积累参与国际大型展会的经验，提高了服务该国企业参与国际竞争的能力；帮助最不发达国家展商对接采购商及合作伙伴，根据最不发达国家需求有针对性地组织开展供需对接会、洽谈会、投资说明会等一系列配套经贸活动，促进贸易与产业进行精准对接；创造媒体集中报道机会，助力实现参展即有收获，扩大最不发达国家展品综合影响力。同时，根据不同最不发达国家商品类型和特点，通过线上线下相结合方式推广，提高最不发达国家商品在中国市场的触达率。进博会帮助最不发达国家融入多边贸易体制所做的种种努力，让世界见证了中国建设开放型世界经济、构建人类命运共同体的决心与行动。

4. 为最不发达国家参与全球经济治理提供平台

进博会是中国向世界提供的、全球共享的国际公共产品之一，为最不发达国家参与全球经济治理提供了最直接的公共平台。虹桥国际经济论坛是进博会的重要组成部分，邀请来自最不发达国家的政要、国际组织负责人、国际知名专家学者等出席，开展深入研讨，为促进全球开放合作、支持世界经济复苏贡献智慧。2023 年第六届虹桥国际经济论坛主题为“携手促发展　开放赢未来”，除主论坛外，还举办“投资中国年”相关活动、《世界开放报告 2023》发布暨国际研讨会，以及“开放发展”“开放合作”“开放创新”“开放共享”四个板块下共计 22 场分论坛[①]，为最不发达国家的政府领导人、企业家以及学者提供了重要的发声机会。例如，非洲联盟经济发展、贸易、旅游、工业与矿业委员阿尔伯特·穆昌加出席《世界开放报告 2023》发布暨国际研讨会并致辞，非洲开发银行农业金融和农村基础设施发展主任户田敦子线上出席“深化产业园区和特殊经济区南南合作　加快实现包容和可持续发展”分论坛并参与互动讨论等。

① 谢文博：《进博会：携手促发展　开放赢未来》《中国卫生》2023 年第 12 期。

（二）不足

1. 国际采购平台功能有待优化

一是进博会对最不发达国家贸易规模扩大的促进作用仍有待提升。进博会作为我国第一大博览会和全球最大的国际采购平台，在助力中国与最不发达国家之间的双向贸易方面作用仍有待进一步发挥。最不发达国家在资源禀赋、发展水平方面的特点决定了其出口和财政收入高度依赖初级商品，增加了遭受外部冲击的风险。如除能源资源等大宗商品外，非洲最不发达国家缺少在中国市场上有竞争力的商品，因此非洲最不发达国家对华出口主要集中在能源资源、农产品领域，极易受原油等大宗商品价格周期波动的影响。二是“展品变商品”尚有较大发展空间。进博会“6 天+365 天”常年展示交易平台的作用仍有待加强，进博会对接跨境电子商务的渠道仍有拓展空间。第四届进博会起，部分进博会展品经过海关办理结转手续，进入青浦综合保税区，随后变成跨境电商商品，一旦有国内消费者下单，商品就会从保税区仓库内直接发货。这样的转变不仅让品牌能够利用进博会的展示效果，吸引更多专业观众和采购商的注意，同时让消费者能够享受到更加便捷的购物体验和贸易便利与优惠。目前，进博会展品转跨境电子商务（以下简称“展转跨”）通道虽已开通，但仍未形成常态化海关便利化制度，进博会展品申报进境、“展转跨”回区业务等的流程仍较烦琐，成功走通的最不发达国家进博会参展企业和参展商品覆盖面仍很小，限制了“保税展示交易+跨境电子商务”① 等业态创新的规模效应的展现。

2. 投资促进平台的功能有待释放

一是进博会对于最不发达国家投资规模扩大的促进作用仍有待提升。目前中国与最不发达国家之间的双向投资规模仍较小，尤其是最不发达国家对中国的直接投资额较小，主要原因在于最不发达国家普遍面临严重的结构性

① 廖璇：《进博会促进跨境电子商务发展研究》，载上海研究院项目组研创《中国国际进口博览会发展研究报告 N0. 4》，2022。

经济增长障碍，对外投资能力弱，故而来自最不发达国家的外资额提升空间短期内不大，但对最不发达国家的直接投资规模仍有提升空间。中国对外投资规模继续保持世界前列，这意味着中国企业“出海”势头渐劲，中国企业希望扩大与最不发达国家合作，主要是看中当地广泛的投资机会和潜力巨大的消费市场。相较于利用外资，中国对最不发达国家的直接投资额规模相对较大，但仍有较大提升空间。二是展商变投资商尚有较大发展空间。来自最不发达国家的进博会参展企业能力较弱，后续投资转化能力较弱。

3. 人文交流和开放合作平台功能有待加强

一是国家综合展的参展最不发达国家和国际组织数量受新冠疫情影响有所下降，且仍未恢复至疫情前水平。从上海市域范围来看，以进博会为契机策划和组织的与最不发达国家的人文交流活动仍存在数量偏少、缺乏系统规划、品牌效应不足等问题，有影响力的品牌活动偏少。二是虹桥国际经济论坛全球影响力还不够。从前六届实践看，虹桥国际经济论坛与“比肩达沃斯的国际一流高层次经济论坛”的目标定位还存在较大差距。比如，论坛活动集中在每年 11 月 5 日于上海举办，影响主要局限在前后较短时间段内，存在明显断档，对外传播范围较窄。论坛缺乏机制性的研究支撑和全球性的专家网络，难以及时吸收和凝聚全球共识，且来自最不发达国家的政要、专家和学者等参与度仍然较低。

三　进博会更好促进与最不发达国家共享发展机遇的建议

（一）促进进出口良性循环

一是持续扩大与最不发达国家的贸易规模。进博会是全球首个以进口为主题的平台，在设立之初便存在破除“重出口、轻进口”的重商主义思想，探索互利共赢理念的突破性构想。在未来，需要继续将这一重要的对外开放理念贯彻落实在进博会的举办过程中，将进博会打造成中国与世界融合发展、相互促进、互利共赢的平台，树立基于人类命运共同体思想的新国际开放格局的有益示范。上海需用好进博会这个平台，在扩大对最不发达国家出口的同时，持续扩大自最不发达国家的进口规模，联动长三角地区，构建“买全球、卖全球、惠全球”网络体系，打造服务全球、辐射亚太的进口商品集散地，进一步强化上海的开放枢纽门户功能。优化自最不发达国家的进口商品结构，在扩大大宗商品、原材料等初级商品进口的同时，增加来自最不发达国家的农产品及制成品进口。二是支持“展品变商品”。支持进博会作为最不发达国家“全球新品首发地”平台，持续扩大溢出效应，加速更多“展品变商品”、商品变爆品，让更多最不发达国家企业共享中国机遇。进博会可以采取对接京东、天猫、抖音等大型互联网平台的策略，引入和推广最不发达国家商品，通过“双十一”等大型购物节有效提高销量，满足国内居民对进口产品的需求。不断完善承接进博会溢出效应的“6 天+365 天”常年展示交易平台和天猫国际、京东国际等进口跨境电子商务平台功能，助力最不发达国家商品进入中国市场。以进博会为契机，推动进博会、上海自贸试验区和跨境电子商务功能深度融合，使“6 天+365 天”常年展示交易平台成为跨境电子商务平台的线下体验店，助力最不发达国家商品不断拓展进博会溢出效应时间和空间，与中国共享发展机遇。

（二）扩大双向投资规模

一是以“贸”促“投”，增强双向投资效应。除了探索与进口相关的开放举措之外，未来进博会还应当通过推动营商环境的优化进一步实现“展商变投资商”的目标，促进最不发达国家贸易厂商通过本地化投资进入中国市场；同时鼓励更多的中国企业投资进口商品的原产地最不发达国家，以及将投资更多地聚焦助力最不发达国家经济的工业化和数字化，并进行技能和技术转让，通过对外投资巩固双边贸易往来，促进贸易投资双循环更好地发展。二是促进投资便利化。积极推动进博会与国际组织以及最不发达国家商协会对接，定向排摸和邀请专业观众和采购商，推动实现展客商精准对接。用好进博会海外网络资源，探索对进博会后续项目开设绿色通道，同时充分运用大数据技术，有效利用参展商、采购商进博会报名信息等，进一步强化进博会溢出效应，依托商会、行业协会等平台针对最不发达国家精准招商。设立最不发达国家中小企业创新孵化专区，为中外初创型企业筹备各类政策研讨和推介活动，涉及项目孵化、市场准入、监管创新、园区落地等各个方面，增加投融资对接板块，给中小企业“走进来”或“走出去”提供机会，共享进博会发展机遇。此外，针对进博会以及后续双向投资过程中的境内外人员流动需求，可针对境外参展以及参观人员实行特殊签证政策，适当延长驻留时间，并针对往届进博会有持续参会纪录的外来人员，探讨给予长期签证的可行性。

（三）推动民心相通和互利共赢

进博会深化了中国与最不发达国家的友好合作，推动了公共外交和民间外交，向世界展现了我国开放包容的大国形象，促进了以合作共赢为基础的包容性价值链分工与合作。一是持续强化进博会的人文交流平台功能。以进博会为契机，发挥全市各部门、各单位的能动性，加强与最不发达国家的交流与合作，举办与进博会相关的课题研究、学术交流、著作出版等人文交流活动，拓展进博会主题文化、旅游等交流与合作，推动最不发达国家与中国广大人民群众共享发展机遇。可以将与最不发达国家合作成果进行重点展示，借助新媒体、新技术手段，生动呈现各国的建设经验与成效，以展现我国开放包容、推动构建人类命运共同体的大国担当。二是推动与最不发达国家实现互利共赢。加大对最不发达国家的邀请力度，扩大最不发达国家的参展规模，同时减免相关费用，为最不发达国家分享中国经济发展成果、积极融入包括中国在内的全球市场、寻求适合的产业增长点提供机遇。大力支持虹桥国际经济论坛扩大全球影响力，邀请更多来自最不发达国家的专家、学者等，为最不发达国家参与全球经济治理提供具有全球影响力的公共平台。

B.9

以进博会为契机促进我国流通企业国际化

梁 威*

摘 要： 目前，中国国际进口博览会已举办六届，为促进我国流通企业国际化提供重大契机。首先，本文在界定流通企业国际化内涵的基础上，分别从零售、批发和物流企业视角分析当前流通企业国际化的新特征。其次，厘清进博会为流通企业国际化带来的新机遇，体现于展示创新成果、洞察市场需求、拓展合作伙伴、制度开放赋能和促进交流合作五个方面。在此基础上，结合进博会促进我国流通企业国际化的实践进展，分别对进博会促进零售、批发和物流企业国际化经营的成效进行分析。最后，根据新形势下我国流通企业国际化的要求，提出应抓住进博会契机，分别促进零售企业拓展跨境采购深度、批发企业提升全球供应链布局能力和物流企业提升国际竞争力，有力推动我国流通企业国际化。

关键词： 进博会 流通企业国际化 全球供应链

推动我国流通企业国际化是构建现代流通体系的重要举措，也是服务构建新发展格局不可或缺的一环。提升流通企业国际化经营水平，有助于用好国内国际两个市场、两种资源，并牵引全球供应链资源融入我国产业链与供应链。我国流通企业国际化经营水平不断提高，但相较于国际领先流通企业

---

* 梁威，商务部国际贸易经济合作研究院副研究员，经济学博士，主要研究方向为零售创新与贸易经济。

仍然有较大提升空间。中国国际进口博览会（以下简称“进博会”）搭建了高水平开放和国际合作的平台，为我国流通企业国际化提供了极佳机遇。据此，应抢抓进博会重大契机，赋能流通企业加快提升国际化水平。

一 我国流通企业国际化的特征

企业国际化被界定为企业的跨国界经营行为，衡量企业国际化程度的指标包括企业从事经营活动的国家数、境外高管及员工数占比、境外营收占比、境外资产占比、研发活动的国际化水平等方面。流通企业国际化是以零售、批发和物流企业为主体实施的跨国界经营行为。对照制造企业来看，流通企业国际化更需要结合当地市场收入水平、需求结构、消费习惯等采取本地化经营模式，这对其供应链管理能力提出更高要求，专业技能国际转移也面临本地化带来的更多挑战。基于以上定义，结合实践进展，本文分别对我国零售、批发和物流等流通企业国际化的特征进行分析。

（一）我国零售企业国际化的特征

零售企业国际化可体现为采购国际化、店铺运营国际化和专业技能国际转移三种经营活动，我国零售企业国际化分别呈现以下特征。

一是采购国际化较为常见，但以间接采购为主。随着国内居民对进口商品的需求逐渐上升，丰富进口商品供给成为国内大型商超吸引消费者的举措之一。近年来，进口商品在国内各大商超已较为常见，也涌现一部分专营进口商品的超市业态。但整体来看，受限于我国零售行业集中度不高、企业国际采购经营不足等因素，我国商超采购进口商品以间接采购为主，较少有企业具备对接境外品牌商或大型贸易商的直采能力。同时，由于市场份额不高，单个零售企业实施的进口商品采购尚未形成议价权或话语权，我国超大规模市场优势未能充分发挥，零售企业仍然处于供应链弱势地位。

二是部分零售企业探索店铺运营国际化，但尚未形成规模效应。名创优品、泡泡玛特、希音等代表性零售企业已开始探索境外开设实体门店或搭建跨境电商平台，店铺运营国际化有序推进。如名创优品财报数据显示，截至2024年第一季度，名创优品海外门店数达2596家，在其总门店数中占比38.2%，海外门店收入在其总收入中占比34.8%。快时尚领域跨境电商平台希音为全球超过150个国家的消费者提供零售服务，2023年销售额已超过西班牙快时尚集团Inditex①。同时，部分零售企业通过入驻跨境电商平台，开设虚拟门店为境外消费者服务，但存在品牌效应不明显、同质化竞争等困境。整体来看，零售企业店铺运营国际化规模效应尚未显现，境外市场的营业收入占比远低于全球领先零售企业。

三是企业专业技能国际转移较为活跃，但呈现同质化竞争态势。我国数字零售商业模式领先，阿里巴巴、京东、拼多多、抖音等企业在国际化经营的过程中，将国内的电商经营模式复制到国外，并结合当地市场需求予以优化调整。但由于商业模式同质化，我国零售企业在境外市场的主要竞争方也为本国企业，如拼多多旗下Temu、抖音旗下的TikTok商店与希音等电商平台在欧美等多国市场陷入“价格战”竞争。

（二）我国批发企业国际化的特征

相较于零售企业，批发企业具有更突出的资源整合优势，应在畅通跨境流通渠道中发挥更大的作用。结合实践来看，我国批发企业国际化包括跨境采购、经营出口业务，以及批发市场“走出去”在境外开办专业市场，分别呈现以下特征。

从跨境采购来看，采购环节多、成本高，市场集中度偏低，跨境流通时间长。经营进口商品的批发企业众多，各级批发企业分别经营不同商品、不同流通环节，并完成进口商品的跨境采购过程，市场集中度偏低。在一般贸易进口方式中，批发企业进口商品需付款后再进行生产、运输，下单到收货的时间周期长达几个月。近年来，依托自贸区、保税区等开放平台政策优势，部分地区批发企业创新原产国直供、现款现货等交易方式，逐步优化采

① 《希音拟在伦敦上市，2023年销售额已达450亿美元》，https：//finance. sina. com. cn/stock/newstock/2024-06-03/doc-inaxncha7813098. shtml，最后访问日期：2024年6月3日。

购链条并提高流通效率。

从批发市场经营出口业务来看，较多批发市场已参与国际贸易出口。市场采购贸易政策为批发市场开展外贸业务提供了有力的政策支持，自 2013 年在浙江义乌开展市场采购贸易试点以来，截至 2023 年已扩围至 39 家试点单位，覆盖全国 21 个省份的 38 个城市①。市场采购贸易的“小额小批量”监管模式创新，实现了海关申报手续简化和通关便利化，降低了入驻批发市场的中小商户经营出口业务的监管、资金等门槛，激发了其参与出口业务的积极性。较多试点地区市场采购贸易出口规模快速增长，如 2023 年河北白沟市场采购贸易出口额同比增速达 85%②。

从批发市场“走出去”来看，赴境外开设市场的批发企业仍为少数。义乌中国小商品城常年位居我国商品市场综合百强榜单第一，在“走出去”方面先行探索，进程相对领先。2022 年 6 月，义乌中国小商品城首个海外分市场——迪拜义乌小商品城正式营业，采取“前店后仓”运营模式，由国内的供应商供货，并由迪拜当地商人开设商铺进行销售③。当前，该市场已经发展为浙江及中国小商品的境外商品展销中心和物流分拨中心。同时，义乌中国小商品城通过开设义乌好货海外展厅“走出去”，并已在日本东京、巴西圣保罗、印度尼西亚雅加达等城市落地。

（三）我国物流企业国际化的特征

欧美等国家物流企业国际化经营起步于 20 世纪 50 年代，并涌现 UPS、FedEx 等国际物流巨头。相较而言，我国物流领域国际话语权不足，尚无物流企业占据国际主导地位。近年来，随着跨境电商加速发展，商品跨境交付催生物流服务需求，带动物流企业国际化进程加速，呈现以下特征。

---

① 《推动外贸新业态新模式跑出“加速度”》，https：//www. ndrc. gov. cn/wsdwhfz/202305/t20230517_ 1355918. html，最后访问日期：2024 年 7 月 23 日。

② 《为小商品出口拓宽出海通道　2023 年白沟市场采购贸易出口货值同比增长 85%》，https：//hebei. hebnews. cn/2024-02/21/content_ 9141100. htm，最后访问日期：2024 年 7 月 23 日。

③ 《把义乌市场“搬”到迪拜：小商品城首个海外市场开业》，https：//www. yicai. com/news/101460787. html，最后访问日期：2024 年 7 月 23 日。

一方面，快递企业依托跨境电商业务加快国际化。国际快递业务长期以来由 UPS、DHL、FedEx 等跨国公司主导，但其高价的跨境快递服务难以满足我国跨境电商物流需求。近年来，顺丰、菜鸟、极兔、“四通一达”等国内快递龙头企业加大国际物流市场布局力度，提供优质低价的跨境快递服务，协同跨境电商快速发展。根据国家邮政局数据，2023 年，我国国际/港澳台快递业务量较上年增长 52%，增速较快递业务量领先 32.6 个百分点①。例如，菜鸟集团围绕支持阿里巴巴跨境电商业务，在全球范围内布局物流设施与智慧物流网络，打造覆盖全球 14 个国家的“全球 72 小时必达”一体化跨境物流解决方案，并结合特定商品物流需求推出“超大件专线”“跨境服饰专线”等物流服务产品，2024 财年菜鸟跨境和国际业务日均履约包裹数超过 500 万件②。

另一方面，国际货代竞争力提升。作为国际物流资源整合方，大型国际货代企业逐渐发展为一体化服务供应商，国际货运网络、服务能力等具有领先优势。我国国际货运代理行业集中度不高，中外运、华贸物流和嘉里物流三大货代企业竞争力较国际货代巨头仍有较大提升空间。近年来，“一带一路”建设的推进、跨境电商发展、品牌出海加速等因素影响下，中外运等企业加大力度发展国际货代业务，国际话语权和竞争力得到提升。物流业权威杂志 *Transport Topics* 发布的 2023 年全球货代 50 强榜单显示，中外运在海运货代榜单中排名第 2，在空运货代榜单中排名上升 3 位至第 5③。

二　进博会为我国流通企业国际化提供新机遇

（一）展示创新成果

流通企业国际化经营面临更为激烈的竞争和更严峻的挑战，这对企业创

① 国家邮政局：《2023 年邮政行业发展统计公报》，https://www.mot.gov.cn/tongjishuju/youzheng/202405/t20240524_4139678.html，最后访问日期：2024 年 7 月 23 日。

② 《菜鸟跨境物流快速发展，全年日均跨境包裹已超 500 万件》，https://www.thepaper.cn/newsDetail_forward_27493354，最后访问日期：2024 年 7 月 23 日。

③ 《中国外运海运、空运货代排名分列全球第二和第五》，https://www.cmhk.com/main/a/2024/d20/a46949_50213.shtml，最后访问日期：2024 年 7 月 23 日。

新水平和动态能力提出更高要求。进博会搭建了全球创新前沿成果的展示和交流平台，能够通过便利新品采购、创新示范、解决方案支持等，提升流通企业的产品与技术创新能力，强化企业核心竞争力，完善流通企业的跨境媒介机制和提高效率，增强满足不同市场需求的动态能力，助力我国流通企业拓展国际化经营的深度与广度，有力支撑流通企业国际化。

一是能够为我国流通企业采购全球创新产品提供便利。前六届进博会首发首展代表性新产品、新技术和新服务数量超过2500项，其中农产品、消费品等领域涌现较多热门产品。在第六届进博会上，贝宁菠萝、厄瓜多尔麒麟果、马耳他蓝鳍金枪鱼、菲律宾黄金普雅榴莲等首发农产品广受关注，消费品领域各大集团也纷纷在进博会上首发新品，如植村秀发布首款智能手持式眉部彩妆工具、巴黎卡诗集团发布智能头皮精测仪、博世发布AI赋能的智能蒸烤箱、资生堂发布涂抹式水光产品等。大量首发首展的新产品在进博会上展示，流通企业能够直接采购全球首发首展的前沿创新产品，形成具有全球竞争力的产品矩阵，有助于流通企业增强满足国内国际消费者需求的能力。

二是能够为我国流通企业国际化经营的创新提供示范。参展进博会的跨国公司代表着行业最高发展水平，也在全球经营过程中较早较深地洞察并践行全球消费创新理念。流通企业通过观展农产品、消费品等领域的最高水平新品展示，能够洞察全球消费领域跨国公司创新前沿水平，找准创新方向并提升全球竞争力。例如，在第六届进博会上，多家跨国企业展示以绿色、环保和可持续为核心的产品创新，包括乐高集团发布使用可持续材料制作的玩具产品、资生堂首发“红腰子空瓶再续计划”、优衣库展示“衣物新生”工坊服务等，这体现出全球消费的绿色化转型趋势，我国流通企业国际化经营也需围绕绿色可持续发展深入创新。

三是能够为我国流通企业国际化经营提供解决方案。国际化经营是我国大多数流通企业的短板，面临复杂的跨境物流、供应链布局等挑战，我国大多数流通企业缺乏相应经验。除了全球新型消费品外，进博会首发首展的新产品、新技术和新服务还涵盖了物流、零售领域的前沿解决方案与技术服务，一系列创新前沿成果为流通企业国际化提供支持。例如，嘉里物流在第六届进博会上发布了数智化的“全链路定制化解决方案”，融合国际货运、综合关务、仓储服务和最后一公里的多板块服务，一站式适配跨境物流和供应链服务需求，一方面为我国流通企业“走出去”的物流布局提供启发，另一方面为我国流通企业采购跨境物流服务提供便利。

（二）洞察市场需求

流通企业是距离消费者更近的终端环节，市场需求信息的及时性、准确性和前瞻性对其经营绩效产生直接影响。进博会集聚了全球最优秀的跨国公司，吸引了海量专业观众，能够为我国流通企业洞察市场需求提供信息和便利。

一方面，通过参展进博会，我国流通企业能够展示新品并获得来自现场消费者和采购商的一手反馈，直接或者间接了解到来自全球各个国家消费者对消费品、服务等供给的需求偏好。在第六届进博会上，共有近 41 万名专业观众注册报名，超过 750 个交易团入场采购①。专业观众代表着个性化的消费者需求，交易团则代表着不同国家、不同年龄等细分消费群体的需求。通过了解专业观众的现场试吃、试穿等体验积极性和交易团的采购咨询、采购意向等热烈程度，流通企业能够了解到不同创新产品受到消费者青睐的程度。根据专业观众的体验意愿、采购商的意愿和询价，我国流通企业可及时调整产品组合和新品研发的发力点。同时，专业观众现场体验后的反馈、来自交易团的意见建议以及社交媒体反馈，也有助于我国流通企业及时优化新品研发对象。例如，在第六届进博会上，盒马、美团、得物等零售企业首次参展，得物展台的 ROBBi x 阿斯顿马丁“星驰玩家”潮流公仔、FUNISM 玩乐主义“宝可梦”系列公仔等潮玩吸引现场消费者拍照打卡，盒马“大黄鱼”周边出圈，展现了 Z 世代人群带来的较强的年轻消费需求。

---

① 《特稿：博采共进　开放共享——六年进博让合作共赢惠及世界》，https：//www. gov. cn/yaowen/liebiao/202311/content_ 6913933. htm，最后访问日期：2024 年 7 月 23 日。

另一方面，通过观展进博会，我国流通企业能够洞察全球消费前沿趋势。第六届进博会参展企业超过 3400 家，其中，世界 500 强和行业龙头企业数量达 289 家①。除了大型行业龙头企业之外，大部分参展企业也是各国具有较强经营实力的代表性企业。由此来看，进博会搭建了跨国公司基于全球消费者需求所研发的最新产品的展示平台，呈现了全球各地区的消费偏好和升级趋势。参展商作为对全球消费需求洞察最为准确、及时和综合的经营主体，能够在新品展示、信息交流方面为我国流通企业国际化提供各国市场需求信息。通过观展进博会，我国流通企业能够更准确及时地洞察全球消费市场发展趋势，更好助力其开展国际化经营。

（三）拓展合作伙伴网络

全球供应链布局涉及多个环节、多个领域，即使是国际化水平比较高的流通企业也难以独立完成全部流程。定位到合适的全球合作伙伴并与之达成合作，对我国流通企业国际化经营效率和绩效改善具有积极作用。同时，我国流通企业国际化水平与国际竞争力有限，通过参展或观展进博会，能够直接与全球领先的企业达成合作，借力渠道与网络布局实施国际扩张。前六届进博会每年吸引众多全球领先企业参展，流通企业通过观展进博会，可有效降低定位全球合作伙伴的搜寻成本与试错成本，更高效地匹配全球优质合作伙伴，为跨境扩张提供助力。

一是直接匹配来自全球的优质合作伙伴。作为各国企业代表，参展进博会的企业均为来自各国多个行业的代表性企业。在第六届进博会上，来自 154 个国家、地区和国际组织的企业或观众参展②，我国流通企业可通过该平台一站式直接匹配到来自众多国家的优质合作伙伴。依托进博会高水平开

① 《首发首展新品众多，企业展规模及世界 500 强和行业龙头企业数量均创历史新高……第六届进博会各项筹备工作已基本就绪》，https：//sww.sh.gov.cn/swdt/20231025/62a6f03181dd42d2bbb2db66bf2fcabb.html，最后访问日期：2024 年 7 月 23 日。

② 《784.1 亿美元！第六届进博会按年计意向成交创新高》，https：//www.gov.cn/yaowen/liebiao/202311/content_6914727.htm，最后访问日期：2024 年 7 月 23 日。

放平台，我国流通企业能够搜寻到最优质的食品、农产品和消费品等产品制造商，与之达成直接采购和合作关系，在国际化扩张的过程中构建稳定的产品供应链。我国流通企业也可定位到最优质的产品贸易商，与之达成跨境流通渠道合作关系，在未开展店铺运营国际化的时候先通过跨境流通渠道将产品销售出去，并在后续初具店铺运营国际化实力之后，通过与境外贸易商达成合作以更便利、低成本的方式打开国际市场。

二是间接匹配来自全球的优质合作伙伴。主动走向中国市场的大多为具有较强全球供应链布局能力、来自发达国家的全球领先企业，其供应网络还包括来自更多国家的合作伙伴，我国流通企业可通过进博会平台与这些合作伙伴进行信息交流和合作，间接匹配其他国家的合作伙伴。随着国内市场红利进一步凸显，部分参展企业也带动其合作伙伴组团参展，进一步拓展合作范围。例如，新西兰乳制品企业纽仕兰已连续参展六届进博会，依托进博会平台与中国市场构建紧密联系，在新西兰出口中国的牛奶中占比1/3，参展进博会后周销量最高达8万瓶，为参展前的26倍①。纽仕兰不仅自主加大在中国的投资力度，还在第六届进博会上携手12家新西兰企业“组团”参展。

三是更高效地围绕共建“一带一路”匹配合作伙伴。共建“一带一路”以构建人类命运共同体为最高目标，各国依据共建共商共享原则开展务实合作，促进区域间贸易增长、投资增加并带动经济增长。我国流通企业也积极围绕共建“一带一路”加快国际化进程，在共建国家开展跨境采购、发展跨境电子商务、建设物流等基础设施。第六届进博会上，64个“一带一路”共建国家开设国家展，各国共有超过1500家企业参展②。通过进博会高水平开放平台，我国流通企业能够高效地匹配来自“一带一路”共建国家的

---

① 《（进博故事）参与共建“一带一路”共乘进博开放东风》，https：//china. chinadaily. com. cn/a/202310/25/WS65392044a310d5acd876bd7c. html，最后访问日期：2024年7月23日。

② 《坚定推进高水平开放　让合作共赢惠及世界——写在第六届中国国际进口博览会闭幕之际》，https：//news. cctv. com/2023/11/11/ARTIpzEZFoW0mGuRRfcaZrDe231111. shtml，最后访问日期：2024年7月23日。

合作伙伴，深化国际合作，并加快在该区域的流通国际化经营。

四是匹配来自最不发达国家的合作伙伴。除发达国家之外，进博会平台还集聚了来自全球最不发达国家的企业，69 个国家展中有 16 个为最不发达国家，企业展中有来自 29 个最不发达国家的 100 多家企业[①]。最不发达国家的企业在开拓境外市场、布局境外销售网络方面经验与能力相对匮乏，这些国家市场配套能力也相对偏弱，对我国流通企业而言，自主搜寻来自最不发达国家的合作伙伴具有较高的搜寻成本和试错成本。通过进博会平台，我国流通企业能够直接与这些国家的企业合作，定位到更具有区域和国别特色的商品。例如，东帝汶咖啡在第三届进博会上成为“爆品”，贝宁则在第六届进博会上展示了乳木果护肤霜等特色商品。

（四）制度开放赋能

流通企业国际化经营效率受商品通关、监管、标准等制度影响，制度开放能够赋能流通企业跨境扩张。进博会是我国高水平对外开放的缩影，在主动推进制度型开放方面进行诸多探索并取得成效。进博会的平台服务功能，及其配套的贸易便利化政策能够助力减少关税、通关和仓储等成本，通过促进贸易便利化、监管政策创新、国内外标准化衔接等助力流通企业国际化。由此，进博会成为推进国内制度开放的重要契机，能够为我国流通企业国际化提供制度支撑。

首先，自首届进博会以来，海关不断围绕通关环节优化政策与制度体系，为商品通关提供便利。在第六届进博会举办前，海关发布了 17 条通关便利措施，其中提出对中药材、水产品、乳制品、燕窝等特殊产品的就近核验和审批措施，简化预包装食品、化妆品等展品的检验流程，并对展后至进博会保税展示展销场所、通过跨境电商等渠道进行展示和销售的经营行为予以支持。在高效精准的智能化监管前提下，相对宽松和有序衔接的准入、通

① 《第六届进博会丨同台进博　美美与共——最不发达国家共享中国高质量发展新机遇》，http：//www.news.cn/2023-11/11/c_ 1129969769.htm，最后访问日期：2024 年 7 月 23 日。

关和展后措施有助于吸引全球更多样化的新品参展，并为我国流通企业匹配和采购全球优质商品资源提供便利。

其次，结合生鲜等特殊产品的跨境运输、通关等需求，进博会高水平开放平台赋能打造全流程便利化方案。为推动特定产品从“展品变商品”，进博会的平台优势推动定制通关、航运等政策，制度开放赋能我国流通企业布局全球供应链。以鲜奶为例，自首届进博会开始，围绕纽仕兰、恒天然等食品企业首发首展鲜奶产品需求，进博会推动以“验放分离”“边检边放”等监管模式创新，实现72小时鲜奶跨境直运直达，盒马鲜生、物美等本土零售企业可实现跨境直采高品质鲜奶产品，其间源头生产、航空公司的专线转机运输、通关便利政策等多个环节都不可或缺。

最后，进博会平台有助于促进国内外标准衔接，进而赋能流通企业国际化经营。促进商品跨境流通是流通企业国际化经营的重要内容，在国内外商品标准体系存在差异背景下，加强各国标准接轨和互认，有助于减少我国流通企业国际化经营的标准阻碍。在进博会平台上国内外顶尖产品同台展示，驱动国内企业对标国际标准持续进行产品升级，打造能够面向国际市场销售的产品。同时，国内外标准的互认有助于促进产品跨境流通。在第六届进博会上，虹桥国际经济论坛首次设置标准化分论坛，并首次发布涵盖农产品、食品等20多个领域的国家标准外文版，有助于促进国内外标准体系衔接，为我国流通企业跨境运营提供便利。

（五）促进交流合作

友好的国际环境有助于我国流通企业与全球企业深入交流和合作，助力其融入或主导布局全球供应链过程，更好开展国际化经营。自进博会举办以来，其国际公共产品特性受到广泛认可，全球影响力稳步提升，在营造开放合作的国际环境方面发挥积极作用，为我国流通企业国际化提供机遇。

一是推动国别间开放合作减少东道国制度障碍。我国流通企业境外门店运营、海外并购、绿地投资等经营活动面临东道国产业保护的制度障碍，数字流通平台跨境经营正面临各东道国数字经济治理要求带来的挑战。进博会搭建高水平开放合作平台，与全球各国共享中国市场红利，有力维护多边贸易体制，有助于构建互惠互利的国际合作关系，推动克服东道国相关制度障碍。例如，匈牙利连续参展六届进博会，与中国的贸易规模不断扩大，贸易韧性增强，中国与匈牙利围绕中欧陆海快线通关便利化的合作有助于推进双边贸易，促进跨境物流畅通，为中国流通企业在匈牙利布局、开拓匈牙利及欧洲市场提供助力。

二是推进企业间交流合作形成共识。全球制造企业、贸易企业是我国流通企业国际化过程中的直接合作主体，通过深度交流并形成共识，有助于经营活动的优质高效展开。我国流通企业除了与全球跨国公司就展品开展交流之外，也可举办或参加圆桌论坛，与合作伙伴就核心议题开展深入交流并达成共识，来自全球领先企业的智力支持能够为流通企业国际化提供借鉴。例如，在第六届进博会上，盒马鲜生邀请零售、果汁制造、营养补剂等领域领先企业就布局全球供应链展开探讨，开山酒业、由心咖啡等新消费品牌参加“解锁 Z 世代服务密码”主题圆桌论坛，有关交流与讨论为我国流通企业开拓全球市场提供启发。

三是推进政企研等领域交流优化合作生态体系。作为进博会的重要组成部分，历届虹桥国际经济论坛邀请全球政府、企业和研究领域专家与代表，就重点与热点领域全球各国开放合作开展深入探讨，以对话形成共识并优化合作生态体系。例如，第六届进博会围绕跨境电商、数字贸易等主体举办分论坛，国际领先研究机构和企业就优化数字贸易治理体系、跨境电商发展机遇与趋势等进行探讨，国家间、企业间形成协同并优化合作机制，有助于促进商品跨境流通和电商领域专业技能国际转移，以良好的国际合作生态加快我国流通企业国际化进程。

三　进博会促进我国流通企业国际化的成效

（一）进博会助力零售企业国际化

从零售企业国际化的采购国际化、店铺运营国际化和专业技能国际转移三种经营活动类型来看，进博会促进我国零售企业国际化成效主要显现于采购国际化。作为以进口为主题的国家级博览会，进博会在引进全球优质商品与要素资源方面形成集聚效应，并以此赋能零售企业优化境外采购活动。

一是链接更多全球资源，采购范围得以拓展。历届进博会集聚全球丰富多样的商品资源，有效推动我国零售企业丰富采购品类。以食品与农产品为例，相较于日用消费品而言，包括食品在内的产品保存、运输等具有更高要求，这使得零售企业跨境采购食品等产品面临更多挑战。进博会举办以来，电商平台与实体商超的进口食品种类、品牌数量大幅增加，如截至2023年前三季度，淘宝天猫电商平台经营超过130个国家和地区、超过1万个品牌的进口食品①。

二是构建集中采购机制，采购话语权得以强化。如前所述，我国零售企业市场集中度偏低，难以集聚国内超大规模市场形成面向境外供应商的采购话语权。依托进博会高水平开放平台，部分省份组织大型零售企业构建采购联盟，面向境外供应商集中采购，逐步形成价格、品类等谈判优势地位。如上海交易团自首届进博会伊始组建大型零售采购商联盟以来，至第六届进博会已有37家成员单位，各单位通过集中采购更高效地引进全球优质食品、消费品等资源②。

三是从跨境经销升级为供应链布局，采购业务得以深化。依托进博会平台，我国零售企业能够链接产业上游环节，与源头厂商深度合作，由成品采购转为定制采购。以新零售企业盒马鲜生为例，通过进博会平台，盒马鲜生已与近60家海外零售商、品牌商达成战略合作③，跨境直采业务不断深化，

---

① 《“开放”一诺千金，“进博”共享未来!》，http：//www.chinadevelopment.com.cn/news/zj/2023/11/1867778.shtml，最后访问日期：2024年7月23日。

② 《（第六届进博会）上海交易团大型零售采购商联盟达成55个初步采购意向　金额约35亿元》，https：//www.chinanews.com.cn/cj/2023/11-08/10108688.shtml，最后访问日期：2024年7月23日。

③ 《盒马“进博周”启动：跨境商品先试后买，助力200余个海外品牌进入中国市场》，https：//finance.sina.com.cn/tech/roll/2023-11-07/doc-imztuwnh6892043.shtml，最后访问日期：2024年7月23日。

跨境直采渠道持续畅通。同时，还与境外品牌商联合定制生产适合本土市场的产品，以国内需求为起点跨境整合供应链。

（二）进博会推动批发企业国际化

进博会助力我国批发企业国际化的成效主要显现于通过定位货源、直采等优化跨境采购，并助力批发企业提升全球影响力及主导布局全球供应链。

从跨境采购看，进博会助力批发企业优化货源并提升效率。以面向下游环节供应优质商品为导向，货源定位和品控是批发商的核心竞争力。依托进博会平台，批发商能够在全球范围内拓展供应网络并定位到最优质的货源，结合市场需求形成差异化选品和稳定品控的核心竞争力。例如，作为华东地区规模最大的进口水果批发市场，辉展果蔬市场连续参加六届进博会。在第二届进博会上，该市场首次与智利规模最大的车厘子生产和经销商达成合作并采购 1.4 亿余美元车厘子①。在第六届进博会上，该市场与 Joy Wing Mau Chile Spa 智利有限公司单笔采购订单金额 1.38 亿美元②，2023 年底车厘子销售季该市场车厘子在上市时间、品质、价格等方面均在国内批发市场中领先。

从布局全球供应链看，部分批发企业依托进博会提升全球供应链话语权与影响力。如前所述，进博会平台优势能够降低流通企业拓展全球合作伙伴网络的成本，这有助于具备一定实力的批发企业围绕优势领域深耕全球供应链布局。例如，果业领域龙头生产与批发商鑫荣懋集团连续六年参展进博会，依托平台链接全球水果资源，围绕水果品类的全球供应链布局持续深化。截至 2023 年 11 月，鑫荣懋已面向全球近 40 个国家和地区开展水果生产与批发业务，其中，在秘鲁布局建设的沙漠蓝莓绿色产业带生产的佳沃秘

---

① 上海辉展果蔬市场经营管理有限公司：《上海辉展果蔬市场携手上海惠展国际贸易有限公司完成本届进博会会前 1.411 亿美元的签约意向》，http：//www.huizhanmarket.com/WebSite/Web/Detail/0XH8VF，最后访问日期：2024 年 7 月 23 日。

② 上海市商务委员会：《进博·上海交易团丨成交活跃，活动精彩：上海交易团采购成交累计同比超一成》，https：//sww.sh.gov.cn/swdt/20231109/b1815d554b94437cb036ed7ea9e905eb.html，最后访问日期：2024 年 7 月 23 日。

鲁沙漠蓝莓在第六届进博会上首发①。

此外，部分批发企业面向外资企业提供在华渠道建设与批发销售服务。自首届进博会以来，部分批发企业在优化全球合伙伙伴网络、提升核心竞争力的基础上，结合外资企业开拓我国市场的需求定制服务类产品。以怡亚通为例，通过连续六年参展进博会，怡亚通与全球品牌商、渠道商、物流商等构建合作伙伴关系，围绕外资企业在华供应链布局需求，以国内渠道话语权为依托提供解决方案，并构建国际化的本土供应链生态体系。在第六届进博会上，怡亚通在观展角色之外叠加参展角色，旗下香港子公司——联怡国际（香港）有限公司推出“供应链+品牌服务”生态展馆，全面展示其供应链服务方案并受到广泛关注。

（三）进博会促进物流企业国际化

进博会服务贸易展区设置的物流展台集聚国内外知名物流企业，我国物流企业由观展到参展，依托进博会平台面向国际领先企业集中展示并营销，国际化进程得以加快。

一是通过服务进博会积累实践经验，并优化国际化经营路径。围绕满足进博会办展中的物流服务需求，国内部分领先企业成为进博会的物流服务商，在实践中丰富国际化运营经验。例如，首届进博会举办以来，中远海运以深度服务进博会为导向，围绕食品、农产品、消费品等不同品类展品的跨境物流服务需求，为参展商定制清关、仓储、转运等全流程的物流服务方案，国际物流服务水平不断提升。在第六届进博会上，中远海运共承接来自7个国家、35家参展商的跨境物流服务需求②。

二是引进国际领先技术，以持续创新提升我国物流产业链的国际竞争力。依托进博会搭建的国际领先物流技术与服务方案展示平台，国内物流企

① 《进博会上水果飘香“一带一路”丰富中国消费者“果盘子”》，https://politics.gmw.cn/2023-11/04/content_36942614.htm，最后访问日期：2024年7月23日。

② 《聚焦第六届进博会物流展台：中远海运、联邦快递、DHL、菜鸟等齐亮相》，https://new.qq.com/rain/a/20231109A090BY00，最后访问日期：2024年7月23日。

业结合自身产业升级需求匹配全球供应商，以采购、战略合作等方式引进国际领先技术，并持续提升我国物流产业国际竞争力。例如，在第六届进博会上，东方航空向霍尼韦尔采购飞机辅助动力装置，使得现有机队的燃油、维修等运营和维护成本有效降低。

三是由观展转为参展，高效地对接国际客户并拓展国际业务。随着我国物流企业的国际物流服务能力和国际竞争力不断提升，进博会搭建的国际交流平台成为我国领先物流企业对外宣介、展示交流和拓展国际客户的极佳契机，与潜在客户进行接洽和交流也有助于其更好地洞察需求变化趋势并优化经营策略。例如，在第六届进博会上，菜鸟展示智能化集成的前沿创新成果，“全球五日达”物流服务受到广泛关注；圆通作为参展商展示国际供应链、空铁联运等跨境物流服务方案，获得超过 2000 名客户的合作意向反馈①。

四　进博会促进我国流通企业国际化的趋势与展望

流通企业国际化要求我国流通企业与国际领先流通企业同台竞技，是我国在高水平对外开放视角下提升我国流通企业国际竞争力、加快构建现代流通体系的内在要求。同时，作为衔接产销的中枢环节，我国流通企业国际化有助于带动我国制造环节“走出去”，并引进国际优质商品资源助力激发国内消费市场潜能，助力构建全国统一大市场。此外，面对全球供应链格局重塑、逆全球化兴起等新趋势，我国流通企业主导的国际扩张和全球供应链布局，有助于提升我国全球供应链韧性，优化全球资源要素配置，助力我国产业升级，为服务构建新发展格局提供有力支撑。作为助力我国流通企业国际化的高水平开放平台，进博会能够为我国流通企业“引进来”“走出去”提供便利，平台与制度赋能也能够提升我国流通企业国际化的质量与能级。自

① 《进博会闭幕，参展的圆通国际收获了什么?》，https：//www. sohu. com/a/735515879_121123793，最后访问日期：2024 年 7 月 23 日。

举办以来，进博会促进我国流通企业国际化的成效已经初步显现，我国零售、批发和物流企业的全球采购、境外运营和全球服务等经营活动正在提速。

围绕建设现代流通体系、服务构建双循环新发展格局要求，应引导我国流通企业抢抓进博会重大契机，高水平、高标准推进国际化进程。其中，有以下几点值得关注。

一是引导零售企业拓展跨境采购深度，以集中采购等机制进一步增强国际话语权。一方面，大部分零售企业仍局限于跨境经销的盈利模式，然而，商品买卖差价的利润来源可持续性较弱且经营门槛偏低。据此，应引导我国零售企业充分挖掘进博会平台红利，发挥其集聚国际领先跨国公司、创新前沿产品等优势，依托全球供应链资源强化自身的零售服务功能，围绕产品品类组合、品牌直供等形成差异化选品和定价优势，将利润来源由买卖差价转为满足消费者需求的零售服务。另一方面，支持零售企业构建全国零售采购联盟，以大带小集聚国内需求，组团观展进博会并形成集中采购订单，以批量采购形成价格、品类等方面的话语权。

二是引导批发企业从扩大采购数量转为提高采购质量，持续提升全球供应链布局能力。从有关新闻报道来看，对我国批发企业的跨境采购订单报道主要围绕采购规模及其增速①。批发企业正朝着现代供应链服务商加速转型，在国内、国际两个市场的资源配置中起到纽带作用，能够为制造企业应对全球供应链重塑冲击提供缓冲带。据此，应引导批发企业依托进博会平台红利，以国内消费与产业升级需求为导向，围绕细分品类深化全球供应链布局，与全球领先跨国公司合作构建价值共创网络，吸引全球资源更好助力强大国内市场建设。

三是引导物流企业持续提升国际竞争力，拓展国际业务并提升国际市场营收占比。当前我国新能源汽车正加速出海，跨境电商也加快发展，但地缘

---

① 上海市商务委员会：《进博 · 上海交易团丨成交活跃，活动精彩：上海交易团采购成交累计同比超一成》，https：//sww. sh. gov. cn/swdt/20231109/b1815d554b94437cb036ed7ea9e905eb. html，最后访问日期：2024 年 7 月 23 日。

冲突等使得跨境物流运输运力紧张。面对此形势，我国亟待提升物流领域国际话语权，培育一批占据全球领先地位的物流企业，构建我国主导的跨境物流运输体系，为我国商品出海提供稳定的物流渠道。对于国际竞争力不断增强的国内龙头物流企业而言，进博会平台能够加速其国际化扩张。据此，应引导国内物流企业以进博会为契机，借鉴国际领先物流企业经验持续拓展创新前沿，结合跨国公司需求迭代优化国际物流服务，提升国际市场知名度并大力开拓国际业务，快速提升企业国际化经营水平。

专题篇

B.10
进博会与高质量推进上海国际消费中心城市建设

刘涛 乔时*

摘 要： 进博会作为我国在新发展阶段依托超大规模市场优势、扩大高水平对外开放的重要平台，从集聚高品质消费资源、吸引国内外知名企业、培育消费客流、推进首发经济、促进相关政策创新等方面，为上海建设国际消费中心城市提供了重要支撑。未来，要放大进博会溢出效应，培育首发经济新优势，加大本土消费品牌宣传推广力度，深化进博会与消费服务行业的融合发展，增强贸易投资辐射带动力，探索相关政策创新，进一步支撑上海加快建设具有全球影响力、竞争力和美誉度的国际消费中心城市。

* 刘涛，国务院发展研究中心市场经济研究所副所长、研究员，主要研究方向为服务业、服务贸易和消费；乔时，天津财经大学商学院副教授，主要研究方向为服务营销、消费者行为。

关键词： 进博会 国际消费中心城市 溢出效应 首发经济

国际消费中心城市是国家在新发展阶段赋予上海的新的功能定位。中国国际进口博览会（以下简称“进博会”）作为我国完善高水平对外开放体制机制、主动向世界开放市场的重要平台，已成为上海国际消费中心城市建设的亮丽名片，也是上海吸引和集聚全球消费资源、提升消费资源配置能力、引领消费潮流的有力支撑。

一 上海国际消费中心城市建设取得新进展新成效

2023 年，上海聚焦“国际”、紧扣“消费”、突出“中心”，着力推动消费提质扩容，在商务部组织的国际消费中心城市培育建设中期评估中名列第一[①]，国际知名度、消费繁荣度、商业活跃度、到达便利度和政策引领度[②]方面均取得新的进展和成效。

（一）国际知名度进一步提升

根据世界知名管理咨询公司科尔尼发布的全球城市指数报告，2023 年上海在全球 156 个城市中排名第 13，比上年提升 3 位，高于首尔、多伦多等城市。[③] 截至 2023 年 10 月，上海市及相关区与 59 个国家的 94 个市（省、州、大区、道、府、县或区）建立友好城市关系。[④] 2023 年，上海拥有世界

① 《建设国际消费中心城市，上海有哪些新进展?》，http：//www. spcsc. sh. cn/n8347/n8483/u1ai266986. html，最后访问日期：2024 年 7 月 6 日。

② 这五个方面是“国际消费中心城市评估指标体系”的一级指标。参见《培育国际消费中心城市总体方案》，http：//m. mofcom. gov. cn/article/ghjh/202110/20211003211499. shtml，最后访问日期：2024 年 7 月 6 日。

③ “The Distributed Geography of Opportunity：The 2023 Global Cities Report”，https：//www. kearney. com/service/global-business-policy-council/gcr/2023-full-report.

④ “上海国际友城总体情况”，https：//wsb. sh. gov. cn/ztzl/gjyc/ztqk/index. html，最后访问日期：2024 年 7 月 6 日。

500强企业12家，与上年持平，居全球城市第5位、国内城市第2位（见图1）。2023年，上海新设外商投资企业6017家，比上年增长38.3%，占全国的11.2%，实际使用外资240.9亿美元，增长0.5%，占全国的14.8%；新增跨国公司地区总部65家、外资研发中心30家，数量均超上年，累计分别达到956家和561家。上海已成为我国内地经济开放度最高、外资企业和跨国公司最集中的城市。2023年，上海拥有国家4A级、5A级景区76个，其中4A级景区比上年增加4个。2023年，上海举办各类展览及活动681个，举办总面积1732.7万平方米，其中，举办国际展246个、展览面积1471.5万平方米，举办国内展330个、展览面积187.1万平方米，举办活动105个、举办面积74.1万平方米。①

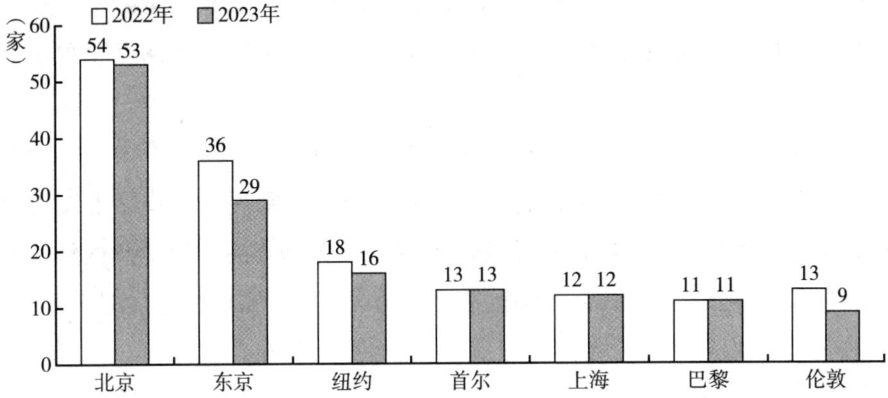

图1　2022~2023年全球代表性城市拥有世界500强企业的数量

资料来源：《财富》世界500强排行榜，https：//www.fortunechina.com/fortune500/c/2024-08/05/content_456697.htm，最后访问日期：2024年7月6日。

（二）消费繁荣度保持全国领先

2023年，上海社会消费品零售总额18515.5亿元，比上年增长12.6%，

① 《2023年上海市国民经济和社会发展统计公报》（https：//tjj.sh.gov.cn/tjgb/20240321/f66c5b25ce604a1f9af755941d5f454a.html）、《中华人民共和国2023年国民经济和社会发展统计公报》（https：//www.stats.gov.cn/sj/zxfb/202402/t20240228_1947915.html），最后访问日期：2024年7月6日。

服务零售额1.3万亿元，增长29.2%，消费市场规模居全国城市首位①；居民人均消费支出达到52508元，比全国水平高96%；实现服务业增加值35509.6亿元，增长6%，居全国城市第2位；实现旅游业增加值1771.2亿元，增长98.5%；拥有五星级宾馆57家，占全市星级宾馆的37%，接待外省市游客10632.9万人次、入境游客364.5万人次，分别增长40.5%和4.8倍，国内旅游人均花费1126.8元，比全国水平高12.1%，入境旅游人均花费1697.6美元，比全国水平高1.6倍。② 上海长宁区愚园路风貌街区、普陀区莫干山路艺术街区、闵行区夜虹桥潮流街区、浦东新区世博前滩片区入选第三批国家级夜间文化和旅游消费集聚区名单，加上前两批入选的黄浦区外滩风景区等12个区域，数量占全国的4.6%。③ 上海环球美食餐厅数量达1.3万家，排名全国第一，来自世界各地的环球美食正餐占比达到17%左右，2023年米其林餐厅数量达到50家。④

此外，上海作为全国最大的进口消费品集散地，钟表及其零件进口额占全国的71.6%，服装及衣着附件、插电式混合动力乘用车进口额占比均超过50%，家用电器、美容化妆品及洗护用品、文化产品、酒类及饮料、医药材及药品进口额占比均在30%以上（见图2）。

① 《引领全球消费潮流，上海国际消费中心城市建设情况如何?》，http：//www.spcsc.sh.cn/n8347/n8483/u1ai266956.html，最后访问日期：2024年7月6日。

② 《2023年上海市国民经济和社会发展统计公报》（https：//tjj.sh.gov.cn/tjgb/20240321/f66c5b25ce604a1f9af755941d5f454a.html）、《中华人民共和国2023年国民经济和社会发展统计公报》（https：//www.stats.gov.cn/sj/zxfb/202402/t20240228_1947915.html），最后访问日期：2024年7月6日。

③ 《文化和旅游部关于公布第三批国家级夜间文化和旅游消费集聚区名单的通知》（https：//zwgk.mct.gov.cn/zfxxgkml/cyfz/202401/t20240122_950902.html）、《文化和旅游部关于公布第二批国家级夜间文化和旅游消费集聚区名单的通知》（https：//zwgk.mct.gov.cn/zfxxgkml/cyfz/202208/t20220824_935544.html）、《文化和旅游部关于公布第一批国家级夜间文化和旅游消费集聚区名单的通知》（https：//zwgk.mct.gov.cn/zfxxgkml/cyfz/202111/t20211119_929110.html），最后访问日期：2024年7月6日。

④ 《促进餐饮业高质量发展！本市推出若干措施》，https：//www.shanghai.gov.cn/nw31406/20240711/486f29fb6cc54bdaac41397aef98ebb1.html，最后访问日期：2024年7月6日。

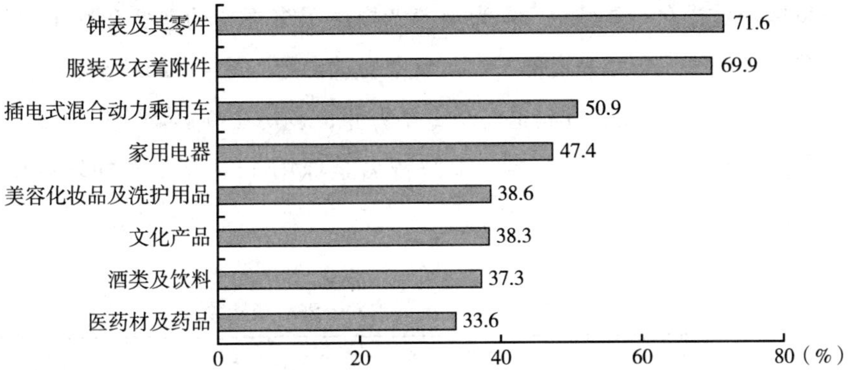

图 2　2023 年上海部分消费品进口额占全国的比重

资料来源：海关总署、上海海关。

（三）商业活跃度国内外领先

2023 年，上海首发经济活跃指数[①]为 88.20，连续 3 年呈上升趋势，其中，成长力指数为 88.38，比上年提升幅度最大，竞争力指数和影响力指数分别为 87.51、88.83（见表 1）。上海已成为国内外品牌新品首发和首店入驻的首选地。在商务部等部门认定的三批“中华老字号”品牌中，上海“中华老字号”企业 197 家，居全国城市首位，占比为 13.5%。[②] 从世界品牌 500 强中的 100 个主要知名消费品牌来看，2023 年上海入驻率达到 100%。[③] 上海夜间

① 首发经济是指企业发布新产品，推出新业态、新模式、新服务、新技术，开设首店等经济活动的总称，涵盖了企业从产品或服务的首次发布、首次展出到首次落地开设门店、首次设立研发中心，再到设立企业总部的链式发展全过程。首发经济具有时尚、品质、新潮等特征，是符合消费升级趋势和高质量发展要求的一种经济形态，是一个地区商业活力、消费实力、创新能力、国际竞争力、品牌形象和开放度的重要体现。首发经济活跃指数由竞争力指数、成长力指数、影响力指数 3 个一级指标构成，其中，竞争力指数包括首店级别、品牌销售额、首发活动数量、首店丰富度和首发丰富度 5 个二级指标，成长力指数包括首店增长、首店存活率、品牌销售额增长和顾客比例 4 个二级指标，影响力指数包括顾客流量、首发效应和顾客满意度 3 个二级指标。

② “中华老字号信息管理”，https：//zhlzh. mofcom. gov. cn，最后访问日期：2024 年 7 月 6 日。

③ 《2023 年世界品牌 500 强》，https：//brand. icxo. com/world/2023/brand/brand. html，最后访问日期：2024 年 7 月 6 日。

经济发展指数排名全国第一[①]，为消费者提供了多样化的消费和娱乐选择；入选前两批全国示范智慧商圈 2 家、示范智慧商店 2 家[②]；2023 年离境退税商品销售额 12.7 亿元，开具退税单 2.9 万张，创历史新高。[③] 从 2023 年主要零售商业街区的租金情况看，上海排名全球第 11，高于新加坡等城市（见表 2）。

表 1　2020~2023 年上海首发经济活跃指数

年份	总指数	竞争力指数	成长力指数	影响力指数
2020	87.11	86.19	87.63	87.81
2021	87.68	86.97	88.03	88.29
2022	87.70	87.01	87.87	88.44
2023	88.20	87.51	88.38	88.83

资料来源：根据网络公开资料整理。

表 2　2023 年全球主要零售商业街区租金排名前 15 的城市

单位：美元/平方英尺

排名	城市	街区名称	年平均租金
1	纽约	第五大道	2000
2	米兰	蒙特拿破仑大街	1766
3	香港	尖沙咀	1493
4	伦敦	新邦德街	1462
5	巴黎	香榭丽舍大街	1120
6	东京	银座	912

① 《城市夜经济的下一步怎么走?》，https：//www.datayicai.com/report/detail/999723，最后访问日期：2024 年 7 月 6 日。

② 《商务部关于公布首批全国示范智慧商圈、全国示范智慧商店名单的通知》（http：//kmtb.mofcom.gov.cn/article/zhengcfg/i/202301/20230103379984.shtml）、《商务部关于公布第二批全国示范智慧商圈、智慧商店名单的通知》（http：//ltfzs.mofcom.gov.cn/cms_files/oldfile/ltfzs/202401/20240115150314506.pdf），最后访问日期：2024 年 7 月 6 日。

③ 《引领全球消费潮流，上海国际消费中心城市建设情况如何?》，http：//www.spcsc.sh.cn/n8347/n8483/u1ai266956.html，最后访问日期：2024 年 7 月 6 日。

续表

排名	城市	街区名称	年平均租金
7	苏黎世	班霍夫大街	907
8	悉尼	皮特街购物中心	747
9	首尔	明洞	642
10	维也纳	科尔市场	506
11	上海	南京西路	496
12	新加坡	乌节路	431
13	胡志明	东川路	390
14	慕尼黑	考芬格大街	377
15	雅典	爱勒慕大街	341

资料来源：Cushman & Wakefield，"Main Streets Across the World 2023"，https：//www.cushmanwakefield.com/en/insights/main-streets-across-the-world。

（四）到达便利度位居前列

截至2023年，上海轨道交通运营线路长度831公里，保持全球城市首位，地面公交运营线路长度24479公里，公共交通客运总量48.1亿人次，日均1316.6万人次，比上年增长54%；2023年，虹桥、浦东两大国际机场起降航班70.1万架次、进出港旅客9696.9万人次，排名全国第一（见表3），分别增长1.1倍、2.4倍，其中，境内航线进出港旅客7844.3万人次、增长1.8倍，境外（含国际及港澳台）航线进出港旅客1852.6万人次、增长12.8倍。[①] 根据全球官方航空指南（OAG）发布的全球航空枢纽连接度报告，2023年浦东国际机场排名第32，位居国内第一。[②] 上海邮轮港国际邮轮运输率先试点复航，2023年查验出入境邮轮90余艘次，随轮出入境人

① 《2023年上海市国民经济和社会发展统计公报》，https：//tjj.sh.gov.cn/tjgb/20240321/f66c5b25ce604a1f9af755941d5f454a.html，最后访问日期：2024年7月6日。

② "Megahubs 2023 | Most Connected Airports in the World"，https：//www.oag.com/megahub-airports-2023.

员 8 万余人次。[①] 上海还拥有京沪、沪昆等多条干线铁路，高铁、动车通达城市数量居全国前列。

表 3　2023 年全国民航起降架次、旅客吞吐量排名前 5 的城市

单位：万架次，万人次

排名	城市	起降航班	旅客吞吐量
1	上海	70. 1	9696. 9
2	北京	67. 3	9229. 0
3	成都	53. 8	7492. 4
4	广州	45. 6	6316. 8
5	深圳	39. 3	5273. 5

资料来源：《2023 年全国民用运输机场生产统计公报》，http：//www. caac. gov. cn/XXGK/XXGK/TJSJ/202403/t20240320_ 223261. html，最后访问日期：2024 年 7 月 6 日。

（五）政策引领度高

为更好地发挥消费对经济发展的基础性作用，激发有潜能的消费，推进国际消费中心城市建设，2023 年上海市政府有关部门制定了一系列政策文件（见表 4）。特别是 2 月发布的《2023 年上海建设国际消费中心城市工作要点》中强调，要把实施扩大内需战略同深化供给侧结构性改革有机结合起来，加快建设国际消费中心城市，打响“上海购物”品牌，全面提升国际消费中心城市的全球影响力、竞争力和美誉度，并提出 23 项政策措施，明确要打造第六届进博会上海馆，集中展示老牌新品和新牌新品，依托进博会等重要会展平台，办好进口嗨购节、国别商品文化缤纷月等进口主题活动。此外，上海还将首发经济、夜间经济作为国际消费中心城市建设的重要抓手，在全国率先发布《首发经济评价通则》系列团体标准，持续探索“夜间区长”“夜生活首席执行官”等管理机制创新，加强规划引领和统筹

① 《上海空港出入境人员数量连续 21 年位列全国空港第一》，https：//www. shanghai. gov. cn/nw31406/20240109/3e4467b75178436b9e8d3bf46913011e. html，最后访问日期：2024 年 7 月 6 日。

协调，注重发挥市场主体和行业协会的作用，有力推动了上海国际消费中心城市建设不断迈上新台阶。

表 4　2023 年上海制定的有关国际消费中心城市建设的政策文件

发文时间	发文单位和文号	文件名称
1 月 20 日	上海市政府 沪府规〔2023〕1 号	《关于印发〈上海市提信心扩需求稳增长促发展行动方案〉的通知》
2 月 23 日	上海市建设国际消费中心城市领导小组办公室 沪商商贸〔2023〕32 号	《关于印发〈2023 年上海建设国际消费中心城市工作要点〉的通知》
3 月 17 日	上海市政府办公厅 沪府办〔2023〕9 号	《关于印发〈2023 年上海市推进政府职能转变和“放管服”改革工作要点〉的通知》
3 月 21 日	上海市建设国际消费中心城市领导小组办公室 沪商商贸〔2023〕50 号	《关于印发〈2023 年上海市促消费系列活动方案〉和〈第四届“五五购物节”总体方案〉的通知》
3 月 21 日	上海市建设国际消费中心城市领导小组办公室 沪商商贸〔2023〕51 号	《关于印发我市进一步促进和扩大消费的若干措施的通知》
4 月 3 日	上海市政府办公厅 沪府办规〔2023〕11 号	《关于印发〈上海市加大吸引和利用外资若干措施〉的通知》
4 月 3 日	上海市商务委 沪商秩序〔2023〕71 号	《关于印发〈2023 年度上海市单用途预付消费卡管理工作要点〉的通知》
5 月 26 日	上海市商务委等 10 部门 沪商市场〔2023〕131 号	《关于印发〈上海市推动内外贸一体化试点实施方案〉的通知》
6 月 1 日	上海市商务委、上海海关、黄浦区政府 沪商规〔2023〕2 号	《关于推动上海市淮海新天地进口贸易促进创新示范区建设的实施方案》
6 月 7 日	上海市政府办公厅 沪府办发〔2023〕10 号	《关于印发〈推进国际邮轮经济高质量发展上海行动方案（2023—2025 年）〉的通知》
6 月 20 日	上海市商务委 沪商会展〔2023〕160 号	《关于印发〈上海市推动会展经济高质量发展　打造国际会展之都三年行动方案（2023—2025 年）〉的通知》
7 月 10 日	上海市商务委等 5 部门 沪商贸发〔2023〕183 号	《关于印发〈上海市推进跨境电商高质量发展行动方案（2023—2025 年）〉的通知》

续表

发文时间	发文单位和文号	文件名称
8月22日	上海市商务委 沪商规〔2023〕4号	《关于印发〈上海市电子商务示范企业创建管理办法〉的通知》
8月24日	上海市商务委 沪商秩序〔2023〕227号	《关于开展2023年“诚信兴商宣传月”活动的通知》
9月15日	上海市政府 沪府〔2023〕51号	《关于印发〈上海市进一步推进新型基础设施建设行动方案（2023—2026年）〉的通知》
9月30日	上海市建设国际消费中心城市领导小组办公室 沪商商贸〔2023〕260号	《关于印发〈上海市完善支付服务体系优化入境人士消费环境的实施方案〉的通知》
10月20日	上海市建设国际消费中心城市领导小组办公室 沪商商贸〔2023〕266号	《关于印发〈上海市加强消费市场创新扩大消费的若干措施〉的通知》
12月22日	上海市商务委 沪商贸发〔2023〕320号	《上海市关于提升能力 完善体系 创优环境 引进培育贸易商的工作方案》

资料来源：根据上海市政府、上海市商务委员会等政府部门发布的信息整理。

二　进博会是上海建设国际消费中心城市的有力支撑

进博会是我国在新发展阶段依托超大规模市场优势、扩大高水平对外开放的重要平台，从集聚高品质消费资源、吸引国内外知名企业、培育消费客流、推进首发经济、促进相关政策创新等方面，为上海建设国际消费中心城市提供了有力支撑。

（一）集聚了全球多样化、高品质消费资源

国际消费中心城市首先是全球消费资源的集聚地，具有高效的消费配置

和带动功能。① 进博会的成功举办，特别是展品范围的扩大（见表 5），为全球优质消费品进入中国市场搭建了桥梁，提升了上海消费市场的繁荣度，扩大了消费流量规模，促进了上海加快打造全球消费品集散中心。同时，随着常年展示交易平台的建设发展，更多展品变为商品，丰富了国内消费市场供给，越来越多消费者不出国门就能实现“买全球”。

表 5　第六届进博会的展品范围

展区	展品范围
食品及农产品展区	乳制品:液体乳、乳粉、炼乳、乳脂肪、干酪、乳品添加剂 蔬果和农产品:蔬菜、水果、粮食、食用油、植物基产品 农作物种业:农作物种子、育种或栽培技术、种业创新研发成果、农业机械、农药、微肥 酒类:葡萄酒、啤酒、烈酒、鸡尾酒、白酒、酒精饮料 咖啡、茶和饮料:咖啡、果汁、矿泉水、碳酸饮料、凉茶、功能性饮料、蛋白饮料、冲调类饮品、茶、蜂蜜 肉类、水产品和冷冻食品:肉类、肉制品、水产动植物产品、水产动植物加工产品、冷冻食品 休闲食品、甜食和调味品:饼干、糕点、蜜饯、膨化食品、坚果、巧克力、冰激凌、糖果、甜食、调味品 综合食品:综合品类食品、宠物食品等
汽车展区	整车:乘用车、高端超跑、商用车、概念车、新能源车、非道路用车、两轮车、房车 智慧出行及新能源:自动驾驶产品技术及解决方案、智能网联、新能源、智慧交通、未来出行、驱动部分、底盘部分、车身部分、轻量化、汽车内饰、车载系统、汽车运动及赛事、汽车文化及生活方式 汽车配套和养护:汽车后市场、测量检测诊断设备、油漆、润滑油
技术装备展区	数字工业自动化:工业自动化、工业机器人、工业解决方案、工程机械装备、切削机床、成型机床、特种激光加工设备、增材制造刀具、工装夹具、检验测量及零部件、航空航天 集成电路:原材料、半导体设备、芯片 能源低碳及环保技术:矿业、新材料、新能源、化石能源、水处理、环保技术 人工智能:人机交互、数据库、物联网、通信 数字打印及光学技术:数码印刷、3D 打印、扫描设备、光学材料、光学设备与技术

① 王微、王青、刘涛等:《国际消费中心城市：理论、政策与实践》，中国发展出版社，2021。

续表

展区	展品范围
消费品展区	美妆及日化用品：面部护理及彩妆、身体及头发护理、母婴及女性护理、家用清洁及纸品、专业美容及其他 智能家电及家居：白色家电、黑色家电、小家电、厨房家电、消费电子产品、卫浴、家具、家居用品、厨房用品、玩具、礼品及文创产品等 时尚潮流及珠宝：高端珠宝首饰、服装服饰、配件及鞋履、箱包、饰品、钟表、文物、艺术品、宝石、玉石等 体育及户外用品：体育用品、健身器材、户外用品、体育赛事、户外电子消费、运动科技等
医疗器械及医药保健展区	医疗器械：检测及诊断设备、治疗设备、病房护理监护设备、内窥镜检查设备、急救设备、手术器械、生命科学与临床医学仪器、环境监测仪器、临床检验分析仪器、诊断试剂、实验室设备及仪器、生化诊断、免疫诊断、血球检测、分子诊断、POCT 仪器及试剂、防护用品、净化设备及消杀产品、医疗美容等 药品：化学原料药、西药、生物药、中药、医药中间体、医药原料、疫苗等 营养保健食品：保健食品、营养素补充剂、膳食补充剂、特殊医学用途配方产品、运动营养食品等 健康养老：康复辅助器具、特殊助行器具、适老产品、睡眠修复科技、运动损伤康复、无障碍设施、养老机构及养老地产、健康养护技术及产品、医疗旅游、医疗健康服务等
服务贸易展区	商贸物流：海运、陆运、空运、多式联运、货代、仓储、配送、信息处理、国际商社、跨境电商平台 咨询服务：财务、市场、法律、人力、战略、IT、检验检测服务、物业管理、设计 金融服务：商业银行服务、保险融资评估、金融信息服务、金融科技服务 文化旅游：文化服务、旅游平台服务、旅游代理服务、票务服务、酒店服务、餐饮服务、娱乐服务、知识产权及 IP 授权服务、会展主办、场馆、会展配套 综合服务：产业园区、国际组织、公共管理、社会组织

资料来源：根据中国国际进口博览局发布的信息整理。

2023 年，第六届进博会按一年计意向成交金额 784.1 亿美元，比上届增长 6.7%，比首届增长 35.6%，六届累计意向成交金额达到 4242.3 亿美元（见图 3）。作为进博会“6 天+365 天”常年展示交易的主平台，2023 年虹桥进口商品展示交易中心（虹桥品汇）交易额为 170 亿元，累计开设苏州等 23 个分中心。另一个常年展示交易平台——绿地全球商品贸易港，累计开设国家馆 63 个，在全国设有 13 个分港，推动 5000 余款进博会同款商品进入国内市场。①

① 《上海资讯周报》涉外资讯一站式服务（2024 年 7 月第 5 期），https：//wsb.sh.gov.cn/ztzl/shzxzb/20240731/654c4c1e004643f8abd5a3715f083481.html，最后访问日期：2024 年 7 月 6 日。

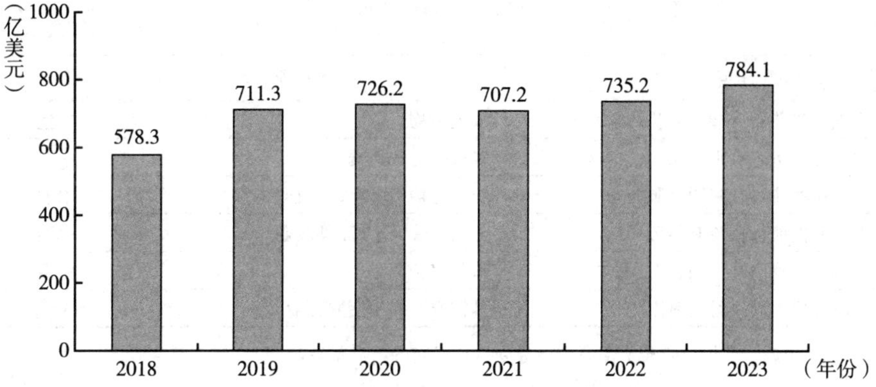

图 3　历届进博会的意向成交金额

资料来源：根据中国国际进口博览局发布的信息整理。

（二）吸引了国内外知名企业投资落户

进博会影响力不断提升，让世界看到一个更加开放、充满机遇的超大规模市场，展示了上海的多彩魅力和蓬勃活力，提升了上海的国际知名度，吸引了众多世界500强和行业龙头企业参加。许多企业不仅连续多届参加，还从参展商、采购商的角色转变为投资商，加大在上海市场布局和投资的力度，设立地区总部或各类功能性总部（见表6）。

表 6　参加进博会的代表性企业在上海设立贸易型总部的情况

企业名称	所属行业	企业规模
山东黄金集团(上海)国际贸易有限公司	文化、体育用品及器材批发	中型
益海嘉里(上海)国际贸易有限公司	贸易经纪与代理	中型
上海红鹭国际贸易有限公司	贸易经纪与代理	中型
中国黄金集团(上海)贸易有限公司	批发业	小型
博柏利(上海)贸易有限公司	综合零售	大型
金川集团贸易有限公司	货摊、无店铺及其他零售业	小型
哪吒合智(上海)汽车销售服务有限公司	汽车、摩托车、零配件和燃料及其他动力销售	中型

续表

企业名称	所属行业	企业规模
中外运集装箱运输有限公司	水上货物运输	中型
中国外运华东有限公司	多式联运和运输代理业	中型
运去哪物流科技集团有限公司	交通运输、仓储和邮政业	中型
上海环世捷运物流有限公司	交通运输、仓储和邮政业	中型
上海盒马物联网有限公司	商务服务业	中型
上海壹佰米网络科技有限公司	科技推广和应用服务业	大型

资料来源：根据企查查、上海市商务委员会发布的信息整理。

国内外知名企业的落户，还得益于政府有关部门的积极推动和支持。例如，上海市场监管部门在进博会举办前主动了解参展商的情况及需求，在进博会场馆设置专门的服务区，为有意愿投资的企业现场办理注册登记及其他经营许可申请，采取“证照联办”方式同步审批，现场颁发营业执照及相关经营许可证（见表7），很大程度上便利了企业的经营活动。

表7　历届进博会参展商获颁首张营业执照的情况

年份	企业名称	所属行业	备注
2019	上海奥尔奇兰商务管理有限公司	商务服务业	蒙古国“丝绸之路”工商协会授权中方代表设立的商务管理公司
2020	上海奥净贸易有限公司	批发业	主营蜂蜜等新西兰特色产品的外资公司
2021	上海腾时会展服务有限公司	商务服务业	德国功能性面料展中国展方代表设立的会展服务企业
2022	越凡穿戴（上海）科技有限公司	科技推广和应用服务业	加拿大越凡医疗中国销售总部
2023	沙朗爵士供应链管理（上海）有限公司	商务服务业	格鲁吉亚沙朗爵士公司与上海天宫驿供应链管理有限公司共同投资设立

资料来源：根据企查查、中国国际进口博览局发布的信息整理。

（三）培育了稳定增长、规模可观的消费客流

进博会对各国展客商的吸引力越来越大。参加第六届进博会的世界 500 强企业和行业龙头企业达到 289 家，超过历届水平（见图 4），同时，500 家影响力大、采购力强的国内企业成为重要采购商，还有近 41 万名专业观众注册报名，已全面恢复到新冠疫情前水平。

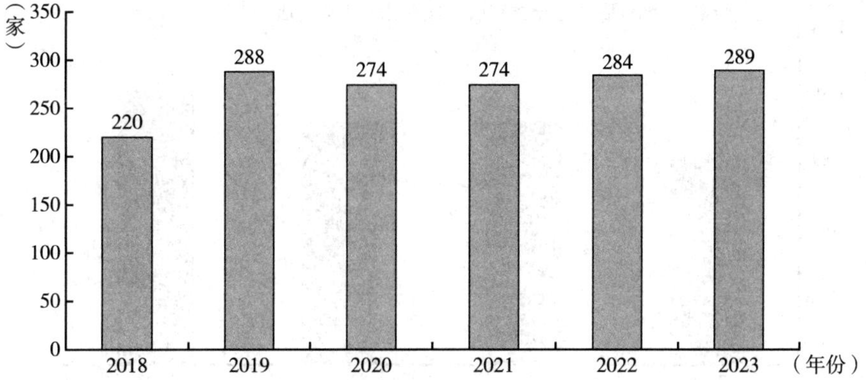

图 4　历届进博会世界 500 强企业和行业龙头企业的参展数量

资料来源：根据中国国际进口博览局发布的信息整理。

在进博会举办期间，境外展客商可以感受上海的特色和韵味，购买全球优质消费品和体现中国文化特点的本土商品。首届进博会举办当月，上海离境购物退税业务量比上年同期增长近 50%；第二届进博会期间，上海离境退税物品销售额比上年同期增长 16.2%。①

（四）为首发经济的发展注入了动力

首发经济是国际消费中心城市商业活跃度的重要标志，也是引领全球消费创新和时尚潮流的重要载体。目前，全球一流的国际消费中心城市已形成

① 《上海离境退税服务再升级　充分放大进博会“溢出效应”》，https：//shanghai. chinatax. gov. cn/xwdt/swxw/201912/t451445. html，最后访问日期：2024 年 7 月 6 日。

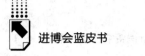

从新品发布到首店、总部高度集聚的首发经济。进博会的成功举办，促进了国内外知名消费品牌落户上海，各类首店不断涌现，集新品发布展示、交易运营于一体的首发经济产业链逐步形成，为上海建设国际消费中心城市注入了强大动力。2023 年，上海引进国内外首店 1215 家，比上年增长 13.2%，居全国城市首位。其中，全球或亚洲首店 11 家、全国首店 150 多家（见图 5），不少是通过进博会促成开设的首店。

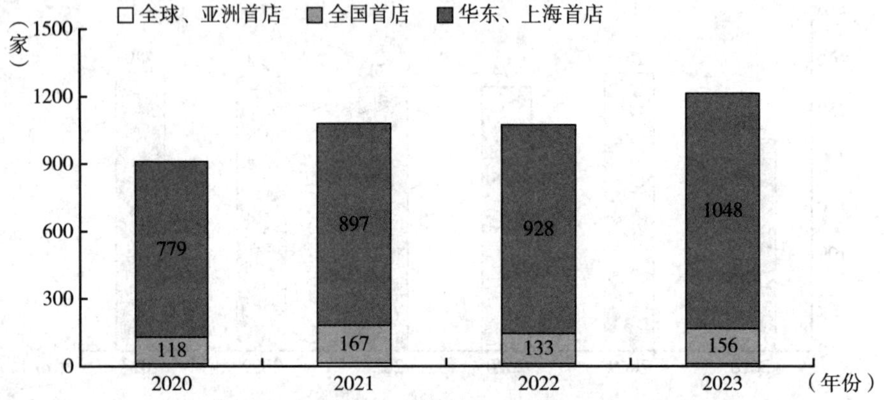

图 5　2020~2023 年上海引进各类首店的数量

资料来源：根据网络公开资料整理。

进博会还是各类消费新品进入中国市场的重要平台。参展商在首届进博会上首发的新产品、新技术和新服务超过 300 项，第二届进博会超过 400 项，第三、四、五届进博会分别达到 411 项、422 项、438 项，第六届进博会进一步上升到 442 项（见表 8）。

表 8　历届进博会首发新产品、新技术和新服务的数量和代表性项目

年份	数量	代表性项目
2018	超过 300 项	斯洛伐克 AeroMobil 公司第四代飞行汽车概念车等
2019	超过 400 项	新一代氢燃料电动车，加氢 3 分钟，在上一代的 600 公里续航基础上，续航性能提高 30%；高附加值系列美容液，进行皮肤抗老化护理等
2020	411 项	折叠后仅有背包大小的充气皮划艇、全自动仓储配送系统等

续表

年份	数量	代表性项目
2021	422 项	移动出行概念车、仅重 200 克的随身除菌净味仪、经支气管诊疗肺癌的 Monarch 数字化手术平台、泰国多品种植物基仿造肉等
2022	438 项	佳农菲律宾黑钻凤梨、凯迪拉克 CELESTIQ 超豪华纯电旗舰车型、YSL 圣罗兰美妆 Scent-Sation、邓白氏数字化全球市场拓展解决方案等
2023	442 项	Mootaa 家庭管道“疏通、清洁、护理”新品、BPRelief 降血压手环、Arjo 老年康养护理设备、人头马君度集团旗下 Octomore14 系列新品、乔山 & 华为智选家用智能跑步机等

资料来源：根据中国国际进口博览局发布的信息整理。

（五）促进了相关政策创新

在国家有关部门的支持下，上海有针对性地探索了多项创新举措，提升了国际消费中心城市建设的政策引领度，为全球优质消费品进入中国市场提供了很大便利。如在第六届进博会举办前，海关总署发布 17 项支持措施，具体包括：发布通关须知，提供详细通关指引，以检验检疫限制清单、禁止清单的方式，为境外参展商提供详细指引；将上海会展中心海关作为进博会常态化机构，做好海关监管和服务保障工作，随时响应需求；深化科技应用，打造数字化、智能化、便利化、集约化的全流程监管服务模式；派员入驻现场，为企业提供通关、监管、咨询等服务；办展方统一提供税款担保，减轻境外参展商负担；就近开展验核，提升参展便利化水平；设置专门通道，优先办理手续，实行即查即放；固化监管措施，延长 ATA 单证册项下展览品暂时进境期限；推进准入谈判，支持风险水平可接受的农畜产品参展并实现对华贸易，扩大进境展览品种类；简化监管手续，方便特殊物品进境；简化入境手续，方便食品、化妆品参展；简化出境手续，便利展览品展后处置；支持保税展示展销常态化，扩大展会溢出效应；支持跨境电商业务，推进线上线下融合；支持文物展品参展，办理展后留购手续；对符合条件的参展车辆优先检测、出具相关证明；扩大参展范围，允许未获检疫准入的动植物产品、食品参展。①

三　发挥进博会对高质量推进上海国际消费中心城市建设的作用

发挥进博会国际采购、投资促进、人文交流、开放合作的平台功能，放大溢出效应，进一步支撑上海加快建设具有全球影响力、竞争力和美誉度的国际消费中心城市。

（一）培育首发经济新优势

党的二十届三中全会提出要“积极推进首发经济”。上海在首发经济发展方面政策探索早，形成了先发优势。可考虑在进博会期间增设“全球首发节”主题活动，与现有上半年举办的“上海全球新品首发季”相呼应，围绕智能家电、黄金珠宝、化妆品、汽车等消费增长点，吸引更多国内外企业将优质产品、特色品牌在进博会首发、首展、首秀，强化上海作为全球新品首发地、前沿技术首选地、创新服务首推地的功能，引领全球智能、绿色生活方式，满足消费者追求时尚、品质、新潮的需求。此外，适应时尚类零售品牌轻资产的特点，完善总部企业认定和支持标准，加大对进博会参展商在上海设立跨国公司地区总部及各类功能性总部的支持力度，对高能级首店的房租、店面装修等给予一定的资金支持。

（二）加大本土消费品牌宣传推广力度

推进上海国际消费中心城市建设，不仅要使上海成为全球知名消费品牌、消费资源的集聚地，还要使上海成为我国对外展示和输出本土特色消费

① 《海关总署关于发布〈2023 年第六届中国国际进口博览会海关通关须知〉和〈海关支持 2023 年第六届中国国际进口博览会便利措施〉的公告》，http：//www. customs. gov. cn//customs/302249/2480148/5164101/index. html，最后访问日期：2024 年 7 月 6 日。

品牌、消费文化的首要门户。可利用进博会平台，聚焦新能源汽车、移动通信、智能家居等行业，积极推介本土品牌，促进其发展壮大，形成具有创新性、引领性和带动性的品牌。发展免退税经济，提高免税购物额度，推动本土品牌入驻免税店，提升国潮新品的影响力和美誉度。

（三）深化进博会与消费服务行业的融合发展

推进上海国际消费中心城市建设，要强化支柱行业的牵引带动作用，营造多行业融合互动的消费生态，促进会展与商贸、文旅、体育等行业联动发展，实现规模效应，增大对国内外消费者的吸引力。可将进博会作为主要抓手，提升上海会展业配置全球资源的能力，探索进博会展览模式、管理机制创新，发展绿色会展、智慧会展，培育具有国际竞争力的大型会展业市场主体，完善会展业标准化体系。加强进博会与主要消费服务行业的融合互动，推动进博会旅游线路的品质化发展，提高集会展、旅游、休闲、购物于一体的消费新地标的影响力，促进消费业态多元化，加强“上海服务”“上海制造”“上海购物”“上海文化”品牌联动。

（四）增强贸易投资辐射带动力

推进上海国际消费中心城市建设，要建立健全“以周边支撑中心、以中心带动周边”的区域联动机制，完善共建共享国际消费中心城市的培育模式。可进一步完善境外经贸合作网络，做大常年展示交易平台及专业贸易服务平台，新建一批进口商品分拨中心，完善分拨配送、零售推广服务链条，将更多优质消费品、中高端品牌以及新业态、新模式向长三角地区乃至全国辐射，打造联动长三角、服务全国的进口商品集散中心。积极开展常态化贸易投资促进活动，助力其他城市宣传推介、投资对接等活动。

（五）进一步探索相关政策创新

推进上海国际消费中心城市建设，要在遵循国家顶层设计的前提下，充分调动大胆探索、改革创新的主动性和创造性。可进一步探索保税展示交易政策创新，畅通进口商品进入国内市场的渠道，加强新产品、新技术和新服务的知识产权保护，为境外展客商数字支付等提供便利化服务，推动将更多“展品变商品”“展商变投资商”。积极推进内外贸一体化，探索内外贸规则相衔接，建立健全服装类新品第三方采信制度，提高时尚消费品牌新品通关速度，推进国内标准体系建设，提升国内国际标准一致性。

B.11

进博会案例报告：虹桥品汇的先行先试与未来展望

杨子荣　田志鹏　陈文彦*

摘　要：　进博会作为世界上第一个以进口为主题的国家级展会，是中国扩大开放、让世界共享中国大市场的创新之举。为进一步放大进博会的溢出效应，打造“永不落幕的进口博览会”，自2018年首届进博会开始，上海着手搭建“6天+365天”常年展示交易平台，虹桥进口商品展示交易中心（虹桥品汇）就是其中一个重点平台。本文详细介绍了虹桥品汇发展的基本情况，系统总结了虹桥品汇的实践经验，结合国家对进博会发展的新要求及国内外经贸发展新形势，对虹桥品汇未来发展前景进行了展望，并提出该项目对我国外贸发展的启示。

关键词：　虹桥品汇　溢出效应　先行先试　制度创新

习近平主席明确提出中国国际进口博览会（以下简称“进博会”）“三大定位”：“构建新发展格局的窗口”“推动高水平开放的平台”“全球共享的国际公共产品”。① 作为进博会举办地，上海一直在坚定推动进博会三大定位落地落实。为打造“永不落幕的进口博览会”，上海全力推进进

* 杨子荣，经济学博士，中国社会科学院世界经济与政治研究所副研究员，主要研究方向为国际金融、金融结构；田志鹏，法学博士，中国社会科学院社会学研究所助理研究员，主要研究方向为经济社会学、劳动社会学、社会分层与流动；陈文彦，上海研究院科研处主管，主要研究方向为城市与区域发展。

① 《共创开放繁荣的美好未来——在第五届中国国际进口博览会开幕式上的致辞》，https://www.gov.cn/gongbao/content/2022/content_5727887.htm，最后访问日期：2024年8月16日。

出口商品集散地建设，截至2023年已经建成近60家“6天+365天”常年展示交易平台。[①] 作为其中一个承接进博会溢出效应的主平台，虹桥进口商品展示交易中心（简称“虹桥品汇”）凭借先行先试、大胆实践的勇气，在六年间开创了一条从制度到模式全面创新的探索之路。截至第六届进博会，虹桥品汇已累计集聚了全球108个国家和地区的6000多个品牌80000多种商品，[②] 为放大进博会溢出效应、增强“丝路电商”辐射引领功能提供了有力支撑。

一　虹桥品汇的发展模式与特色

（一）虹桥品汇的建设历程

虹桥品汇致力于成为进博会成果的集中展示地，使进博会效应由“6天”向“365天”延伸。2018年10月，上海宣布启动虹桥进口商品展示交易中心的运营工作。虹桥进口商品展示交易中心位于虹桥商务区核心区物流片区，由一期南北片区30多万平方米的展贸办公空间、二期5万平方米保税物流中心以及21万平方米商贸体验中心构成。按照发展要求，虹桥进口商品展示交易中心将被打造成“6天+365天”进博会功能辐射承接主平台，建成“聚合度最高、参与度最广、功能设计最全，规划容量最大”的线上线下共存的进口商品有形市场。[③]

2019年8月21日，虹桥进口商品展示交易中心正式定名为“虹桥品汇”，寓意着虹桥进口商品展示交易中心将成为汇聚全球商品，荟萃全球

① 《虹桥品汇二期B栋竣工　将全面对接第六届进博会》，https：//sghexport. shobserver. com/html/baijiahao/2023/10/31/1165690. html，最后访问日期：2024年7月21日。

② 高志苗：《（第六届进博会）前瞻丨从进博看上海：打造“永不落幕”的进博会》，https：//baijiahao. baidu. com/s？id=1781166702273212221&wfr=spider&for=pc，最后访问日期：2024年7月21日。

③ 《虹桥商务区进口商品展示交易中心平台启动》，https：//www. kankanews. com/detail/Gr21YWAP12e，最后访问日期：2024年7月21日。

精品，“买全球、卖全球”，提供品信、品质、品牌和优品的商品交流合作的窗口。[①] “虹桥品汇”名称及标识的正式使用，标志着“虹桥品汇”进入全面对接进博会发展的加速跑阶段：2020 年，一期 30 多万平方米启用并逐步投入运营；2021 年 11 月，8 万平方米二期展贸体验中心 A 栋如期落成，首层率先投用；2022 年 8 月，A 栋地上 3 层、地下 3 层全部投入使用，使“前店后仓”的创新空间格局从理论变成现实；2023 年，13 万平方米二期展贸体验中心 B 栋在第六届进博会开幕前建成使用。至此，虹桥品汇载体建设全面建成，总体量近 66 万平方米。

总的来说，虹桥品汇致力于成为进博会成果的集中展示地、进口商品集散地和国际贸易企业集聚地。常年展示交易，使进博会效应由“6 天”向“365 天”延伸；集聚各类进口商品，促进区域内外贸易发展；吸引国际贸易企业入驻，打造国际化商务服务集聚区。三大功能定位相辅相成，共同助力虹桥品汇成为联通国内国际双循环的重要平台。

（二）虹桥品汇的组织运作模式

虹桥品汇探索形成了“政府引导、海关监管、国企负责”的“6+1”运营模式，这是上海基于地方发展特点主动作为而形成的实践成果。在上海市商务委指导和海关监管下，由多家国有企业共同投资建设和运营，充分发挥国企在重大项目中的主导作用。具体来看，由地产集团、东方国际集团、南虹桥集团共同投资设立上海虹桥国际进口商品物流有限公司作为虹桥品汇项目的建设方，由东方国际集团、光明食品集团、东浩兰生集团、百联集团以及南虹桥集团共同投资设立上海虹桥国际进口商品展销有限公司作为虹桥品汇项目的运营方，由虹桥国际中央商务区管委会负责具体协调工作。虹桥品汇项目的成功运作有赖于国有企业作用的充分发挥，并在此过程中逐步探索形成“6+1”运营模式。

---

① 《荟萃全球精品，虹桥进口商品展示交易中心定名“虹桥品汇”》，https：//baijiahao. baidu. com/s? id=1642472749106564493&wfr=spider&for=pc，最后访问日期：2024 年 7 月 21 日。

虹桥品汇实行总经理负责制，设置了供应链、运营、商管、市场、招商5个业务部门，以及办公室、财务、人力资源、技术4个职能部门，并根据运营需要设立了运营公司（业务中心）、供应链公司（海关政策创新应用）等2个全资子公司以及咖啡公司（认证赛事）等1家合资控股子公司，组织架构完善，职责分工明确。

（三）虹桥品汇的发展目标

至“十四五”末，虹桥品汇将着力实现“一十百千”发展目标：“一”指的是建设1个集聚进博商品最多、经营面积最大及集中度、显示度最高的常年保税展示交易平台；“十”指的是建设10个辐射亚太的百亿级进口商品集散地；“百”指的是建设100家联动长三角、服务全国的分中心；“千”指的是建设千亿级国际贸易企业集聚区。[①] 这一目标契合虹桥国际开放枢纽的整体定位，体现了虹桥品汇作为进博会常年展示交易平台的使命担当，彰显了其在服务国内国际双循环中的战略意义。

综上所述，虹桥品汇立足进博会溢出效应，探索形成了创新的组织运作模式，明确了服务进博会、辐射长三角、联通国内外的多元化功能定位，提出了集聚效应明显、辐射带动有力的发展目标。这种创新驱动、高位嵌入、开放联动的发展路径，推动虹桥品汇成为国内领先、国际一流的进口商品展示交易平台，使虹桥品汇成为联通国内国际双循环的重要平台。

二　虹桥品汇放大进博会“溢出效应”[②]

虹桥品汇作为进博会常年展示交易平台，通过一系列创新举措，不断放

---

① 方卓然：《奋进的春天奋进的春天丨打造千亿级国际贸易企业集聚区，“大虹桥”有何吸引力?》，https://www.jiemian.com/article/8988973.html，最后访问日期：2024年7月21日。

② 如无特别标注，本节所列案例和数据均根据笔者于2024年7月实地调研虹桥进口商品展示交易中心获得的相关书面材料整理而成。

大进博会的溢出效应，为构建新发展格局提供了有力支撑。

（一）创新展示交易模式，延展进博会效应

虹桥品汇通过“展转保”模式，让进博会展品变为保税展示交易商品、展商变为贸易商，促进境外优质商品进入国内市场。通过保税展示交易、保展互转、跨境电商等便利化措施，降低企业运营成本，让消费者随时体验购买进博会商品。这一创新实践延展了进博会从“6 天”到“365 天”的效应，让更多消费者共享进博会红利。

虹桥品汇充分运用保税展示交易、保展互转、跨境电商等便利化措施，通过平台赋能和公益性服务，促进进博会“展品变商品”“展商变投资商”。“展转保”平台充分利用保税展商的交易功能，创新展品展示交易方式，帮助展商减少资金占用、减少传统经销模式下众多中间环节，降低运营成本，从而使进口商品以更有竞争力的价格在国内销售，让消费者青睐的商品以更快速度进入中国市场。截至 2024 年 6 月，虹桥品汇通过平台自营和海外商协会联营的方式，以进博商品畅购集、JAPAN MALL、咖啡港、酒窖等形式，累计为来自 120 个国家和地区 600 多家进博展商的 8 万多种商品提供从仓储、展示到导购、结算的一站式服务。

在先行先试的运营实践中，虹桥品汇二期 A 栋展销体验中心在发展实践中探索出了“政府引导、海关监管、国企负责，保税展示与交易结合、体验和培训结合、批发与零售结合、保税贸易与一般贸易结合、免税与完税结合、线上与线下结合”，试点实施“店库合一”和“前店后库”结合的“6+1”运营模式。通过策展型商业、体验式消费，打造出“仓展销、商贸办、工学训”九位一体新业态，丰富了“展转保”的创新实践。

（二）创新运营模式，辐射长三角市场

目前虹桥品汇已建成 5 万平方米的保税物流中心，为展商提供通关、仓储、分拨等全程服务，是辐射长三角的重要进口商品集散地。保税物流中心实现了“保转展”“展转保”等便利化措施常态化应用，吸引京东国际、盒马等龙头企

业入驻。虹桥品汇着力打造了高效运营平台，带动长三角进口贸易增长。

其中，虹桥商务区保税物流中心（B 型）（以下简称“虹桥 B 保”）于 2019 建成，共有 5 万平方米保税仓库和 2000 平方米监管仓库，是为展商参加进博会提供专业保障服务的前沿阵地。虹桥 B 保积极对接会展海关了解临时进境展品信息，主动对接主场物流承运商，做好进博会海关便利化措施的宣传，并在展会上扫台式拜访，介绍“展转保”“展转跨”操作方案，帮助展商了解“6 天+365 天”常年展示交易平台的功能作用，提供“展品变商品”的一站式服务。据统计，虹桥 B 保连续五届累计服务进博会展品货值超过 8000 万美元，其中，第六届进博会上通过保税参展的货物共计 18 批次，涉及 8 个国家和地区，总货值达 2447 万美元，为来自日本、瑞典、巴拿马、南非、新西兰等国家的家居用品、日用品、化妆品、保健品等展品提供保税延展和留购服务，无须退运出境。

案例　虹桥 B 保吸引全球顶尖企业入驻

奇石乐（Kistler）是工业细分领域的领先企业，成立于 1959 年，是一家瑞士家族企业。奇石乐精密机械设备（上海）有限公司为瑞士奇石乐集团在华投资的全资子公司，于 2020 年注册于虹桥 B 保，其全球制造工厂主要位于德国和美国。奇石乐主营的压电类传感器应用于众多行业和高端设备中，拥有领先的专业测量技术，也是动态压力、扭矩和加速度测量的全球市场领导者。奇石乐与虹桥品汇合作，依托虹桥 B 保及莘庄海关，创新应用便利化措施，推进新业务落地，2023 年实现进出口额达 6 亿多元。

（三）创新组织架构，扩大进博会影响

为进一步放大进博会效应，虹桥品汇在全国布局 29 个分中心，将“进博好物”带到各地消费者身边。通过品牌输出和商品展销，虹桥品汇将进博会效应辐射到长三角乃至全国，不断提升进博会的影响力和美誉度，成为虹桥品汇探索“立足上海、联动长三角、服务全国”的重要路径。

从规模看，目前各地建成的分中心单店面积从500平方米到3000平方米，按照面积大小分为虹桥品汇分中心和虹桥品汇专营店，按照经营方式分为集合店（零售+商务合作）和展厅（展示+商务合作）两种模式。分中心以促进“展品变商品”为主要目的、以虹桥品汇品牌输出为主要模式、以进博商品展销为主要手段，不断放大进博会的溢出效应。经过与各地合作方的磨合，目前已逐渐形成了一批各具特色有代表性的分中心项目。

（四）创新合作模式，促进多边经贸合作

通过搭建“上海国际友城港”项目平台，虹桥品汇积极促进上海与友城资源深度融合，成为国际经贸交流合作的重要窗口。通过举办各类主题活动，虹桥品汇成为各方开展经贸对接、商品推介、文化交流的首选地，为深化多边经贸合作搭建了广阔平台。

东方国际与上海市外事办公室合作建立“上海国际友城港”项目平台，旨在促进友城资源与进博会资源深度融合。2023年，项目组累计接待50国82个团组，包括16国总领事，斯洛伐克布拉迪斯拉发州州长、南非莎拉巴特曼市市长等高级别官员以及30多个海外机构；举办10场友城活动，包括韩国全罗南道线上经贸洽谈会、“魅力古巴”推介周、“中俄青年同走友谊路”上海站欢迎会等。2024年上半年，项目组累计接待16国31个团组，联动多家专业进口商，为外商提供产品进口、市场准入等咨询服务，通过撮合供需对接不断促进贸易转化。

（五）以特色项目引领，推进高质量发展[①]

虹桥品汇作为上海市支持打造的生产性互联网服务平台，通过开展一系列特色项目，引领虹桥国际中央商务区高质量发展。这些项目充分利用虹桥

① 如无特别标注，本节所列案例和数据均根据笔者于2024年7月实地调研虹桥进口商品展示交易中心获得的相关书面材料整理而成。

品汇的区位优势、资源优势和政策优势，围绕“进博会”这一主题，打造具有国际影响力和竞争力的特色品牌，促进虹桥地区经济社会的繁荣发展。

1.“虹桥国际咖啡港”项目

“虹桥国际咖啡港”项目旨在打造集人才培训、贸易促进和品牌成长于一体的咖啡产业发展平台。项目引进了雀巢、JDE 等知名咖啡品牌企业，嘉吉、熠果等生豆贸易商，香季、麦隆等全产业链企业，以及奥地利小红帽咖啡、越南中原传奇等特色品牌。“虹桥国际咖啡港”线上平台作为全产业链交易服务平台，以“制定标准、汇聚信息、培训人才、搭建场景”为愿景，通过撮合中心、人才中心、信息中心等功能模块，为咖啡产业链各主体提供“从种子到杯子”的一站式线上服务，致力于形成咖啡产业“上海标准”，并推向全国、走向世界，巩固虹桥品汇在咖啡产业全周期、全链条的核心地位。

2.“虹桥国际酒窖”项目

“虹桥国际酒窖”与东方直采相结合，旨在打造国内一流进口酒类交易平台。项目集进出口贸易服务、贸易担保服务、展示销售等功能于一体，吸引了人头马、奔富等品牌进驻，已有华饮、葡轩等 14 家企业注册。目前，虹桥国际酒窖已成为西上海最大的专业进口酒类集散平台，汇集了来自全球 46 个国家和地区、超 1500 个品牌的 5000 余款酒饮及周边产品。项目平台集中保税物流、下沉渠道以及各类政府补贴优势，为入驻企业创造便利，同时定期举办酒类产品商贸对接会、品鉴会、消费者市集等活动，为酒窖商户招揽人气和商气，构建新酒线下体验、线上撮合新场景，有力促进了虹桥地区进口酒类贸易的繁荣发展。

3.“丝路电商”直播基地项目

虹桥品汇直播基地作为上海市商务委首批认定“上海市直播电商基地”，已形成由品牌合作、MCN 机构合作、直播带货、直播培训和各类电商培训等组成的一站式直播服务平台。项目平台常态化服务进博会展商，为“丝路电商”伙伴国、共建“一带一路”国家企业和商品开展带货专场，推介柬埔寨腰果、新西兰蜂蜜、埃塞俄比亚咖啡等近百款商品，促进新品变爆品。通过“直播+保税”“直播+进博”“直播+产业”等新模式，项目平台正在培育百亿 GMV 的新业态，发挥着“丝路电商”辐射引领作用。2024 年以来，虹桥品汇直播基地已举办 3 场理论与实操相结合的直播电商公开课，为 17 个“丝路电商”伙伴国、共建“一带一路”国家的留学生提供直播电商培训，加强共建“一带一路”国家直播电商人才的培养。

4.“集合店2.0”模式

虹桥品汇立足进博会主题特色，加强商品结构升级，逐步形成了“品汇优选”和“品汇首发”两种商品结构。其中，“品汇优选”聚焦“精优稳”（精选刚需、优质低价、稳定货源）的供应商，组织“300+”核心爆品，提高复购率；“品汇首发”聚焦“新奇特”（新品牌新品种、奇特造型、特殊功能）商品，通过“周周有活动”打造“进博好物”消费体验中心。2019 年以来，虹桥品汇围绕“进博好物”组织了千余场促销体验活动，均引发购物热潮，迎来了数万消费者现场打卡，有力促进了虹桥品汇商品销售和客流增长。

综上所述，虹桥品汇通过开展“虹桥国际咖啡港”“虹桥国际酒窖”“丝路电商”直播基地等一系列特色项目，以及推行“集合店 2.0”模式，充分发挥区位优势、资源优势和政策优势，围绕进博会主题，打造具有国际影响力和竞争力的特色品牌，推动虹桥地区消费升级，引领虹桥国际中央商务区高质量发展。这些特色项目的成功实践，为虹桥品汇乃至虹桥地区经济社会的繁荣发展提供了有力支撑和持续动力，值得总结推广。

通过上述创新举措，虹桥品汇充分放大了进博会溢出效应。虹桥品汇的发展实践，为全国其他地区承接进博会溢出效应提供了可复制可推广的经验，为推动贸易高质量发展、构建新发展格局提供了有益探索。

三　虹桥品汇先行先试的主要制度创新

虹桥品汇作为进博会成果的集中展示地、进口商品集散地和国际贸易企业集聚地，在制度创新方面进行了诸多先行先试的有益探索，包括但不限于以下几个方面。

第一，建立全球新品首发平台。虹桥品汇搭建了一个集中展示全球新品的平台，鼓励海内外品牌在此首发新品，并提供一系列配套支持，如新品研发资金支持、新品首发活动策划等。这一平台有利于提升上海的国际消费资源集聚能力和新品首发影响力。

第二，探索免税业态新模式。虹桥品汇引进国际领先免税运营商，布局多种免税业态，如国际中转免税店、离境免税店等。同时创新发展“异地免税”模式，允许消费者线上购买、线下提货。免税业态创新有利于扩大免税消费，培育国际消费新增长点。

第三，打造数字化消费平台。虹桥品汇依托数字化手段，建设智慧商场、智慧物流等数字化消费场景，并推出数字专属礼遇、数字专属商品等创新服务。数字化转型有助于赋能商户经营，优化消费者体验，提升国际消费便利度。

第四，优化通关和口岸服务。虹桥品汇联合口岸部门，简化通关流程，压缩通关时间，为消费者提供更加便捷高效的通关和口岸服务。优化口岸服务有利于提升中国口岸的国际形象，为国际消费创造良好环境。

总的来看，虹桥品汇立足全球消费新品首发、免税业态创新、数字化消费等领域，大胆进行制度创新的先行先试，取得了富有成效的经验。这些制度创新有助于营造良好的国际消费环境，集聚国际消费资源，培育国际消费新业态新模式，对推动上海国际消费中心城市建设具有重要的示范意义。

四　虹桥品汇发展的未来展望

虹桥品汇通过开展一系列特色项目，在引领进博会高质量发展中取得了显著成效，但持续发展仍面临一些困难和挑战。

第一，外部环境不确定性增加。当前，世界经济复苏乏力，国际贸易摩擦和地缘冲突加剧，全球产业链供应链加速调整，给虹桥品汇引进国际品牌、开展国际贸易合作带来不确定性，也对虹桥品汇的客流和商户经营造成一定影响。

第二，同质化竞争压力加大。随着上海乃至长三角地区商业综合体的快速发展，特别是临空经济的崛起，虹桥品汇面临来自其他商圈和商业综合体的同质化竞争压力。如何进一步挖掘“进博”特色，培育差异化、专业化的业态组合，增强自身的比较优势和核心竞争力，是摆在虹桥品汇面前的重要课题。

第三，创新能力有待加强。在新一轮科技革命和产业变革的背景下，创新已成为引领发展的第一动力。虹桥品汇要充分利用虹桥商务区聚集的创新资源优势，加快5G、人工智能、大数据、区块链等新技术在进口商品集散、智慧物流、数字贸易等领域的应用，促进线上线下融合发展，提升智慧化管理和服务水平，增强发展的内生动力和创新活力。

针对以上挑战，未来虹桥品汇将全面对标国际一流标准，努力建设成为国内领先、世界一流的国际开放门户。

（一）打造国际高端商品展示交易中心

依托进博会溢出效应，虹桥品汇将进一步完善保税展示交易、智慧物流等功能，吸引更多海外高端消费品牌和供应商入驻，不断丰富商品品类，优化商品结构，满足国内消费者日益多元化、高品质的消费需求。同时积极引进国际知名专业服务机构，提供国际化、专业化配套服务，打造高端商品“首发地”“体验地”。

未来虹桥品汇将进一步突出“买全球、惠全国”的功能定位，利用现代物流技术，整合线上线下渠道，搭建立体化的分销体系，畅通高端消费品“引进来”和“走出去”的双向流通渠道。积极对接国内各大中心城市和重点旅游城市，打造辐射全国的高端商品集散分销中心。建立健全质量安全追溯、知识产权保护、诚信计量、纠纷调解等配套机制，为国内消费者提供“信得过、买得起、用得好”的进口商品。

（二）构筑全球贸易推广营销策源地

充分发挥进博会的巨大影响力和号召力，虹桥品汇将搭建常态化的贸易投资促进平台，聚焦新技术、新产品、新服务，开展形式多样的贸易推广、商业配对、项目路演等专项活动。积极吸引各国政府机构、行业协会、知名企业等设立常设机构，打造“永不落幕的进博会”。

围绕数字贸易、服务贸易、会展经济等特色领域，集聚国内外优质市场主体和专业服务资源，打造国际一流的行业创新协同发展平台。支持跨国公司、行业龙头等在虹桥品汇设立区域总部、采购中心、结算中心等功能性机构，引导更多优质外资项目在长三角落地见效。对标国际贸易投资新规则，推动以制度型开放助力贸易自由化、便利化，形成市场化、法治化、国际化的一流营商环境。

（三）打造面向全球的消费体验目的地

立足建设国际消费中心城市，未来虹桥品汇将进一步突出“引领消费、创造生活”的发展理念，吸引国际高端消费品牌集聚，引进先进零售技术和业态，开展沉浸式、体验式、互动式消费创新，打造具有国际影响力、吸引力的高端消费地标。

积极发展首发经济、夜间经济，引进自动售货、智慧商店等新零售业态，发展深夜食堂、24 小时书店、潮流集市等特色商业业态，推动文化创意、现代时尚等新兴消费，培育线上线下融合发展的消费新模式新热点，打造具有国际影响力的消费体验目的地，引领国内消费理念和消费时尚。

（四）率先构建数字贸易发展新高地

顺应数字经济发展大势，虹桥品汇将立足上海建设具有全球影响力的国际数字之都的战略定位，加快传统贸易数字化转型，率先培育发展数字贸易新业态新模式。作为国际数字贸易创新平台，虹桥品汇依托虹桥商务区得天独厚的区位优势，毗邻国家会展中心、虹桥交通枢纽，区位优势突出。虹桥品汇聚焦数字贸易全产业链，重点培育数字内容、数字服务、数字技术三大产业，推动数字经济和实体经济深度融合。

虹桥品汇将突出“国际、数字、体验”三大特色，致力于打造国际领先的数字贸易创新高地。通过强化数字贸易引领、跨境电商集聚、前沿技术赋能、多场景体验融合，构筑国内国际数字贸易的链接枢纽。力争将虹桥品汇打造成为全球数字贸易的“筑梦地”、中外数贸企业的“聚宝盆”、数字贸易创新的“策源地”，为构建国内国际双循环相互促进的新发展格局提供新动力。

总之，未来虹桥品汇将立足上海建设社会主义现代化国际大都市的新目标新定位，坚持创新引领、数字赋能、高端引领、开放协同的发展思路，着力打造国际消费体验、贸易投资促进、数字经济发展的重要载体，不断增强服务国内国际双循环的功能优势，加快建设成为链接国内国际市场的重要门户、全球资源配置的核心枢纽、技术创新策源地和高品质生活首选地，在长三角一体化和全国高质量发展大局中展现更大作为。

五　虹桥品汇对进博会和我国外贸发展的启示

虹桥品汇作为进博会的永久配套服务区，通过这几年的创新探索和成功实践，为新时期推动进博会提质增效、稳住外贸外资基本盘，进一步扩大高水平开放提供了诸多有益经验和启示。

（一）创新发展理念，打造高水平开放平台

进博会对推动我国高水平对外开放、促进外贸高质量发展发挥着重要作用。要以创新、协调、绿色、开放、共享的新发展理念为指导，打造具有全球影响力的国家级展会平台，为推动外贸创新发展提供新动力。

一是创新体制机制，打造开放创新高地。要借鉴国际先进经验，推动进博会运行机制与国际通行规则相衔接，构建与国际一流展会相适应的管理体系。创新“展示+交易+服务”一体化发展模式，推动展览展示、供需对接、

商务洽谈、成果发布等功能融合，打造国际贸易交流合作的重要平台。完善配套服务，提供通关、物流、金融、法律等专业化服务，营造良好营商环境。

二是优化资源配置，促进外贸优进优出。基于进博会溢出效应，推动进口商品、服务、技术等要素资源全球配置。举办进口商品展，引进国外优质消费品、装备制造、技术服务等，满足国内市场多元化需求。办好虹桥国际经济论坛，搭建国际交流平台，促进全球治理、双边区域合作等领域对话。鼓励中外企业在会期开展经贸合作，推动出口商品、服务贸易、对外投资协同发展。进一步叠加自贸试验区、自由贸易港等开放平台功能，打造高水平开放的新高地。

三是强化绿色导向，塑造可持续发展新优势。将绿色发展理念贯穿进博会筹办全过程，倡导绿色展览、绿色出行、绿色消费。鼓励参展企业展示节能环保产品、清洁能源技术，引领绿色生产和消费方式。推动环境友好型基础设施建设，实施垃圾分类、污水集中处理，提高能源资源利用效率。推广新能源车辆，建设充电设施。完善碳核算、碳披露机制，开展碳中和行动。加大生态环保、绿色金融等新兴产业导入力度，打造绿色产业集聚区，为高质量共建“一带一路”树立典范。

（二）坚持需求导向，培育外贸发展新动能

进博会要立足国内大循环，促进国内国际双循环，更好满足人民日益增长的美好生活需要。要顺应消费升级趋势，推动贸易、投资、消费、创新、服务协调发展，不断培育进口新动能，推动外贸高质量发展，为构建新发展格局提供有力支撑。

一是精准对接消费需求，打造进口商品集散地、体验地。紧扣人民群众多层次、多样化、个性化消费需求，优化进口商品供给，提升品质化、个性化、体验式消费。发挥进博会溢出效应，推动中高端消费品在华首发，打造全球新品首发地。创新消费场景和模式，引进智能化、沉浸式消费新业态，打造辐射全国的分销体系。办好“6 天+365 天”常年展示交易平台，促进

展会经济向实体经济持续赋能。以消费带动进口，更好地服务国内大循环。

二是加强招商引资，打造外资跨国公司集聚区。聚焦先进制造业、现代服务业、数字经济等重点领域，大力引进全球领先企业和关键项目。积极吸引外资企业设立地区总部、采购中心、结算中心、研发中心，打造高能级总部经济集聚区。搭建国别投资促进平台，创新以展招商、以商招商模式，提供全流程、专业化投资服务。发挥进博会投资促进作用，引导外资更多投向高端制造、现代服务等领域，助推贸易和投资自由化便利化。

三是激发创新活力，塑造外贸发展新优势。发挥进博会溢出效应，加快发展数字贸易、服务贸易、跨境电商等外贸新业态新模式，推动传统外贸数字化转型。支持企业加强核心技术攻关，推动科技创新成果转化应用，增强外贸发展内生动力。搭建开放创新平台，开展前沿技术、颠覆性创新、原创设计等国际交流合作。加强知识产权创造、运用、保护，建设知识产权保护高地，营造国际一流创新生态。塑造参与国际合作和竞争新优势，打造全球创新资源汇聚地。

（三）强化制度集成，打造高水平开放新标杆

进博会要以制度型开放为重点，加快形成更高水平开放型经济新体制。要对标国际最高水平开放形态，打造市场化、法治化、国际化营商环境，在投资自由、贸易自由、资金自由、运输自由、人员从业自由等方面先行先试，形成一批可复制可推广的制度创新成果，为全面提高对外开放水平提供示范。

一是打造高标准国际贸易投资新高地。全面实行准入前国民待遇加负面清单管理制度，推动服务贸易高水平开放，加快融入全球产业链、供应链、价值链。对标国际先进通行规则，完善外商投资促进、贸易便利化、知识产权保护等法律法规。创新国际贸易“单一窗口”管理，提升通关便利化水平。在财政税收、金融支持、人才引进等方面加大政策支持力度，打造一流营商环境。探索建设自由贸易园区，形成更高水平开放型经济新体制。

二是完善现代服务业开放综合试点。深化服务贸易创新发展试点，在数

字贸易、保税研发、融资租赁、服务外包等领域加大开放力度，打造数字贸易示范区。推进服务业标准、规则、管理等制度型开放，促进与国际先进水平相衔接。创新监管制度，完善信用体系建设，加强事中事后监管。加快发展创新型服务贸易，培育服务贸易发展新动能，打造现代服务业开放新高地，为进博会推动贸易高质量发展、建设现代服务贸易体系提供制度保障。

三是深化国际交流合作。依托进博会搭建国际交流平台，支持举办虹桥国际经济论坛等国际性会议，打造全球经贸合作新平台。吸引各国驻华机构、国际组织、商协会等来沪设立代表处，提供国别投资促进、国际商事仲裁等专业服务。办好进博会常年展示交易平台，吸引更多外资企业落户，打造国际企业集聚区。加强多双边经贸合作，推动区域全面经济伙伴关系协定、自由贸易协定升级，构建高标准国际经贸规则体系，为进博会打造国际交流合作重要平台提供有力支撑。

总之，虹桥品汇的成功实践充分体现了创新引领、开放协同的发展理念，彰显了需求导向、制度先行的改革精神，为进一步放大进博会的溢出效应、推动外贸外资高质量发展、扩大高水平开放、加快构建新发展格局提供了诸多有益经验和重要启示。站在新的历史起点，我国要立足国内国际双循环战略，坚持“引进来”和“走出去”并重，着力打造全球贸易高质量发展引领者、全球经济治理变革的推动者、人类命运共同体的践行者，在推动经济全球化健康发展中展现大国担当，在构建人类命运共同体中贡献更大力量。

B.12

放大进博会“展商变投资商”溢出效应 加快提升利用外资质量

聂新伟*

摘　要： 进博会作为全球唯一以进口为主题的国家级展会，自2018年以来已成功举办6届。本文以进博会促进“展商变投资商”的溢出效应为重点，基于历史演进的研究视角，结合定量分析和相关资料，认为贸易投资对接会、虹桥国际经济论坛等进博会专题论坛极大地释放了中国超大规模市场优势和营商环境持续优化完善的良好预期，推动参加“首发首展”的参展客商向加快布局中国“首店首厂”的投资商转变，为我国在新形势下稳外资规模、优外资结构，促进区域利用外资协调等提供了重要平台。为进一步放大进博会“展商变投资商”溢出效应，结合当前我国利用外资面临的挑战，建议进一步完善丰富展客商与采购商精准撮合对接机制，提升进博会与地方“引进来”“走出去”双向奔赴效能，进一步完善虹桥国际经济论坛引领全球经贸规则建设性对话交流功能。

关键词： 进博会　利用外资　溢出效应

引　言

相比全球金融危机之前的“超级全球化”时代，2008年后，全球化进

---

* 聂新伟，经济学博士，中国宏观经济研究院国土开发与地区经济研究所副研究员，主要研究方向为产业经济与区域开放政策研究。

入了“慢全球化”时代，突出表现为跨国贸易、投资等增长态势逐步放缓，并呈现出明显的收缩趋向。根据世界银行数据，在新冠疫情发生前，全球货物贸易占 GDP 的比重由 2007 年的 48.8%下降到 2019 年的 43.8%，下降幅度达 5.0 个百分点。全球跨境投资指标同样出现持续走低态势，其中全球投资净流入量占 GDP 的比重由 2007 年的 5.3%下降到 2019 年的 2.1%，降幅为 3.2 个百分点；全球投资净流出量占 GDP 的比重由 2007 年的 5.4%下降到 2019 年的 1.7%，降幅为 3.7 个百分点。[①] 在贸易、投资等全球联通性指标下降的同时，美西方等单边主义、贸易保护主义等全球化逆流，也在加快全球经贸规则重构，以期通过环境保护、劳工权益、知识产权保护、竞争中性等新的边境后规则壁垒，阻碍自由贸易背景下基于效率原则的产业链供应链分工格局继续演化，进而影响全球投资贸易流量与流向。在此形势下，是拥抱开放合作，还是关起门来“闭关自守”，成为各国面临的现实选择题。

习近平主席在首届中国国际进口博览会开幕式上的主旨演讲中强调，“举办中国国际进口博览会，是中国着眼于推动新一轮高水平对外开放作出的重大决策，是中国主动向世界开放市场的重大举措。这体现了中国支持多边贸易体制、推动发展自由贸易的一贯立场，是中国推动建设开放型世界经济、支持经济全球化的实际行动”。[②] 目前，中国国际进口博览会（以下简称“进博会”）已成功举办了 6 届，已成为中国构建新发展格局的窗口、推动高水平开放的平台、全球共享的国际公共产品。其中，作为进博会展期内时间最长、规模最大的贸易促进活动，贸易投资对接会已成为促进展客商深度交流与合作、助力“展商变投资商”的重要功能平台。中国国际进口博览局数据显示，2023 年 11 月 6~8 日举办的第六届贸易投资对接会，共举办超过 100 场投资对接等专项活动，达成合作意向 416 项，意向合作金额约

---

① 根据世界银行世界发展指数数据库相关数据（https://databank.worldbank.org/source/world-development-indicators）计算得到。

② 《习近平在首届中国国际进口博览会开幕式上的主旨演讲》，chinawto. mofcom. gov. cn/article/e/r/201811/20181102804075. shtml，最后访问日期：2024 年 3 月 5 日。

181 亿美元。[①] 随着进博会越办越好，“投资中国就是投资未来”成为参展客商的共识。

党的二十大报告指出，中国坚持对外开放的基本国策，坚定奉行互利共赢的开放战略，不断以中国新发展为世界提供新机遇，推动建设开放型世界经济，更好惠及各国人民。与此同时，加快构建新发展格局需要坚持“引进来”和“走出去”相结合。一方面，当前百年未有之大变局加速演进，尤其是美西方对我国遏制围堵打压，泛化国家安全概念以加大投资安全审查力度，造成跨国资本“中国+1”战略布局下产业转移步伐加快，影响了利用外资规模；另一方面，我国仍处于产业转型升级的关键阶段，通过高水平开放提升利用外资质量，加快培育和发展新质生产力，进而促进高质量发展成为重大现实抉择。2024 年 2 月，国务院办公厅印发《扎实推进高水平对外开放更大力度吸引和利用外资行动方案》，明确提出要“依托重要展会平台，开展‘投资中国’重点投资促进活动，向境外投资者全方位展现我国优质营商环境和投资机遇”。2024 年 3 月，中国发展高层论坛 2024 年年会上提出，我国将从加大科技创新、体制机制创新、高水平对外开放三个方面培育和发展新质生产力。[②] 2024 年 7 月，外资工作座谈会上强调，发挥好自由贸易试验区、国家级经济技术开发区、综合保税区、国家服务业扩大开放综合试点等各类开放平台的作用，办好重点投资展会，积极探索适应新形势的引资新思路新模式。[③] 在当前我国利用外资面临新形势新任务新要求的背景下，进一步放大进博会“投资中国”的品牌效应，发挥进博会国家级展会平台和助力“展商变投资商”的精准化引资渠道作用，极具重大现实意义。

---

① 《进博会贸易投资对接会收官，达成合作意向 416 项》，https：//new. qq. com/rain/a/20231109A09LVD00. html，最后访问日期，2024 年 7 月 27 日。

② 《郑栅洁：将从三方面采取措施　加快培育和发展新质生产力》，finance. people. com. cn/n1/2024/0324/c1004-40202057. html，最后访问日期：2024 年 5 月 5 日。

③ 《何立峰：深入学习贯彻习近平总书记重要指示精神　进一步做好吸引和利用外资工作》，https：//www. gov. cn/yaowen/liebiao/202407/content_6960456. htm，最后访问日期：2024 年 7 月 2 日。

一　进博会“展商变投资商”的投资促进效应逐步增强

习近平主席在首届进博会开幕式的主旨演讲中明确指出举办进博会的初心使命，就是欢迎各国朋友，把握新时代中国发展机遇，深化国际经贸合作，实现共同繁荣进步。六年来，进博会把促进“展品变商品”“展商变投资商”落在实处，进一步丰富展会功能和内容形式，着力做好展客商精准撮合对接工作，在拓宽经贸合作领域、扩大“朋友圈”的同时，也有力推动了世界分享中国大市场、共享中国新机遇，让合作共赢惠及开放型世界经济构建。

（一）推动外国品牌参展商变“首店首厂”

超大规模市场的需求优势是我国对外资最大的吸引力。中国巨大的消费市场对外资企业的吸引力越来越强，外资企业通过进博会实现中国本地化运作的需求也不断增长。[①] 换言之，从展商变投资商，根源在于中国强大的经济活力、市场引力和开放魅力。一是超大规模市场优势为首店经济提供动能。一方面，进博会成为展现我国消费扩容提质、认知和接受国外新品牌的重要窗口。在 2021 年第四届进博会期间，路威酩轩、开云、历峰三大奢侈品集团以及欧莱雅、雅诗兰黛等十大化妆品企业集团，携旗下众多品牌的新产品、新技术、新服务实现了“全球首发、中国首展”。另一方面，进博会更是让国外品牌企业认识到中国巨大市场资源优势而加快门店开设、拓展在华业务，放大了首店经济效应。以第三届进博会为例，70 多个国家馆实现首展后，将首店开设到上海全球商品贸易港。其中，法国轻奢珠宝品牌 DJULA 在第三届进博会实现首展后，就在上海外滩金

① 《120 多家外企组团赴川，是什么让展商加速变投资商?》，https：//www. gov. cn/xinwen/2021-07/09/content_ 5623870. htm，最后访问日期：2024 年 7 月 27 日。

融中心开设了第一家中国旗舰店，实现了新品牌从“全球首发、中国首展”到“首店开设”的转变。除日本免税店外，御银座在北京和上海开设了全球首家百货专柜和全球首家精品店。二是超大规模市场优势为产业链在华布局提供信心支撑。进博会在展示我国对外开放决心、彰显我国市场优势的同时，也为外资企业深耕中国市场注入了更多的确定性和正能量。作为进博会的老朋友，得益于进博会溢出效应，2021 年以来跨国公司英格索兰在上海闵行经济技术开发区和上海长宁区分别设立亚太地区技术研发中心和上海分公司，为中国市场提供更多节能高效的产品和服务。同样作为进博会的“老面孔”，松下电器在无锡、苏州和北京打造了三家零碳工厂，旨在加强新能源汽车领域相关设备的研发，分享中国能源转型机遇。

（二）改善外商投资乐观预期

进博会是一扇窗，中国看世界，世界也在看中国。近年来，进博会以“越办越好”为目标，无论是参展商还是专业观众，都能通过进博会感受到我国营商环境的新变化、新提升。一是进博会成为城市提升营商环境的有效路径。自 2019 年以来，每年进博会期间的城市推介大会成为各国在中国投资兴业的窗口。近年来，上海通过持续放大进博会溢出效应，不断完善市场化、法治化、国际化营商环境，加大知识产权和投资者权益保护力度，大力吸引和支持外资企业扎根上海、服务全球。[①] 2020 年城市推介大会启动上线的上海“一网通办”国际版，整合 61 类涉外服务事项、150 多项办事内容，涵盖政务服务、信息发布、营商环境、城市形象等四大板块，为 27 万名境外人士、9 万多家外资企业注册用户提供高效、便捷、精准的政务服务和政策信息。[②] 2021 年 9 月，首届南汇、金山城市开发推介大会召开，标志着进

---

① 《盛垒：“来上海、在中国、为全球”，树立高水平对外开放标杆》，https：//www. sass. org. cn/_ t31/2023/1108/c1201a556648/page. htm，最后访问日期：2024 年 6 月 25 日。

② 《上海“一网通办”有国际版了：涉外服务全覆盖，还有新闻资讯》，https：//www. thepaper. cn/newsDetail_ forward_ 9884572，最后访问日期：2024 年 7 月 27 日。

博会城市推介城区联动机制形成。在第六届进博会上，北京朝阳区招商推介会以“开放朝阳、共享未来”为主题，对朝阳区营商环境和相关政策进行专题推介。二是进博会成为推进制度开放创新突破的新动能。通过进博会推进制度开放，为国外企业进入中国市场提供更为便利的准入条件，是进博会“开放倒逼改革”的有效途径。例如，在首届进博会上，海关与其他监管部门创新制度与流程，运用“验放分离”和“边检边放”的创新监管模式，让新鲜牛奶仅用72小时就从新西兰农场走上中国消费者餐桌，创新政策试点逐步转为常态化运行，覆盖了越来越多的外资企业。2019年10月，推出“进口产品CCC免办自我承诺便捷通道”，将延长ATA单证有效期、允许展品在展后结转特殊监管区域等政策适用范围扩大至其他展会。2020年第三届进博会展期内，进口特殊食品临时许可证书在海关特殊监管区域或保税物流中心（B型）延长使用的时间从3个月调整为6个月。

（三）提升参展客商之间业务合作精准对接水平

进博会作为全球唯一的以进口为主题的国家级展会平台，对于各类展客商具有极大规模集聚效应，有助于实现供求主体精准对接，提升利用外资规模和质量。一是贸易投资对接会的集聚效应凸显。作为进博会展期内时间最长、规模最大的贸易投资促进活动，贸易投资对接会已经连续举办六届。其中，前五届贸易投资对接会已累计为来自100多个国家和地区的4200余家参展商和8600余家采购商提供贸易与投资对接服务，达成意向合作4800余项，在促进展客商意向成交和投资合作等方面发挥了重要作用。[①] 为进一步提升参展商与采购商的洽谈体验，深化双方合作交流，第六届贸易投资对接会围绕六大展区以及创新孵化专区设置产业专场对接活动的同时，也首次组建了“产业深度观展团”，并推出“流动集市”“快闪空间”等服务，大幅提升了参展商与采购商的对接质量。例如，第六届贸易投资对接会，共举办

① 《配套活动抢先看丨第六届中国国际进口博览会贸易投资对接会》，https://finance.sina.com.cn/jjxw/2023-10-16/doc-imzrhrkm4358697.shtml，最后访问日期：2024年6月7日。

超过 100 场投资对接等专项活动，达成合作意向 416 项，意向合作金额 181 亿美元。[①] 二是进博会大幅提升了地方自主招商引资的积极性和主动性。在过去五届对接会中，浙江累计邀请了 317 家世界 500 强、知名跨国公司、行业头部企业，与浙江省 968 家数字经济及高新技术企业、2300 余人开展交流对接，从不同领域、不同行业、不同数字场景和应用，进行思想碰撞、分享优秀经验，成为制度创新、平台集聚、规则探索的重要引擎。[②] 2023 年 9 月，在第六届进博会进入倒计时阶段，浙江省交易团已全面启动精准招商工作，并结合展区设置和本省产业特点，通过招商路演、供需对接等多种方式，广泛发动省内采购商参会，同时主动了解、及时反馈采购商需求，协助精准招商，扩大进博会在省内的影响力和覆盖面，架起沟通桥梁，力促合作共赢。[③] 在第六届进博会上，来自技术装备展区和服务贸易展区的 40 家世界 500 强、行业龙头企业与 130 余家浙江采购商进行对接洽谈，开启提前供需对接模式，更有参展商抢先“剧透”展品亮点，高效率的会前磋商为进博会注入了强劲生命力。此外，商务部创新开展的进博会走地方招商引资系列活动，极大提升了“投资中国”的品牌含金量，正吸引各国投资者选择中国、扎根中国，共享中国“开放红利”。

二　当前我国利用外资面临的挑战

疫情冲击和经贸摩擦造成全球经济复苏放缓和需求持续收缩，抑制了全球投资规模水平提升，尤其是以美国为首的西方发达国家积极推动产业链供应链“去中国化”，影响了流入中国的跨境投资流量与流向，利用外资挑战显著增加。

---

① 《进博会贸易投资对接会收官，达成合作意向 416 项》，https：//new. qq. com/rain/a/20231109A09LVD00. html，最后访问日期，2024 年 7 月 27 日。

② 《浙江“蓄势”共赴进博之约　共迎开放之机》，https：//www. chinanews. com. cn/cj/2023/09-26/10084719. shtml，最后访问日期：2024 年 7 月 1 日。

③ 《共赴进博之约　浙江交易团全面启动精准招商工作》，https：//zjnews. zjol. com. cn/yc/qmt/202309/t20230926_ 26267404. shtml，最后访问日期：2024 年 7 月 27 日。

（一）高技术领域国际合作面临美欧“脱钩断链”风险

近年来欧美发达国家泛化国家安全概念，加强核心技术出口管制，试图以技术创新垄断赢取并继续主导全球新一轮技术和产业变革，全球供应链创新链“脱钩”风险加剧。[①] 一是美国加强对中国高技术围堵遏制打压。一方面，通过采取“小院高墙”加大对中国高新技术企业精准打压力度。拜登政府上台以来，在维持特朗普政府关税壁垒的同时，开始把目光投向“在岸”产业，试图通过提供政府补贴、金融支持和其他激励措施引导制造业回流和移出中国。另一方面，积极推动搭建不同领域的产业链供应链联盟。拜登政府更注重将安全、人权等问题与产业链供应链重塑紧密结合，试图以共同的“价值观”“安全观”“利益观”绑定盟友，在高技术领域与中国展开竞争。

二是欧盟积极推动科研和技术合作“安全审查”。在俄乌冲突影响下，近年来欧盟明显加强了对科技和投资方面的安全审查，以期避免对中国等供应链等形成过分依赖。2024 年 1 月，欧盟委员会通过了一项全面的“欧洲经济安全一揽子计划”，包括《关于审查外国投资新条例》提案、《对外投资白皮书》、《出口管制白皮书》、《关于研究安全的建议》提案和《关于加强对具有双重用途潜力技术研发支持的白皮书》5 项新举措，[②] 提出将加强关键敏感技术的对外投资审查，推动科研安全审查范围扩大到欧盟整个研究和创新部门，以及强调科研国际合作采取“尽可能开放，必要时关闭”的原则。这些举措将极大地限制甚至阻碍中欧研究与技术合作。

（二）利用外资出现总量增速放缓和区域结构性放缓态势

一是外商投资延续走低态势。根据商务部数据，从总量看，以美元计，2023 年我国实际利用外资规模为 1632.5 亿美元，同比下降 13.6%。以人民

---

① 聂新伟：《大国强国“双循环”格局构建的历史演变与经验启示——基于日本、美国、苏联和俄罗斯的研究观察》，《财经智库》2023 年第 6 期。

② 高荣伟：《欧委会出台“欧洲经济安全一揽子计划”》，《中国投资》2024 年第 3 期。

币计，2023 年我国实际利用外资同比下降 8%。① 外汇局数据显示，2023 年中国直接投资负债为 427 亿美元，降幅较大。② 2024 年以来，我国利用外资继续走低，前 5 个月，我国实际利用外资 580.75 亿美元，较 2023 年同期下降 31.1%（见图 1）。从结构看，2023 年我国制造业和服务业实际利用外资规模均出现负增长，其中制造业同比下降 1.8%，服务业同比下降 13.4%。③

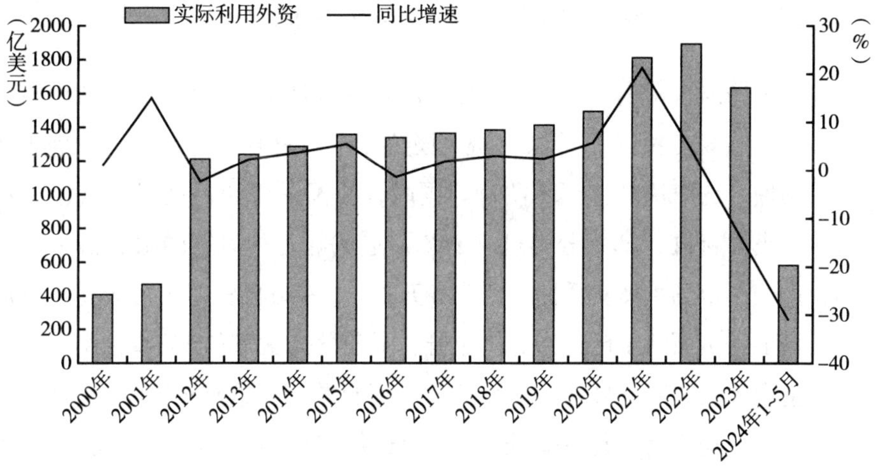

图 1　2000 年至 2024 年 1~5 月我国实际利用外资规模和增速变化情况

资料来源：根据国家统计局编《中国统计年鉴 2023》（中国统计出版社，2023）有关数据整理。

二是各地引资招商难度加大。长期以来，东部地区作为我国对外开放前沿，利用外资规模一直处于领先地位，但近年来部分省市利用外资规模增长出现明显放缓趋势，实际利用外资项目落地规模缩减。从重点城市看，④ 近年

① 冯其予：《商务运行基本盘保持稳定》，https：//www.gov.cn/yaowen/liebiao/202401/content_6929122.htm，最后访问日期：2024 年 7 月 28 日。

② 邹碧颖：《如何看 2023 年中国吸引外商直接投资情况?》，https：//finance.sina.com.cn/wm/2024-02-22/doc-inaixcqm6421010.shtml，最后访问日期：2024 年 7 月 27 日。

③《中国 2023 年吸引外资 1.1 万亿　高技术产业引资创新高》，https：//finance.sina.cn/2024-01-22/detail-inaeizvi8225189.d.html，最后访问日期：2024 年 7 月 27 日。

④ 深圳市和浙江省利用外资数据分别来自《深圳市 2023 年国民经济和社会发展统计公报》和《2023 年浙江省国民经济和社会发展统计公报》。

来，深圳市实际利用外资规模出现持续走低态势，2023 年为 89.5 亿美元（626.2 亿元人民币），较 2021 年净减少 20 亿美元，同时增速下降幅度较大，2023 年利用外资增速为-12.3%，较 2022 年和 2021 年分别下降 12.2 个和 38.6 个百分点。从外贸大省看，浙江利用外资增速下降，2023 年同比增速为 4.8%，较 2022 年和 2021 年分别下降 0.4 个、11.6 个百分点。

（三）对接国际高标准经贸规制等存在短板弱项

我国市场准入特别措施等对接国际规则不够明晰，尤其表现为负面清单中“按照现行规定执行”“按照相应规定执行”“符合一定条件的”等表述过于原则性，法律法规依据不明确。同时，我国采用的仍是国内《国民经济行业分类》标准，部门分类过于笼统，造成与之相对应的限制措施不够精确，影响了市场主体实质性经营业务开展。[①] 海南自贸港作为最高开放形态，外商准入负面清单已允许实体注册、服务设施在海南自贸港内的企业面向自贸港全域及国际开展增值电信业务，但目前试点进展依然不大。同时，在数据跨境流动方面，自 2022 年 9 月 1 日《数据出境安全评估办法》颁布以来，海南网信办开通申报通道，制定发布《海南省数据出境安全评估申报指引（第一版）》、设立申报咨询电话、发布申报工作系列问答，明确申报流程、内容、方式和要求，积极主动指导企业开展申报，但 2023 年底海南自贸港才有首家企业通过国家网信办数据出境安全评估。[②] 中国标准的国际化之路依然任重而道远。

三　放大进博会溢出效应、提升利用外资质量的政策建议

依托进博会贸易投资对接会、虹桥国际经济论坛等窗口平台作用，加快

① 聂新伟：《大国强国“双循环”格局构建的历史演变与经验启示——基于日本、美国、苏联和俄罗斯的研究观察》，《财经智库》2023 年第 6 期。

② 《海南首家企业通过数据出境安全评估》，《海南日报》2023 年 11 月 15 日，第 4 版。

推动采购商和参展商协调对接机制进一步完善，不断放大进博会“展商变投资商”溢出效应，提升利用外资规模和质量水平。

（一）完善进博会贸易投资对接会“展客商精准撮合对接”机制

立足进博会国家展、企业商业展等交流平台，聚焦“展品变商品”“展商变投资商”，进一步丰富进博会贸易投资对接会功能，通过产业企业等专场对接活动，提升参展企业对我国超大规模市场需求优势的认识，实现由“首发首展”向“首店首厂”的转变。利用贸易投资对接会活动，加强稳外资、稳外企信心等一系列政策举措宣传推介，着力解决新形势下在华外资企业面临的发展堵点、难点、痛点，持续营造鼓励支持外商投资发展的良好环境，不断增强外资企业在华拓展业务信心，牵引带动更多外资企业由“首发首展”向“首店首厂”转变，提高利用外资规模和质量水平。加大对一流贸易企业的招引力度，支持高端消费品品牌跨国公司设立亚太和全球分拨中心，构建面向中国市场的营销平台。加大跨国公司总部招引力度，注重加强与欧美等跨国企业高层沟通，推动跨国公司贸易型总部集聚，并鼓励其在上海等长三角地区设立资金管理、研发、结算平台，打造亚太地区供应链管理中心、资金结算和研发中心。加大细分行业优秀企业引资力度，针对“隐形冠军”企业和成长爆发性强、技术和模式先进的“独角兽”企业，积极开展精准招商，鼓励其在中国发展壮大。加大创新型企业引资力度，聚焦高新技术参展企业，主动加强投资合作，通过并购等方式引进海外创新资源，提升国际化创新能力。

（二）提升“进博会走地方”和“地方到进博会”等双向招引水平

以优化利用外资空间布局为导向，按照《外商投资产业指导目录》、《中西部地区外商投资优势产业目录》和《鼓励外商投资产业目录》等的要求，鼓励各地围绕资源要素禀赋、重点产业发展，与进博会形成“引进来”和“走出去”双向协调互促的关系，实现深度对接。着力发挥上海开放枢纽门户作用，加快构建形成上海“进博会”与长三角一体化发展、长江经济带建设、中部崛起等区域战略协调联动，进而辐射带动全国的开放合作新空间格局，持续提升进博会“开放平台”的辐射带动效应。积极创新“进博会走地方”交流对接机制，聚焦“打造永不落幕的进博会”初心使命，结合各地特色实际、产业招引方向等，持续拓展“进博会+地方/平台”专项路演推介活动形式内容，针对性邀请进博会参展商、投资促进机构和跨国公司，提高地方与进博会参展商精准对接水平。持续巩固提升地方参与进博会的积极性和主动性，结合展区设置和地区产业特点，积极支持地方招商团、特色优势产品和服务品牌企业，通过虹桥国际经济论坛、贸易投资对接会等贸易投资促进平台窗口，主动了解、及时反馈采购商需求，推动供需精准对接，不断扩大进博会在地方的影响力和覆盖面，实现多方互利共赢。

（三）发挥虹桥国际经济论坛平台作用

一是提升外资准入自由化便利化水平。积极发挥虹桥国际经济论坛建设性对话交流作用，重点围绕“开放发展”“开放合作”“开放创新”“开放共享”等22个分论坛，聚焦自由贸易全球化、多边贸易体制机制改革方向，以及投资贸易自由化便利化等，推进自贸试验区（港）等新时代改革开放新试验田与我国自贸协定签约国开展战略对话交流，切实将自贸试验区（港）打造成我国自贸协定谈判“共性难点、焦点问题”先行先试的试验田。优化“准入前国民待遇+负面清单管理”的准入制度，围绕产业基础高级化、产业链现代化，加快推进产业领域开放举措落地见效。深入贯彻落实国家全面取消制造业领域外资准入限制措施，鼓励外资企业积极投资高新技术产业，支持在华外资企业利润再投资，不断扩大业务范围，支持外资企业通过再投资内资企业或设立分支机构、经营网点、合作机构等，深耕中国市场。

二是提高对接国际经贸规则主动性。发挥进博会高水平开放试点窗口作用，积极对接CPTPP、DEPA等高标准经贸规则，以信息服务、创新设计、教育培训、医疗服务、现代金融、现代物流、科技服务等高技术服务业为重点，稳步有序放开服务业外商投资股比限制等。积极加强科研领域国际合作，重点围绕新质生产力发展和创新要素加快集聚，鼓励外资积极设立研发创新平台和功能性总部，支持国外高等教育机构、跨国企业、研发机构与国内高校、科研机构、国有及民营企业合作，共同参与政府重大科研和工程项目、联合申报各级各类科技发展计划项目。鼓励外资研发机构具有自主知识产权的技术和成果进入国内技术交易平台等进行交易。

B.13
进博会促进国内消费提质扩容

赵京桥*

摘　要： 国家主席习近平在向进博会致信中肯定了进博会对加快构建新发展格局和推动世界经济发展做出的积极贡献。作为构建新发展格局的窗口，进博会在促进国内消费提质扩容上发挥了积极作用。本文分析了进博会促进国内消费提质扩容的作用机制，认为进博会顺应了国内消费发展的趋势，丰富了消费选择，扩大了国内消费，促进了国内消费升级，推动实现品质化、健康化、绿色化发展。最后，本文提出了进一步发挥进博会对国内消费提质扩容的促进作用的建议，更好地满足美好生活需要。

关键词： 进博会　消费　提质扩容

引　言

当前，我国正处于以中国式现代化推进全面建设社会主义现代化国家的新征程上，高质量发展是全面建设社会主义现代化国家的首要任务。党的二十大报告提出，“实施扩大内需战略同深化供给侧结构性改革有机结合起来，增强国内大循环内生动力和可靠性，提升国际循环质量和水平”，要“着力扩大内需，增强消费对经济发展的基础性作用和投资对优化供给结构的关键作用”。国家主席习近平在向第六届中国国际进口博览会（以下简称“进博会”）致信中肯定了进博会对加快构建新发展格局和推动世界经济发

---

* 赵京桥，经济学博士，中国社会科学院财经战略研究院学术档案馆副主任；主要研究方向为服务经济、消费经济。

展做出的积极贡献。作为构建新发展格局的窗口，进博会持续扩大国际新消费产品和服务的展览与引进规模，吸引全球优秀消费品牌、厂商扎根中国，对促进国内消费提质扩容，进一步增强消费对经济发展的基础性作用，推动高质量发展做出了积极有效的贡献。

一是消费提质扩容符合以人民为中心的发展理念。发展的落脚点是人民，消费是社会再生产过程的最终环节，是人民群众最终需求的体现，促进消费提质扩容可以更好地满足人民群众对美好生活的需要。二是消费提质扩容可以推动经济实现质的有效提升和量的合理增长。一方面，消费提质有利于从需求侧引导供给侧结构性改革，提高经济发展质量；另一方面，消费扩容有利于增强经济发展动力，消费已经成为中国经济增长的基础动力，无论是在规模上还是在增长贡献上都占据了重要地位。三是消费提质扩容可以加快构建以国内大循环为主体、国内国际双循环相互促进的新发展格局。消费是连接国内循环和国际循环的重要环节，促进消费提质扩容可以进一步增强消费对经济的基础性作用，“增强国内大循环内生动力和可靠性，提升国际循环质量和水平”①。

一　进博会促进国内消费提质扩容的作用机制

进博会，作为中国构建新发展格局的重要窗口和推动高水平对外开放的重要平台，是促进国内消费提质扩容的重要举措。从连续六年举办的效果来看，进博会主要通过产品进口展示、生产流通网络、产业升级、文化发展和人员交流等多个层面发挥作用，促进国内消费提质扩容。

（一）引进全球优质消费品丰富国内消费选择

进博会通过引进全球优质消费品进一步丰富国内消费选择，提高消费品

① 《高举中国特色社会主义伟大旗帜　为全面建设社会主义现代化国家而团结奋斗——在中国共产党第二十次全国代表大会上的报告》，http：//www. xinhuanet. com/politics/leaders/2022-10/25/c_ 1129079429. htm，最后访问日期：2024 年 8 月 29 日。

质和消费体验是促进国内消费提质扩容最直接的作用机制。进博会秉承开放原则，通过政府邀请和企业招商等多种方式邀请全球上百个国家、地区的优质厂商参加展会，集中展示了全球各地的优质消费品，包括食品、日用品、电子产品、汽车、医疗保健及相关服务等多个领域。国内进口商、媒体及消费者可以通过进博会的展台更便捷、更直接地了解和体验这些消费品，了解其特点、功能和优势。这些消费品往往拥有较高的品质和先进的技术水平，为消费者提供独特的体验，提供新产品和服务消费体验，更好地满足高品质消费需求，促进消费扩容和升级。

（二）扩大国内市场全球优质消费品供给

进博会搭建的投资平台和渠道，可以帮助全球优质消费品牌、产品快速扩大国内市场供给，匹配消费需求，加快促进国内消费提质扩容。一方面，进博会集聚了国内多个省、区、市地方招商平台和工厂资源，有助于帮助计划在中国投资建厂的全球厂商更快地匹配地方招商资源，或者帮助品牌厂商与国内制造商开展生产合作，快速实现本土化生产；另一方面，进博会汇集了国内进口商、品牌代理商和渠道商，很多消费品牌可以更加快速地与本地流通企业合作，了解国内消费市场，建立本土化产品渠道和服务网络。

在扩大国内市场全球优质消费品供给上，除了有助于全球优质消费品在本地生产和流通外，进博会还通过优化进口商品消费相关政策，如跨境电商政策的优化和免税政策的完善等，提高全球优质消费品进口便利度，提高国内循环和国际循环质量，促进消费提质扩容。

（三）提升国内相关消费品产业竞争力

从中长期来看，进博会通过提升国内相关消费品产业竞争力的方式，间接地促进国内消费提质扩容。一方面，进博会将国际先进消费品企业引入国内市场，会在一定程度上提升市场竞争力水平，激发国内企业创新动力，加速技术创新和管理升级，进一步提高国内产品的竞争力；另一方面，进博会吸引了全球优秀供应链企业和生产性服务企业集聚展会，可以帮助国内消费品企业优化全球供应链，提高供应链效率，有助于降低企业成本，提高产品质量。

（四）引领优秀消费文化发展和融合

进博会对消费的作用还体现在通过引领优秀消费文化发展和融合来促进国内消费提质扩容。一是进博会积极推广可持续发展的消费理念。进博会上展示的绿色、健康、可持续的消费品，有助于推广可持续发展的消费理念，引导消费者形成负责任的消费行为。二是进博会逐步培养品质消费观念。进博会通过引入高端消费品，引导消费者形成品质消费的观念，促进了消费文化的升级。三是进博会促进了全球消费文化的交流与融合。进博会不仅是商品交易的平台，也是文化交流的桥梁，展示了来自世界各地的文化和生活方式，促进了不同文化之间的理解和尊重，促进了文化交流和互鉴。这种文化的交融有助于丰富与拓展消费者的知识和视野，促进了消费文化的多元化，形成了更加开放和包容的消费观念，有助于促进社会的多元发展和和谐共生，构建人类命运共同体。

（五）吸引境外消费者入境消费

进博会在构建人类命运共同体的理念指引下，为全球展示了中国巨大、开放的消费市场，为全球企业提供了一个共享中国发展机遇的平台，成为连接国内外企业、国内外市场的重要桥梁，吸引了诸多外资企业来中国经营，也吸引了更多外国人士来开放的中国工作、消费。这为国内消费市场注入了新的消费活力，有利于促进国内消费提质扩容。

二　进博会顺应当前我国消费发展趋势

随着经济的发展、居民收入水平的提高，我国消费市场规模不断扩大，消费水平不断提升，消费结构持续优化，并且随着消费群体结构的变化，消费者对全球高品质产品和服务，特别是健康、养老、科技、特色、绿色产品和服务的需求持续上升。进博会的持续举办，为全球优质消费产品和服务提供了展示平台，顺应了中国消费市场的发展，有利于促进国内消费提质扩容。

（一）进博会顺应了消费市场规模化发展趋势

中国式现代化是人口规模巨大的现代化，是全体人民共同富裕的现代化。在这个进程中，巨大规模的人口和收入水平的提高，必然会形成全球规模巨大的消费市场，我国将成为全球消费品厂商的重要目标市场。“十三五”以来，我国最终消费规模保持稳定增长，除了受到新冠疫情影响的2020年、2021年和2022年外，其他年份的最终消费率都处于55%以上（见图1），2023年，最终消费规模约70万亿元，其中居民消费规模达到49.3万亿元，占比约70%，比2022年增加了4万多亿元（见图2）。由此可以看到，我国消费市场不仅规模巨大而且拥有规模化的新增市场空间，给全球消费品带来了很多发展机遇。同时，规模化的消费市场发展需要不断丰富消费品品类和层次，为市场引入更加多样化、国际化的消费品选择。从中国消费品进口规模来看，到2023年，中国消费品进口规模达到2.00万亿元，比2017年增长了约82%（见图3）。进博会为全球消费品进入中国提供了展示平台，打开了中国市场大门。

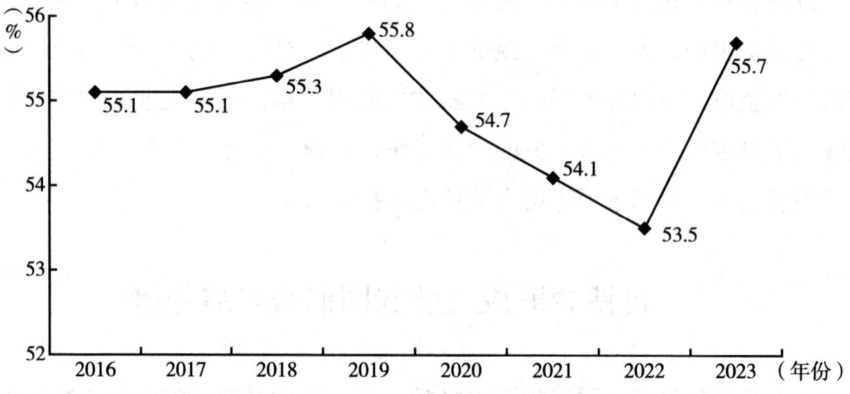

图1　2016~2023年中国最终消费率变化

资料来源：国家统计局。

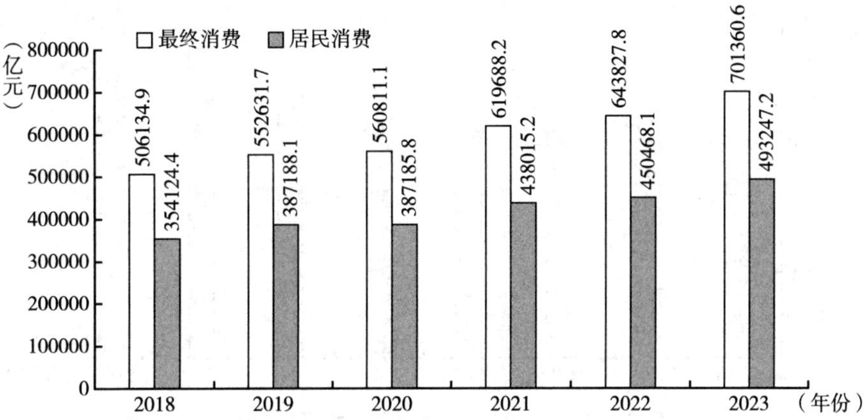

图 2　2018~2023 年中国最终消费和居民消费规模变化

资料来源：国家统计局。

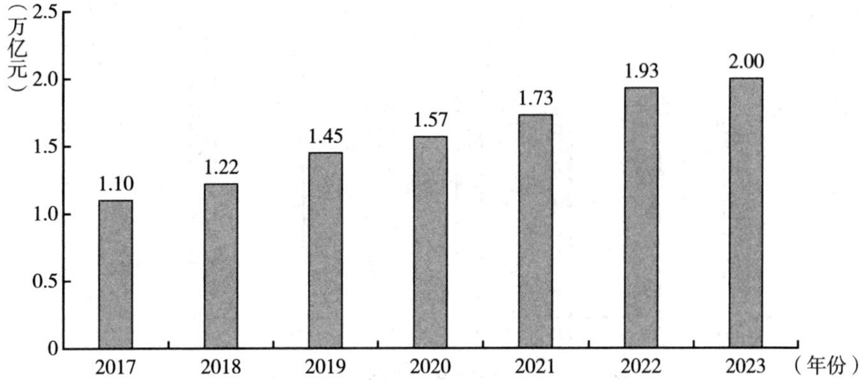

图 3　2017~2023 年中国消费品进口规模

资料来源：海关总署。

（二）进博会顺应了消费市场品质化发展趋势

随着中国居民收入水平的上升，居民消费水平不断提高。2023 年，居民人均可支配收入达到 39218 元，比 2016 年增长了 64.6%（见图 4）；居民消费水平达到 34964 元，比 2016 年增长了 68.1%（见图 5）；居民人均消费支出达到 26796 元，比 2016 年增长了 56.6%（见图 6）。

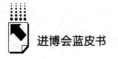

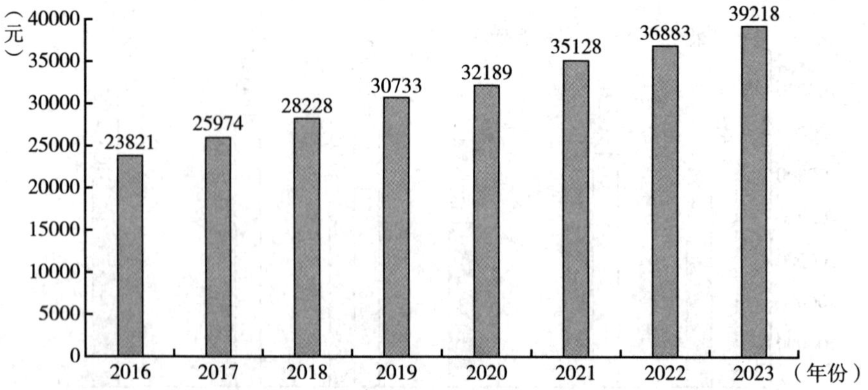

图 4　2016~2023 年中国居民人均可支配收入

资料来源：国家统计局。

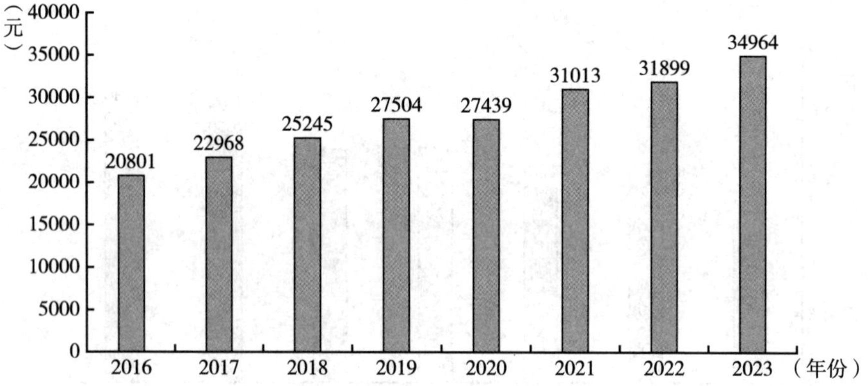

图 5　2016~2023 年中国居民消费水平

资料来源：国家统计局。

居民消费水平和居民人均消费支出的不断增长推动了居民对消费质量要求从量变到质变的改变，特别是 2020 年全面建成小康社会以后，消费市场品质化发展已经成为居民消费水平提升的重要表现，也是居民生活品质提高的重要内容。《中华人民共和国国民经济和社会发展第十四个五年规划和 2035 年远景目标纲要》（以下简称"'十四五'规划"）提出，要"顺应居民消费升级趋势，把扩大消费同改善人民生活品质结合起来，促进消费向绿色、健康、安全发展，稳步提高居民消费水平"。连续举办六届的进博会一直把品质、绿

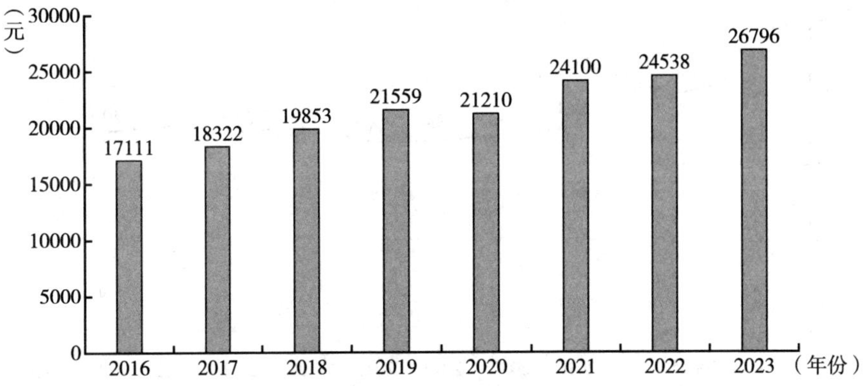

图 6　2016~2023 年中国居民人均消费支出

资料来源：国家统计局。

色、健康的全球消费品引入中国消费市场，顺应了消费市场品质化发展趋势，也加快了中国消费绿色、健康和安全发展，提高了居民生活品质。

（三）进博会顺应了消费市场服务化发展趋势

随着中国居民消费水平的提高，居民消费支出结构逐渐优化，一方面，食品类支出占消费支出的比重呈现长期下降趋势，恩格尔系数从 21 世纪初的 40.5%逐步下降，到 2017 年处于 30%以下水平，仅在 2020 年和 2022 年回到 30%以上（见图 7）；另一方面，居民人均服务性消费支出整体呈现上涨态势，2023 年，居民人均服务性消费支出达到 12114 元，在居民人均消费支出中的比重已经超过 45%，接近 2019 年的水平（见图 8）。无论是恩格尔系数的变化还是服务性消费支出的发展趋势，都表明中国居民消费更加注重消费品中的服务价值，更加注重消费品在精神层面的消费满足，对服务产品的需求不断增长。从国家统计局于 2023 年 7 月开始公布的服务零售额指标来看，服务零售额增速要快于社会消费品零售总额增速（见图 9）。进博会顺应了消费市场服务化发展趋势，历届进博会都把服务贸易作为重要展区，同时在全球招商中非常注重高服务价值消费品的引进，更好地满足中国消费市场的服务性消费需求。

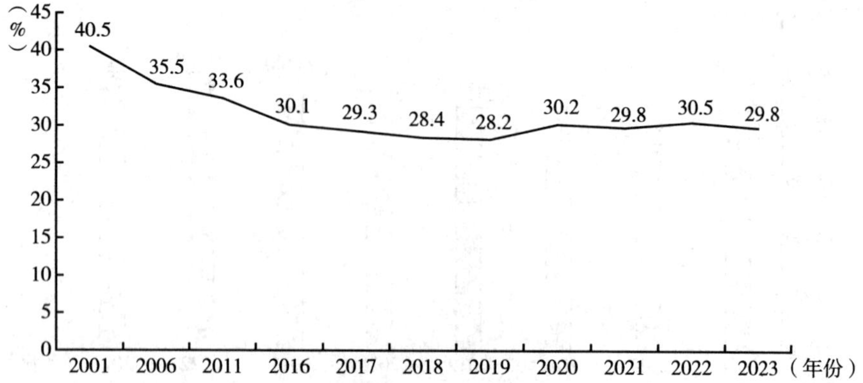

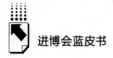

图 7　中国恩格尔系数的变化情况

资料来源：国家统计局。

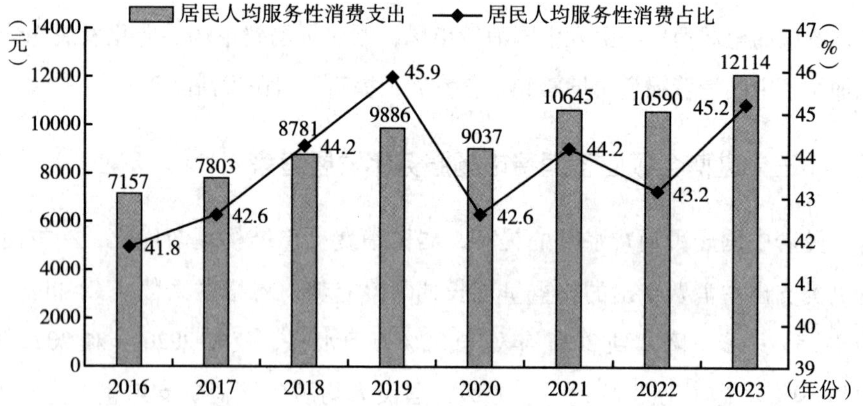

图 8　2016~2023 年中国居民人均服务性消费支出及其占比

资料来源：国家统计局。

（四）进博会符合中国老龄化社会消费需要

老龄化是中国人口年龄结构变化的重要趋势，2023 年，中国 65 岁及以上人口规模达到 2.17 亿人，占人口的比重超过了 15%（见图 10），并且未来老龄人口规模会进一步扩大。因此，在老龄化社会中，老龄群体越来越成为消费市场的重要群体，而如何满足老龄群体自身的美好生活需要以及子女对父母的养老服务需要成为当前和未来中国在供给侧方面亟待完善的重要领

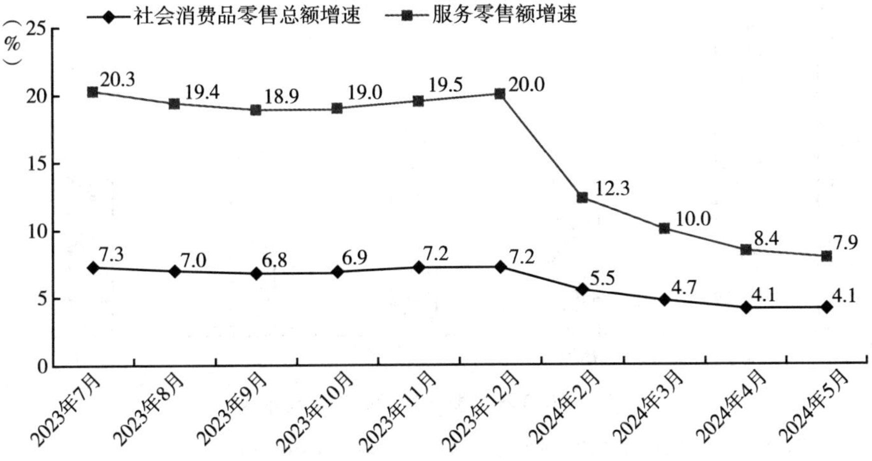

图 9 中国社会消费品零售总额增速与服务零售额增速

资料来源：国家统计局。

注：国家统计局 2024 年 1~2 月的数据为合并公布。

域。而在老龄化社会的商品和服务供给上，已经进入深度老龄化的发达国家在银发经济发展上更为成熟，如日本、法国、德国、英国、美国等（见图 11）。因此，进博会引进发达国家老龄化社会的相关产品和服务满足了中国老龄化社会的消费需要。

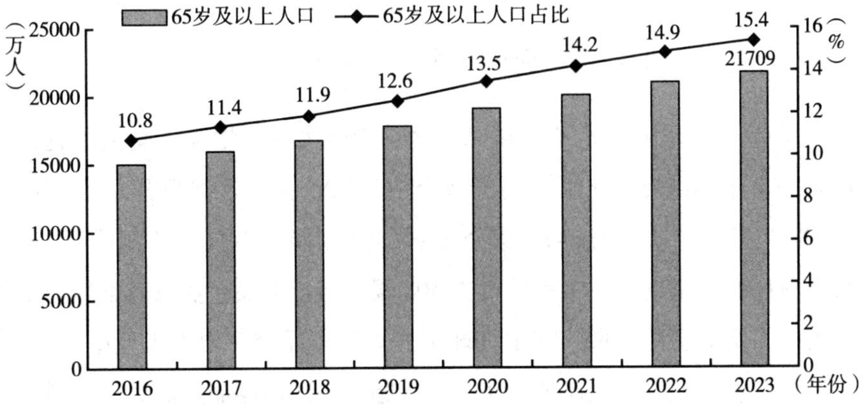

图 10 2016~2023 年中国 65 岁及以上人口规模及其占比

资料来源：国家统计局。

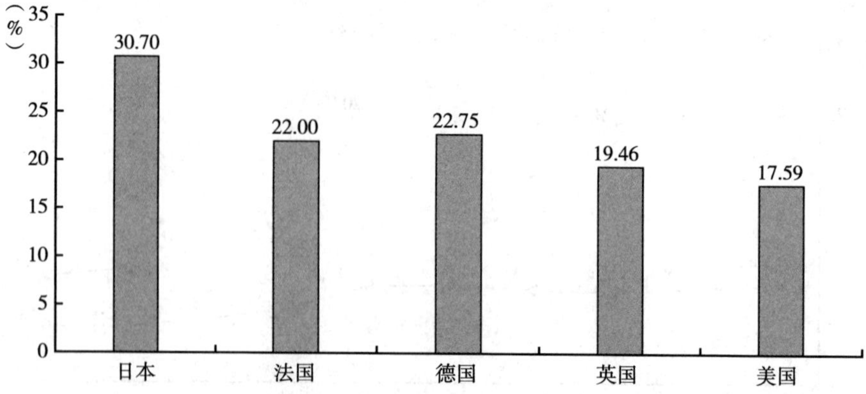

图 11　2023 年主要发达国家老龄化情况

资料来源：世界银行数据库（https：//data. worldbank. org. cn/）。

三　进博会促进国内消费提质扩容的主要成果

从 2018 年开始，连续六届进博会充分发挥其促进国内消费提质扩容的作用机制，特别是第六届进博会，在理念、招商、展览、论坛等方面积极顺应国内消费发展趋势，在实践中持续为促进国内消费提质扩容做出了积极贡献。

（一）丰富的消费选择促进消费品质提升

进博会从 2018 年首次举办以来，全球影响力日益增强，受到了越来越多国家和企业的重视。在第六届进博会中，72 个国家和国际组织亮相国家展，128 个国家和地区的 3486 家企业参加企业展，不仅总体规模创新高，而且企业质量越来越好，参展的世界 500 强、行业龙头企业以及创新型中小企业的数量均为历届之最，其中全球十五大整车品牌、十大工业电气企业、十大医疗器械企业、三大矿业巨头、四大粮商等悉数参展。同时，进博会为部分发展中国家提供了免费展台，帮助它们把当地优质的产品带到中国，如第六届进博会为 100 多个来自最不发达国家的企业提供免费展位，使得世界最不发达国家的产品进入了中国市场，走向了世界市场。六届进博会的举办，使越来越多的国外优质商品进入中国市场，不断丰富了国内消费市场的选择，让消费者不出国门就能“买全球”，既能满足品质消费需求，也能体验独具特色的异国文化，充分享受经济全球化带来的红利，为国内消费市场提质扩容创造了更大空间。

（二）积极拓展新消费

进博会自开展以来，非常重视将全球新产品、新技术和新服务引进中国市场，为中国创新发展注入强大动力，也为中国消费市场拓展更多新消费空间。据统计，第六届进博会累计有 2400 多项新产品、新技术、新服务首发，其中第六届进博会集中展示了 442 项代表性首发新产品、新技术、新服务。六年来，进博会是全球创新产品的首发地与聚集地，也是持续加速创新落地的引力场。中国巨大的市场进一步增强了进博会的“首发效应”，使得各国越来越多的企业纷纷将进博会作为其全球新品的首发地、前沿技术的首选地、创新服务的首推地，利用进博会把新产品推向中国市场，迅速形成消费规模。这也使得中国消费者可以借助进博会这个全球新品发布平台，体验更多新产品、新技术、新服务。

除了新产品、新技术、新服务的集中首发展示，进博会还积极通过举办高层次论坛等方式，加强国内与国际消费研究机构、行业协会、品牌企业的沟通交流，推动新消费发展。在第六届进博会上，第六届虹桥国际经济论坛消费分论坛以“洞察消费新趋势　激发消费新潜能”为主题在国家会展中心（上海）举办。该论坛邀请诺贝尔经济学奖得主、行业协会、跨国企业负责人等，围绕中国消费结构进行再分析、再判断，透视中国消费主体人群呈现的新趋势、新特点，为消费决策痛点以及成因“把脉问诊”，探求激发消费新潜能的新举措、新方法。[①]

① 《第六届虹桥论坛分论坛丨为消费市场行稳致远贡献虹桥智慧——“洞察消费新趋势　激发消费新潜能”分论坛》，https：//www. ciie. org/zbh/cn/19news/dynamics/voice/20231112/41822. html，最后访问日期：2024 年 8 月 29 日。

（三）推动消费绿色转型

绿色发展是贯彻落实习近平生态文明思想的重要理念，是新时代重要发展理念，也是中国式现代化的重要特征。2019 年 9 月，国家发展改革委印发了《绿色生活创建行动总体方案》，宣传推广简约适度、绿色低碳、文明健康的生活理念和生活方式。“十四五”规划把“推动绿色发展　促进人与自然和谐共生”列为重要发展任务。因此，推动绿色发展一直是进博会的重要主题，“绿色”日益成为进博会的“底色”和“亮色”，成为进博会的突出特点。一方面，进博会坚持绿色办会。进博会发布并严格按照《绿色中国国际进口博览会标准》办会，对绿色展台、绿色运营、绿色物流、绿色餐饮方面提出了具体要求。第六届进博会首次实现全绿电办展。国网上海市电力公司公布资料显示，通过地区之间绿电交易的方式，第六届进博会成功采购绿电 800 万千瓦时，可覆盖展前、展中、展后的全部用电量，预计可减少碳排放约 3360 吨。[①] 另一方面，进博会在展区设置、企业选择、产品展示上都积极践行绿色发展理念。一是在展区设置上，“能源低碳及环保技术”是本届进博会技术装备展区的四大专区之一。进博会为来自 40 余个国家和地区的 377 家企业提供了近 7 万平方米的展区，其中世界 500 强及行业龙头企业达 77 家，展品涵盖众多前沿技术和高端装备，以及行业绿色低碳、数字智能等方面的最新成果。二是在企业选择和产品展示上，进博会更倾向于符合绿色低碳甚至零碳要求的企业和产品，无论是在食品及农产品展区、消费品展区、汽车展区还是在技术装备展区，绿色企业和产品都是重点关注对象。

此外，进博会期间举办的各种论坛和研讨会，经常围绕绿色发展、可持续消费等主题展开讨论，普及环保理念。这些活动帮助消费者理解绿色消费的重要性，从而在日常生活中做出更加环保的选择。

绿色进博会所倡导的绿色发展理念，所引进的全球领先的绿色创新技术

---

① 《第六届进博会将首次实现全绿电办展》，http://www.xinhuanet.com/power/2023-11/06/c_1212297838.htm，最后访问日期：2024 年 8 月 29 日。

和绿色产品、服务，都推动了国内消费的绿色转型，加快了绿色生产生活的发展。

（四）满足健康消费需求

进博会汇聚了全球的健康产品和服务，包括有机食品、保健品、医疗器械、医疗咨询、健康检查等，这些产品和服务的引入极大地丰富了消费者的健康消费选择，使得消费者可以在国内享受到高质量的全球健康产品和服务，满足了消费者对健康生活的追求，提升了消费者的健康水平。

进博会重视健康消费理念的构建，通过举办各种健康相关的活动，展示和推广健康产品，引导消费者关注健康消费，普及健康知识，增强了消费者的健康意识，推动了健康消费理念的形成和发展。健康消费理念的构建有助于消费者在消费决策时更加注重产品的健康属性，从而促进了健康消费市场规模的扩大。

在满足健康消费需求上，第六届进博会非常重视中国老龄化社会发展趋势下的老年人健康服务需求。通过设置健康养老专区、展示国际先进技术和服务、举办论坛和交流活动等方式，进博会不仅为老年人提供了更多的健康选择，也为全球养老产业的发展提供了新机遇。第六届进博会在医疗器械及医药保健展区设置“健康养老专区”，集中展示国际领先的健康养老产品、技术和服务，吸引了多国企业参与，展示其养老领域的最新研究成果和产品，促进国际合作与交流，展示产品和服务涵盖了手术机器人、智能穿戴设备、远程医疗服务系统等高技术产品和服务，以及与老年人生活息息相关的生鲜食品、时尚箱包、户外用品等高品质消费品。此外，第六届虹桥国际经济论坛成功举办了“银发经济：全球人口老龄化的新机遇”分论坛。该分论坛聚焦发展银发经济重要议题，搭建国内外政商学研界嘉宾对话交流平台，进一步促进国际交流与合作，为共享人口老龄化新机遇凝聚共识，为促进银发经济创新发展和开放合作注入动力。①

---

① 《第六届虹桥论坛分论坛丨为全球积极应对老龄化贡献“虹桥智慧”——“银发经济：全球人口老龄化的新机遇”分论坛》，https：//www.ciie.org/zbh/cn/19news/dynamics/voice/20231109/41769.html，最后访问日期：2024年8月29日。

进博会通过满足健康消费需求，不仅促进了消费的提质扩容，也为健康产业的发展提供了强大动力，为消费者提供了更加健康、安全的生活环境。未来，进博会有望继续发挥其平台作用，为全球健康产业的发展做出更大贡献。

四　进一步发挥进博会对国内消费提质扩容的促进作用

连续六届进博会的举办在促进国内消费提质扩容上发挥了积极作用，未来，要想进一步发挥好进博会促进国内消费提质扩容的促进作用，满足人民群众美好生活需要，还需要重视以下几个方面的工作。

（一）坚持优秀的消费文化引领

优秀的消费文化是消费市场的旗帜，代表了科学消费行为导向，引领消费产品和服务发展。进博会作为一个向全球展示中国市场的重要窗口和平台，必然要向世界展示中国优秀的消费文化，用优秀的消费文化引领国内消费市场提质扩容，用优秀的消费文化让世界更加了解中国消费市场和消费者。一是用习近平文化思想、习近平经济思想和习近平生态文明思想指导中国优秀消费文化发展，把优秀传统中华消费观念与中国发展实践相结合，推广经济和生态可持续发展的消费理念；二是积极推动全球消费文化的碰撞与融合，发挥好进博会人文交流的重要功能，推动消费文化融合发展，助力构建人类命运共同体。

（二）坚持服务高质量发展的需要

进博会作为中国市场的全球性贸易平台，在发挥好作为全球公共产品的作用的同时，更好地服务高质量发展。在促进国内消费提质扩容上，要紧紧围绕人民群众美好生活需要，紧扣党的二十大报告中对推动高质量发展的要求和任务，以消费为核心环节，通过提高国际循环质量和水平来推动消费提质扩容，推进扩大内需和助力深化国内供给侧结构性改革，以此进一步增强消费在经济中的基础性作用，增强国内大循环的内生动力和可靠性。而高质量和规模化的消费市场又会对全球优质消费品提出更高要求，促进国际循环质量和水平的提高，形成良性循环。

（三）更加注重国内消费产业竞争力的提升

进博会在通过积极引进全球优质消费品、特色消费品来丰富消费选择，促进消费提质扩容的同时，要更加注重通过引进新技术、新服务、新供应链来推动国内消费产业竞争力的提升。一方面，重视新技术、新服务的引进和产业应用，推动国内消费产业的创新发展，成为推动国内新消费发展的重要动力；另一方面，重视供应链环节的韧性和安全水平，积极引进优秀供应链服务企业和供应商，优化国内消费品产业供应链，稳固产业发展。

（四）激发数字消费潜力

更好地发挥进博会将国际先进数字技术、数字产品和服务引进中国消费市场的作用。一方面，加快引进全球最新的数字产品和服务，如智能家居、智能穿戴设备、远程医疗、虚拟旅游、人工智能应用等，更好地吸引国内消费者体验全球前沿技术、产品和服务，从而激发数字消费潜力；另一方面，搭建全球数字厂商、技术专家交流平台，帮助国内外企业更好地了解国内市场数字消费需求，定制或引进满足消费者需求的数字产品，尤其是在人工智能飞速发展的形势下，进博会要更加重视依托人工智能技术的产品和服务的引进，搭建中国市场与全球领先的人工智能相关产品制造和服务企业的桥梁，提高国内消费市场人工智能产品和服务的水平，进一步激发国内消费市场的数字消费潜力。

（五）加大进博会的产品渠道和服务网络建设力度

完善的产品渠道和服务网络是加快进博会优质消费品与中国消费市场匹配，更好地发挥促进国内消费提质扩容功能的重要流通基础设施。一方面，重视流通企业在进博会上发挥的积极作用，充分发挥中国流通企业在进博会大家庭的产品流通功能，使得进口优质消费品可以更畅通、更便捷地下沉到中国的各个市、县消费者中；另一方面，重视线上产品渠道和数字服务网络建设，利用电商平台、社交媒体等线上渠道，以及跨境电商平台，为消费者提供更多购买渠道和更好的售前、售后服务。

总之，进博会不仅是商品和服务交易的盛会，还是推动中国消费市场提质扩容的重要引擎。通过引进国际优质商品和服务、促进产业升级、增强国内市场吸引力、促进国内外市场互动、推动消费政策创新，以及引导消费文化发展等多种方式，进口博览会为中国消费市场的高质量发展注入了新的活力。未来，随着进博会的持续举办和影响力的不断扩大，其对国内消费提质扩容的促进作用将更加显著，为中国经济的持续健康发展提供有力支撑。

B.14
以进博会为抓手推动长三角一体化高质量发展

刘启超*

摘　要： 自2018年长三角一体化发展上升为国家战略以来，长三角一体化发展取得了显著成效，与进博会实现“双向奔赴”。本文首先界定了区域一体化的内涵，并从经济、绿色发展、公共服务和创新4个维度构建了指标体系，对长三角一体化发展现状进行了测算与分析。在此基础之上，本文认为进博会为长三角一体化高质量发展提供了新契机。因而，应以进博会为抓手进一步助力长三角一体化高质量发展。具体而言，应进一步发挥进博会的平台功能，加快推动长三角产业数字化与数字产业化，放大进博会的溢出效应，为长三角一体化高质量发展提供新的增长点、新动能和新引擎。同时，应对接进博会的特色展区，对标行业内最新的绿色低碳甚至零碳化成果、节能减排技术和绿色发展模式，因地制宜发展新质生产力，从而赋能长三角绿色发展。此外，应以举办进博会为契机，助推长三角公共服务共建共享，以及依托进博会整合创新资源，加快构建长三角创新共同体。

关键词： 进博会　长三角一体化　高质量发展

2018年11月5日，国家主席习近平在首届中国国际进口博览会（以下简称“进博会”）上宣布，支持长江三角洲区域一体化发展，并上升为国

* 刘启超，经济学博士，中国社会科学院财经战略研究院助理研究员；主要研究方向为区域经济理论与政策。

家战略。作为世界上首个以进口为主题的国家级博览会，进博会自举办以来推动来自全球各地的“展品变商品”“参展商变投资商”，溢出效应不断放大，而长三角则是进博会溢出效应最先触达的地区之一。六年来，长三角以进博会为重要的战略抓手和载体，与进博会“双向奔赴”，开启了一体化高质量发展的新航程。

一　长三角一体化的内涵与发展现状

（一）区域一体化的内涵

区域一体化在本质上是指消除国家或区域间贸易壁垒或障碍的过程。在区域一体化的推动下，区域之间协同发展的目的在于消除贸易壁垒，形成高质量发展与生产要素自由流动的区域统一市场，从而最终实现资源的优化配置和制度创新。各地区生产率、要素收益、产品价格和居民生活水平趋同，则是区域一体化的最终结果。在狭义上，区域一体化是指特定维度的一体化，如经济一体化、市场一体化和公共服务一体化等。此时，对区域一体化发展水平进行测算，多采用特定的经济指标进行单维度评价。在广义上，区域一体化是指区域内不同国家或地区之间逐渐消除行政分割与边界限制，实现经济融合、资源共享、市场一体化和政策协调的过程，该过程包括经济、公共服务、创新等多个方面。此时，多通过构建多维度的指标体系来测算区域一体化发展水平，评估区域一体化的发展过程。①

梳理相关政策规划文件可知，长三角区域一体化发展经历了由下至上，并逐步上升到国家战略的过程。从发展要求的演进来看，“一体化”和“高质量”是长三角一体化发展目标中的两个关键词，即以一体化的思路和举措，促进区域高质量发展。② 因而，高质量的长三角一体化发展，就是以高

① 谢寿光等：《长江经济带经济社会一体化发展指数研究》，中国发展出版社，2022。

② 张治栋等：《长三角区域一体化发展研究》，长江出版社，2022。

质量发展为要求，以一体化为发展目标，加快推动单维度一体化向产业协作、创新协同、生态联保共治、公共服务共建共享等领域拓展，在更高层次、更宽范围、更高水平上推进长三角一体化。

（二）长三角一体化发展指数的测算

关于区域一体化发展水平的测算方法，目前研究尚未形成一致观点，[①]主要有价格指数法、GDP 变异系数法、综合指标法等[②]。其中，综合指标法是对价格指数法、GDP 变异系数法研究思路的扩展，该方法不再将一体化局限于经济层面，而是涉及社会、创新等方面，是目前较为常用的研究方法之一。鉴于本文测算的不只是经济方面，因而采用综合指标法来测算长三角一体化发展水平。

1. 数据来源

本文使用的主要数据来源于《中国城市统计年鉴 2023》、长三角各地级及以上城市的统计年鉴，以及 Wind 数据库。同时，将各城市 2023 年《国民经济和社会发展统计公报》、政府工作报告与官方统计信息网站发布的数据作为补充。[③]

2. 指标选取

基于区域一体化内涵，并结合以往研究，本文将长三角一体化发展指数分解为经济一体化、绿色发展一体化、公共服务一体化和创新一体化 4 个二级指标（见表 1）。

经济一体化具体包括发展水平一体化、市场一体化、产业一体化和对外开放一体化 4 个三级指标。其中，发展水平一体化的推进有助于缩小地区间的经济发展差距，为经济一体化创造更好的条件，具体用人均 GDP、城乡

---

① 刘志彪、孔令池：《长三角区域一体化发展特征、问题及基本策略》，《安徽大学学报》（哲学社会科学版）2019 年第 3 期。

② 刘云中、刘泽云：《中国区域经济一体化程度研究》，《财政研究》2011 年第 5 期。

③ 由于 2023 年部分统计数据尚未公布，本文采用自回归方法（ARIMA 模型），用历史数据进行了预测，以得出相关指标数据。

收入比和常住人口城镇化率进行测算。市场一体化是区域一体化的微观基础，能够消除区域内的经济和行政壁垒，实现要素资源的最优空间配置。在本文中，市场一体化用社会消费品零售总额占 GDP 比重、存贷款占比和城镇单位在岗人员平均工资来测算。产业一体化是经济一体化的重要支撑，其通过促进区域内部经济联系与互动、提高资源配置效率与综合竞争力、增强区域经济整体实力以及拓展区域市场空间等方面，推动区域经济的高质量发展。产业一体化用数字经济发展水平、GDP 增长速度、产业结构高级化来测算。其中，41 个城市的数字经济发展水平是由以每百人互联网用户数测算的互联网普及率、以计算机服务和软件从业人员占比测算的相关从业人员情况、人均电信业务总量和以每百人移动电话用户数测算的移动电话普及率等互联网发展层面的指标，以及数字普惠金融发展指数综合测算得出的。对外开放一体化通过促进区域内的贸易和投资开放、推动商品和要素的流动配置等方式，有助于增强区域内的经济联动效应和整体竞争力，这也为区域内的各地区提供了更多的合作机会和发展空间。在本文中，对外开放一体化用外商直接投资比率和外贸依存度来测算。

绿色发展一体化是区域一体化在绿色发展领域的具体体现，也是区域一体化的内在要求。绿色发展一体化包括节能减排一体化和环境治理一体化 2 个三级指标。节能减排一体化和环境治理一体化分别为绿色发展一体化提供了基础和环境保障，本文具体用地区绿色全要素生产率、$PM_{2.5}$排放强度和建成区绿化覆盖率来测算。地区绿色全要素生产率是从投入要素、期望产出和非期望产出等角度选取指标综合测算得出的。其中，投入要素包括以全社会固定资产投资额测算的资本投入、以年末单位从业人员数测算的劳动投入和以全社会用电量测算的能源投入；期望产出用各城市的 GDP 总量来测算；基于工业废水、工业二氧化硫和工业烟粉尘排放量来构建环境污染综合指数，从而对非期望产出进行测算。

公共服务一体化是区域一体化的本质要求。公共服务一体化为区域一体化提供了便利的政务服务支持，推动了区域经济的深度融合。同时，通过公共服务的共建共享机制，区域内居民拥有更强的获得感。在本文中，公共服务一体化包括社会保障一体化、教育服务一体化、医疗服务一体化和公共文化一体化4个三级指标。其中，社会保障一体化用养老保险覆盖率和基本医疗保险覆盖率来测算，教育服务一体化、医疗服务一体化和公共文化一体化分别用生均小学教师数、每万人医生数、人均公共藏书量来测算。

创新一体化通过提升城市创新能力，为区域一体化提供了强大的内生动力，同时通过企业、高校、科研机构、政府等创新主体间的协同互动，促进区域内资源的共享和高效配置，进而推动区域一体化的发展。创新一体化包括创新投入一体化、创新产出一体化、创新环境一体化 3 个三级指标。其中，用科技支出占 GDP 比重来测算创新投入一体化水平，用每万人专利授权数、每万人发明专利授权数综合测算创新产出一体化水平。采用词频分析法来测算各城市对新质生产力的重视程度，从而对创新环境一体化水平进行测算。具体为，构建新质生产力、人工智能、科技创新、革命性创新等关键词，并对各城市政府工作报告中的上述关键词进行词频分析。

表 1　长三角一体化发展指数的指标体系

一级指标	二级指标	三级指标	指标评价
长三角一体化发展指数	经济一体化	发展水平一体化	人均 GDP(万元)
			城乡收入比:城镇与农村居民人均可支配收入的比值
			常住人口城镇化率(%)
		市场一体化	社会消费品零售总额占 GDP 比重(%)
			存贷款占比:存贷款总额占 GDP 的比重(%)
			城镇单位在岗人员平均工资(元)
		产业一体化	数字经济发展水平
			GDP 增长速度(%)
			产业结构高级化:第三产业增加值/第二产业增加值
		对外开放一体化	外商直接投资比率:实际外商投资/GDP(%)
			外贸依存度:货物进出口总额/GDP(%)
	绿色发展一体化	节能减排一体化	地区绿色全要素生产率
			$PM_{2.5}$ 排放强度:可吸入细颗粒物年平均浓度(微克/立方米)
		环境治理一体化	建成区绿化覆盖率(%)

续表

一级指标	二级指标	三级指标	指标评价
长三角一体化发展指数	公共服务一体化	社会保障一体化	养老保险覆盖率:城镇职工基本养老保险参保人数/常住人口数量(%)
			基本医疗保险覆盖率:职工基本医疗保险参保人数/常住人口数量(%)
		教育服务一体化	生均小学教师数:普通小学专任教师数/普通小学生数量(人)
		医疗服务一体化	每万人医生数:执业(助理)医师数/常住人口数量(人)
		公共文化一体化	人均公共藏书量:公共图书馆藏书量/常住人口数量(册)
	创新一体化	创新投入一体化	科技支出占 GDP 比重(%)
		创新产出一体化	每万人专利授权数:专利授权数/常住人口数量(件)
			每万人发明专利授权数:发明专利授权数/常住人口数量(件)
		创新环境一体化	对新质生产力的重视程度

3. 测算步骤

对于长三角一体化发展指数的测算，本文采用变异系数来分析指标内部数据的离散情况，同时为消除主观因素的影响，采用熵值法进行客观赋权。具体测算步骤如下。

第一步，计算各指标的变异系数，并采用变异系数的倒数反映一体化程度。① 其中，变异系数为指标标准差与平均值的比值。

第二步，对各指标进行标准化处理以消除量纲的影响，处理公式如下。

正向指标具体为：

$$Z_{ij} = \frac{x_{ij} - \min(x_{ij})}{\max(x_{ij}) - \min(x_{ij})} \tag{1}$$

负向指标具体为：

$$Z_{ij} = \frac{\max(x_{ij}) - x_{ij}}{\max(x_{ij}) - \min(x_{ij})} \tag{2}$$

① 杨志才、谢妞：《城市群一体化对绿色经济效率的影响》，《开发研究》2022 年第 6 期。

其中，i 为第 i 个区域，最大值为 n；j 为第 j 个指标，最大值为 m；$\max(x_{ij})$ 为所有指标中的最大值，$\min(x_{ij})$ 为所有指标中的最小值，Z_{ij} 为标准化后无量纲化的结果。

第三步，在对各指标进行标准化处理之后，使用熵值法计算指标的客观权重。

第四步，基于变异系数及计算的指标权重，使用线性加权计算出长三角一体化发展指数。指数越大则表示一体化发展水平越高，反之，则越小。

（三）长三角一体化发展现状

1. 长三角一体化水平稳步提升

2023 年，长三角一体化发展指数为 97.7，与 2022 年的 93.9 相比约增长 4 个百分点。分维度来看，4 个维度的一体化水平排名依次为经济一体化、公共服务一体化、绿色发展一体化和创新一体化（见图 1）。其中，2023 年长三角经济一体化指数为 50.6，占长三角一体化发展指数的 51.8%，是长三角一体化发展的主要增长引擎和动能。

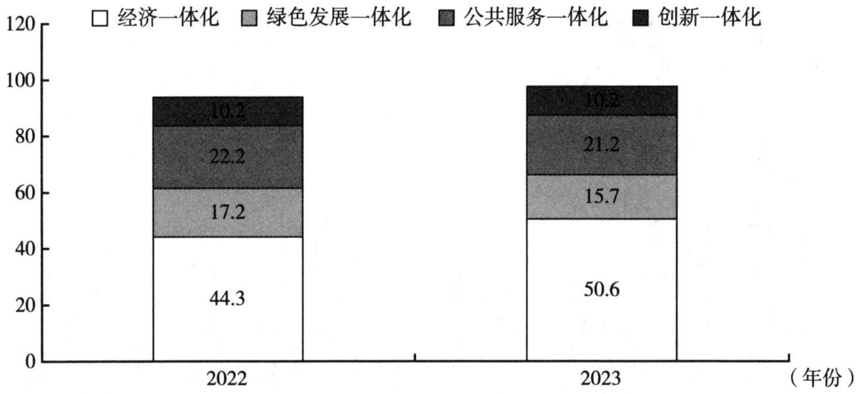

图 1　2022~2023 年长三角一体化发展情况

2. 产业发展加快经济一体化进程

与 2022 年相比，2023 年长三角经济一体化指数增长了 14.2%。其中，产业一体化占经济一体化的 1/3，对经济一体化的发展起到了较大作用。同时，与 2022 年相比，2023 年产业一体化指数增长了 83.2%，远高于经济一体化维度下的其他三级指标。

3. 环境治理助推长三角绿色发展一体化

与 2022 年相比，2023 年长三角环境治理一体化指数增长 2.3%，增速高于节能减排一体化，说明环境治理一体化有力地推动了长三角绿色发展一体化。

4. 教育服务推动公共服务一体化成效显现

2023 年长三角教育服务一体化指数比 2022 年增长了 38.6%，同时占公共服务一体化的比重也由 2022 年的 31.5%提高至 45.7%，提高了 14.2 个百分点。无论是增速还是占公共服务一体化的比重，教育服务一体化均高于公共服务一体化维度下的其他三级指标。

5. 新质生产力赋能创新一体化稳步推进

2023 年以新质生产力测算的创新环境一体化占创新一体化的比重虽小，但增长速度为 15.4%，高于创新一体化维度下的其他三级指标，说明新质生产力效能的释放正在推动长三角创新一体化发展取得更大突破。

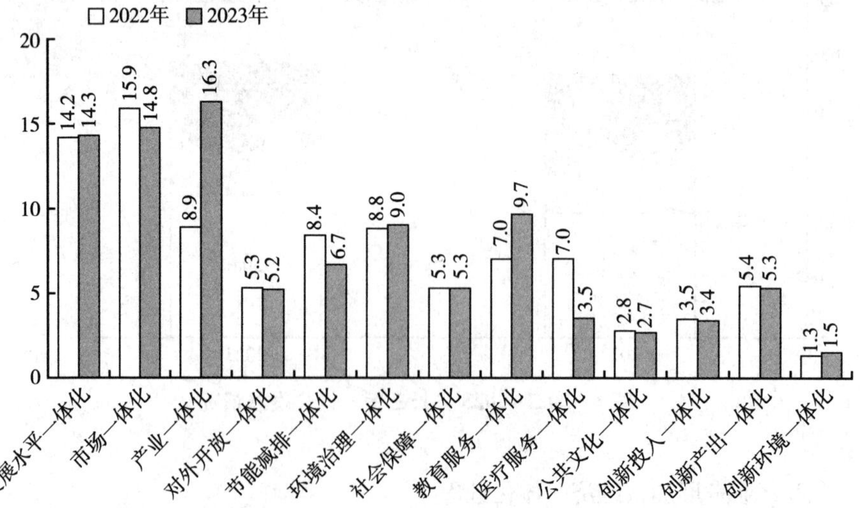

图 2　2022~2023 年长三角一体化各维度发展情况

二　进博会为长三角一体化高质量发展提供新契机

（一）进博会为长三角一体化高质量发展提供公共平台

功能大平台建设和专业服务能力培养是全球资源配置功能建设的重点。作为面向全球提供的国际公共产品，进博会为长三角提供了吸引全球要素资源、加快产业融入全球价值链、提升要素配置效率的一个公共平台。一方面，进博会作为世界级的重要平台，为长三角各地配置全球高端资源提供更加通畅的通道、更加专业的服务，有利于提高长三角地区的要素配置效率和全要素生产率；另一方面，通过平台的溢出效应，进博会能够进一步促进长三角产业之间的关联、经济之间的互动，以及区域的整体协调发展。六年来，进博会推动“展品变商品”“展商变投资商”，溢出效应不断放大，六届进博会按年计累计意向成交额分别为 578.3 亿美元、711.3 亿美元、726.2 亿美元、707.2 亿美元、735.2 亿美元和 784.1 亿美元（见图 3），呈现稳中向好的态势。其中，第六届进博会按年计累计意向成交额比上届增长 6.7%，是 2018 年首届进博会的 1.4 倍。此外，进博会可以促进市场竞争，形成知识溢出。中国企业通过借鉴国际上的先进技术和管理经验，可以提升自身产品质量、服务质量及价值链的水平，并以此提升在国内外市场上的竞争力。前六届进博会展示了超过 2400 项首发新产品、新技术和新服务，累计意向成交额达 4242.3 亿美元。其中，第六届进博会共有来自 39 个国家和地区的超过 300 个创新项目在创新孵化专区参展，超过 8000 人参加虹桥国际经济论坛，共有 738 家机构参与人文交流展示，均为历届之最。①

① 《进博观察｜年年写进政府工作报告的进博会，给上海和长三角带来了什么?》，https：//www.ciie.org/zbh/cn/19news/dynamics/ciieVoice/20240131/42951.html，最后访问日期：2024 年 8 月 29 日。

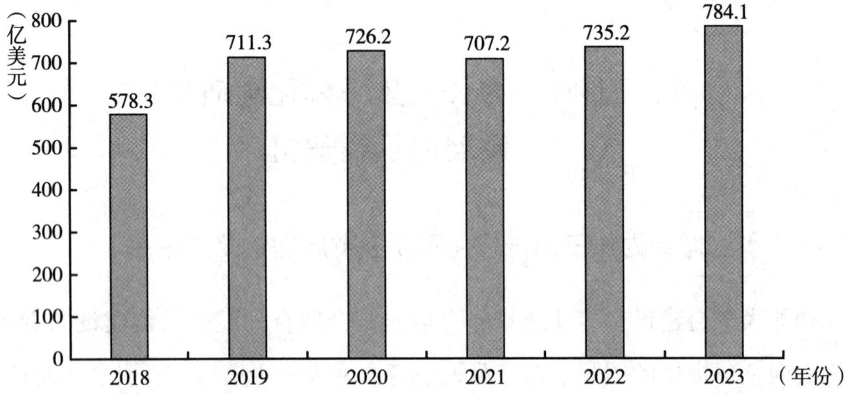

图3　六届进博会按年计累计意向成交额

资料来源：笔者整理自相关新闻报道。

（二）进博会为长三角地区经济高质量发展注入强劲动能

得益于溢出效应，进博会不断推动大商务、大会展、大交通、大科创深度融合，为长三角地区经济高质量发展注入强劲动能。长三角 GDP 由 2018 年的 22.1 万亿元提升到 2023 年的 30.5 万亿元（见图 4），增长 38.0%。同时，2023 年，长三角汇集了全国 1/4 的“双一流”高校①，新增发明专利授权量约占全国的 1/3②。作为进博会的永久举办地，上海更是直接得益于进博会的溢出效应。首届进博会举办以来，借助进博会的赋能，上海实现了城市能级的大跃升。在经济总量方面，六年来，上海 GDP 从 2018 年的 3.6 万亿元增加到 2023 年的 4.7 万亿元③，稳居国内各城市首位，并基本建成国际经济、金融、贸易、航运中心，以及形成国际科技创新中心的基本框架。同

① 《长三角 37 所“双一流”高校占全国总量四分之一　上海和南京领跑长三角》，https://zjnews.zjol.com.cn/zjnews/202406/t20240606_26895063.shtml，最后访问日期：2024 年 8 月 29 日。

② 《长三角地区召开 2024 年知识产权新闻发布会》，https://www.cnipa.gov.cn/art/2024/4/24/art_57_191857.html，最后访问日期：2024 年 8 月 29 日。

③ 国家统计局数据，https://data.stats.gov.cn/easyquery.htm?cn=E0103，最后访问日期：2024 年 8 月 29 日。

时，上海在进博会的四大平台作用发挥方面表现亮眼。截至 2023 年末，共有 193 个国家和地区在上海进行投资，年内新增跨国公司地区总部 65 家，跨国公司地区总部达到 956 家，是内地吸引跨国公司设立总部最多的城市。① 上海集装箱吞吐量也由 2018 年的 4201.0 万标准箱提高到 2023 年的 4915.8 万标准箱，连续第 14 年领跑全世界。② 同时，上海口岸货物贸易总额在 2023 年达到 10.7 万亿元，占全球的比重达到 3.6%左右，继续保持全球城市首位。③

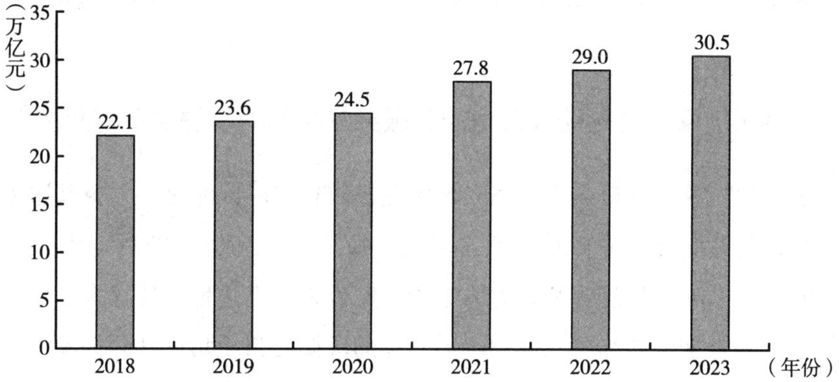

图 4　2018~2023 年长三角 GDP

资料来源：相关省份统计局。

（三）通过推动传统产业转型升级，进博会助推长三角绿色发展

绿色低碳发展正成为世界各国产业界的共识，进博会已然成为展示绿色发展的重要应用场景。第六届进博会，超过半数的世界 500 强和行业龙

① 《2023 年上海国民经济和社会发展统计公报》，https：//www.thepaper.cn/newsDetail_forward_26758209，最后访问日期：2024 年 8 月 29 日。

② 《2018 年上海国民经济和社会发展统计公报》，https：//www.thepaper.cn/newsDetail_forward_3058181，最后访问日期：2024 年 8 月 29 日；《2023 年上海国民经济和社会发展统计公报》，https：//www.thepaper.cn/newsDetail_forward_26758209，最后访问日期：2024 年 8 月 29 日。

③ 《新华社：上海口岸进出口连续三年超 10 万亿》，http：//shanghai.customs.gov.cn/shanghai_customs/423446/423447/5704888/index.html，最后访问日期：2024 年 8 月 29 日。

头企业参展，超过400项的新产品、新技术、新服务集中亮相，开启了未来可持续发展的“绿色引擎”。因而，进博会为各国各领域绿色低碳产品和技术提供了充分展示平台。此外，通过展现和集聚全球优质要素，进博会倒逼国内企业提高创新能力和竞争力，从而发挥推动产业转型升级和提升创新能力的作用。一方面，通过进口国外智能化和绿色低碳的优质产品和技术，可以对国内企业产生市场压力，并通过“鲇鱼效应”激发国内企业的创新活力；另一方面，引进国外先进的机械设备，有助于提升我国的制造水平，使我国深度参与国际产业链，从而达到节能减排、绿色循环的效果。

（四）进博会为推动长三角公共服务的共建共享提供了有利契机

长三角是我国人口最为密集和城镇化进程较快的区域之一，公共服务资源丰富，公共服务体系相对完善。同时，长三角拥有丰富的教育和人才资源，有助于推动科技进步和人力资本积累，也为长三角地区建立人才培养合作提供了要素基础和平台支撑。经过六年的沉淀，长三角以社会保障卡为载体，大力推动居民政务服务事项跨省通办，以及居民服务事项“一卡通”。进博会的举办为推动长三角公共服务共建共享提供了较好的契机。为了更好地让进博会越办越好，长三角各地区积极协同参与。比如，上海、江苏、浙江和安徽早在2019年就已签署《长三角地区市场体系一体化建设合作备忘录》，以协同做好进博会服务保障，推进长三角市场体系一体化。同时，为了更好地服务、保障进博会，上海许多区际甚至长三角内部省际的“断头路”化作“通途”。

（五）通过助推G60科创走廊建设，进博会促进长三角创新一体化

在长三角因地制宜打造的众多创新策源地中，起重要作用的莫过于G60科创走廊，该走廊不仅串起了沪苏浙皖多个城市，也集聚了大量科创资源，有助于引领长三角创新共同体的形成。在这条走廊的创新带动下，该走廊囊括的上海、嘉兴、杭州、金华、苏州、湖州、宣城、芜湖、合肥等9个城市

的研发投入强度均值达到3.77%，高新技术企业数占全国的1/7，累计增幅超过2倍[①]，独树一帜的“创新廊道”经济为长三角参与全球城市群竞争提供了强劲的新质生产力。作为创新要素发挥集聚效应、创新成果广泛应用、深入推动开放创新的平台，进博会已成为建设G60科创走廊的重要发动机和加速器。一方面，进博会倡导更加积极主动地引入国外先进的产品、装备、技术和服务，进一步深化国内国际的贸易互通和创新交流，从而促进贸易资源、创新资源在“创新核”大虹桥集聚。借助进博会的溢出效应，“创新核”在不断发展的同时向周边地区不断溢出价值；另一方面，进博会的举办，使G60科创走廊跨区域合作更加丰富，能够更好地汇聚全球前沿的创新要素，以及更有效地发挥长三角地区所汇集的全国1/4的“双一流”高校、科研院所等创新研发平台的作用。

三　进博会助力长三角一体化高质量发展的对策建议

（一）放大进博会的溢出效应，促进长三角经济协同发展

以进博会为抓手推动长三角协同发展。首先，应进一步发挥进博会平台功能，加强长三角地区的优势产能、产业的国际合作，以及推动上海的资本优势与苏浙皖优势相结合，最大限度地发挥进博会所带来的对外投资的规模经济效益和规模技术效应。其次，沪苏浙皖应从全局角度出发，共同策划和参与进博会的延伸和配套活动。比如，以每年筹备进博会为契机，长三角各地区应精准做好配套活动组织工作，进一步提升参会成效，持续放大进博会的溢出效应，也可以由各级政府牵头，在长三角城市组织进博会后续系列论坛或交流会，向公众和企业介绍国际交流经验、共同寻找合作机会。

依托进博会，赋能数字长三角建设。就一体化而言，新一轮科技与产业

① 《以先行之姿不断谱写长三角一体化发展新篇章》，https：//www.js.gov.cn/art/2024/6/5/art_84322_11263017.html，最后访问日期：2024年8月29日。

革命涌现的数字化浪潮，正在形成人机互动、万物互联的泛在性通达网络，物联网对行政区界具有巨大的穿透力，以无形的力量突破行政障碍，大幅降低甚至消除区域一体化的制度成本，会在更深层次扩大一体化的区域范围，也使一体化更便捷、更有效地发展。因而，应依托进博会平台，使企业充分获得关于全球数字贸易和数字技术发展的前沿信息，从而加快推进互联网、大数据、人工智能技术与产业的深度融合，推动产业数字化、智能化，为长三角一体化的发展提供新的增长点、新动能和新引擎。

（二）发挥进博会推动产业转型升级的助力作用，推进长三角绿色发展

进博会的特色展区和论坛焦点，能在一定程度上反映出未来高端产业的发展方向。进博会的周期性举办，促使长三角企业进一步对接国际标准，提高自主品牌的创新能力、产品质量和国际竞争力，从而倒逼长三角产业结构的转型升级。因而，应对接进博会的特色展区，对标行业内最新的绿色低碳化成果、节能减排技术和绿色发展模式，推进长三角绿色发展。一是，应在进博会展区内进一步体现绿色低碳、循环利用、可持续发展等生产及消费理念，吸引更多企业展示绿色低碳的转型成果和低碳技术。二是，应重点关注进博会所展示的高端研发、智能制造等前向产业，以及紧紧抓住现代交通物流和电子商务等后向产业，从而整合和协调上下游产业链，为产业升级提供必要的基础。三是，应充分发挥进博会提供公共平台的作用，在深化产业链供应链国际合作的基础上，积极参与国际标准制定，及时跟踪国际标准制定动态，让更多中国标准成果转化为国际标准。四是，应积极运用进博会在节能减排方面的最前沿技术以及最新的“黑科技”产品，并促进技术扩散，以中心城市引领区域发展的模式缩小长三角城市之间的技术水平差异，推动区域绿色协同发展。五是，沪苏浙皖四地环保部门应借助筹备进博会契机，统一规划、通力合作，在合适的期限和时间节点内共同完成重要地区的污染控制与环境整治。

新质生产力是符合新发展理念的先进生产力，以全要素生产率大幅提升为核心标志，特点是创新，关键是质优，本质是先进生产力。同时，新质生

产力正在不断地向农业、工业、建筑业、服务业等实体经济传递和渗透，以及推进传统制造转型升级、新兴产业快速发展。进博会汇集了来自全球的新成果、新理念，是展示新质生产力的重要平台。长三角是我国先进制造业最为密集的区域之一，应通过进博会有针对性地采购新材料、前沿技术装备等，帮助区域内的制造业升级转型构筑竞争优势，从而使新质生产力助力长三角绿色发展。

（三）以举办进博会为契机，加快推动长三角公共服务共建共享

首先，应借助进博会的“窗口”作用，发挥数字技术的作用，赋能公共服务生态改善。一方面，应着力跨越数字政府共建的理念障碍和体制障碍。数字政府建设涉及众多部门、领域，需要跨部门、跨层级业务协同，此时需要政府适应数字时代趋势，运用数字技术进行自我革命，打破部门壁垒、信息孤岛；另一方面，应构建数字化公共服务平台，从而完善共享机制。利用新一代信息技术建立和完善跨区域公共服务平台，促进居民异地享受公共服务，提升各地区优质公共资源共享的便利性。其次，应建立并完善均等化的财政转移支付制度。由于长三角地区经济社会发展水平存在一定差异，因而需要通过建立完善的转移支付制度实现公共服务一体化。最后，以举办进博会为契机，实现长三角基础设施互联互通。比如，着力促进虹桥与中心城区 1 小时交通圈和长三角高铁 1 小时交通圈的无缝衔接，从而进一步实现区域交通网络和服务设施的对接。

（四）依托进博会整合创新资源，加快构建长三角创新共同体

创新包含制度创新与科技创新，制度创新往往引领科技创新。进博会作为我国高水平对外开放平台，承担了相关制度创新先行先试任务。因而，应以进博会为契机，推动长三角一体化制度创新，并将进博会期间形成的创新政策逐项上升为常态化制度安排。一方面，通过制度创新，推动长三角地区形成深层次联动发展、利益共享的体系，推动经济发展体制、机制和标准一体化。比如，梳理各省市区域科技创新政策，健全协同创新一体化政策法规

体系。另一方面，发挥进博会先行先试的引领作用，进一步优化进口制度创新。比如，进一步探索与完善进口商品的通关和监管制度，提高进口商品的便利化程度；将进博会期间形成的展品税收支持、通关监管、资金结算等一系列对外开放的创新政策，逐项上升为常态化制度安排。

发挥进博会的平台作用，促进创新要素跨企业、跨城市和跨区域充分流动，推动长三角创新水平提升。一是推动创新主体互联互通。加快完善跨区域协同创新机制，实现创新体制、创新主体、创新要素、创新资源和创新理念的互通与协同；搭建高校、科研机构、企业等不同创新主体间的协调平台，形成联动型创新模式；在继续加大高校、科研机构创新驱动力度的基础上，进一步支持企业创新，努力使企业特别是民营企业成为创新驱动发展的主体。二是加快促进创新基础设施共建共享。要树立全局思想，围绕现实发展和未来需求，综合科技、教育、人才、产业等方向，出台“一揽子”支持政策。在继续加大对各类创新主体支持力度的基础之上，进一步建设创新驱动公共服务体系，营造鼓励创新的良好环境。为此，要加快推进体制机制改革，加大政策支持保障力度，提高科研资金投入占比，推动资金、人才和技术等要素资源向应用创新领域集聚，在更大范围、更高层次上集聚创新要素、释放创新活力。

B.15

进博会推动打造国际一流营商环境

刘 诚*

摘 要： 大力推进制度型开放，高水平对接国际经贸规则，积极营造市场化、法治化、国际化一流营商环境，是中国推进高水平对外开放的着力点。在推动国际一流营商环境建设走深走实的过程中，进博会作为世界上首个以进口为主题的国家级展会，是中国顺应经济全球化发展趋势、主动与世界分享中国大市场的务实行动，是中国构建高水平社会主义市场经济体制的有效途径，彰显中国开放包容、推动构建人类命运共同体的大国担当。本文从进博会开放窗口功能、共享制度型开放等方面分析进博会在提升营商环境国际化水平上的作用，发现进博会现阶段面临国际环境复杂、与新质生产力的要求仍有差距等问题，提出推动进口商品结构优化、发挥进博会的改革示范作用等建议。

关键词： 进博会 营商环境 新质生产力

党的十八大以来，习近平总书记高度重视营商环境优化工作，强调“营商环境只有更好，没有最好”。[①] 党的二十大报告中，习近平总书记提出

---

* 刘诚，经济学博士，中国社会科学院财经战略研究院研究员，主要研究方向为制度经济和产业经济。

① 《习近平：共建创新包容的开放型世界经济——在首届中国国际进口博览会开幕式上的主旨演讲》，http：//cpc. people. com. cn/n1/2018/1106/c64094-30383522. html，最后访问日期：2024 年 7 月 10 日。

要“营造市场化、法治化、国际化一流营商环境”。[①] 党中央、国务院先后作出的一系列重要论述都强调把打造市场化、法治化、国际化一流营商环境摆在重要位置。打造国际一流营商环境要求我们必须大力推进制度型开放，对接高标准国际经贸规则。党的二十届三中全会提出，开放是中国式现代化的鲜明标识。必须坚持对外开放基本国策，坚持以开放促改革，依托我国超大规模市场优势，在扩大国际合作中提升开放能力，建设更高水平开放型经济新体制。

中国国际进口博览会（以下简称“进博会”）是打造国际一流营商环境的关键举措，其具有国际采购、投资促进、人文交流、开放合作四大平台功能，是中国高水平对外开放的创举和缩影，是我国构建新发展格局的窗口、推动高水平对外开放的平台和全球共享的国际公共产品，其所秉持的开放、包容、普惠、平衡、共赢等理念与“一带一路”的和平合作、开放包容、互学互鉴、互利共赢精神一脉相承。

本文在综观六届进博会发展历程的基础上，围绕进博会开放窗口功能、共享制度型开放、促进内外贸一体化发展、推动新质生产力发展等方面分析进博会如何提升营商环境国际化水平，进而指出进博会发展面临的三大问题，对进一步办好进博会、打造国际一流营商环境提出建议。

一　进博会提升营商环境国际化水平

（一）进博会是中国向世界展现营商环境的开放窗口

进博会是中国构建新发展格局、向世界展现营商环境的开放窗口，与中国高水平对外开放持续推进相辅相成，形成了中国对外经济贸易活动的崭新渠道，同时为外企深入了解中国市场的巨大潜力提供了较好的平台。作为第一个以进口为主题的全球经贸盛会，进博会成为新时代中国全面推进高水平

---

① 《二十大报告全文》，http：//www. news. cn/politics/cpc20/2022－10/25/c_ 1129079429. htm，最后访问日期：2024 年 7 月 10 日。

对外开放的重要支点和全新动力。进博会对于产业升级发展具有积极影响，通过促进不同国家、地区之间的资源要素加速流动，推动不同国家、不同行业的企业进行深度交流合作，带动产业链的集聚和延伸，真正实现了“让世界看中国，在中国看世界”。进博会以开创历史的方式，让中国大市场成为世界共享的大市场，推动构建开放型世界经济，让合作共赢惠及世界。

进博会所展现的中国技术和中国态度坚定了外企对中国的投资信心，促进外企对内持续投资运营。进博会作为我国高水平对外开放的重要载体，集聚着国际先进技术、资本、数据等市场要素，为全球各个国家和地区搭建了开展商业交流合作的坚实平台，让全球的优质商品和服务进入中国。进博会推动参展企业与地区特色产业的深度融合，吸引参展企业对地方进行产业投资和经贸合作，发挥辐射和溢出效应，积极推动“展品变商品”“展商变投资商”，中国的国际影响力随着进博会影响力的扩大而持续扩大。

（二）进博会推动各国各方共享制度型开放机遇

中国一直致力于构建包容互惠、全球受益的国际分工体系，通过体制机制改革形成制度层面的国际竞争优势，为市场稳定、经济发展和国际一流营商环境建设提供制度层面的坚实保障。目前，中国在进博会的举办过程中积极探索，积累了大量实践经验及制度创新成果，成为各国对外开放的新标杆。中国坚持贯彻落实《区域全面经济伙伴关系协定》（RCEP），在举办进博会的过程中努力为 RCEP 其他成员国提供进入中国市场开拓业务的机遇。同时，进博会为发展中国家融入国际贸易体系搭建桥梁，逐渐成为各国探讨世界贸易组织投资便利化协定、数字经济等重要议题的平台。进博会为首次参展的企业提供“绿色通道”，在展位、时间段和销售方式上提供便利，大大增加了参展企业在上海落地的可能性。例如，第六届进博会为来自最不发达国家的 100 多个企业提供免费展位、搭建补贴等，在让其继续参与全球经贸活动、推动减贫、获得更多贸易机会等方面发挥了积极作用。阿富汗的地毯、东帝汶的咖啡、埃塞俄比亚的白芝麻、老挝的古树茶①等产品通过进博会走向了中国市场，从经济全球化浪潮中获益。继第五届进博会首次推出“数字进博”，参展企业利用云展示、云发布、云直播、云洽谈等方式有效达成合作意向后，第六届进博会“中欧班列—进博号”首次实现铁路电子提单的应用，提升了共建“一带一路”国家的企业赴上海参加进博会的数字化服务能级。

推出制度创新成果，加强办好进博会的制度保障。上海作为进博会主办城市，在持续探索创新举办方式的同时，注重制度创新合理合法、常态有效。2022 年 9 月，上海市人大常委会审议并通过了《上海市服务办好中国国际进口博览会条例》，为进博会越办越好提供了法律遵循，该条例从办展办会、服务与保障、综合效应等方面进行了严谨且全面的论述，是筹办进博会的工作依据和重要保障。

加强部门联合监管，提升通关便利化水平。海关总署和其他监管部门积极创新、试点先行，探索出了制度和流程上的常态化创新成果。海关总署设立了上海会展中心海关，专门用于保障进博会顺利举办。上海会展中心海关统筹安排国际会展监管资源，推出一系列监管便利化措施，实行“一站式”服务和“一揽子”保障方案，发挥政策集聚效应，大大减少了国外商品通关所需时间，提升上海国际性展会的运作效率，推进贸易自由化便利化。

削减非关税壁垒，降低贸易关税和投资成本。试点保税交易是进博会跨部门制度创新的集中体现，能够将展品转变为商品，将预付关税转变为售后完税，刺激商品进口持续增长。保税交易是一种新型贸易通关管理模式，包括通关服务、物流仓储、保税展示、商品交易等环节，是一种与进博会高度契合的制度创新，不仅能够降低资金使用成本、增强资金流动性，而且未销售的展品无须二次出口报关，直接退回保税仓另行转运，有效地降低了进口的烦琐程度。

① 在老挝占巴塞省巴松县，野生古茶树一度面临被砍伐的命运。依托进博会，古树茶以年均 20%的增速出口到中国，带动老挝民众增收。

（三）进博会承“内”接“外”，促进内外贸一体化发展

中国新发展格局“决不是封闭的国内循环，而是更加开放的国内国际双循环”①，进博会推动内外贸一体化发展，紧密对接国内国际两个大市场，与世界各国共享国际合作机遇。

新发展阶段下，进博会有着畅通国内大循环、链接国内国际双循环的重要作用。一方面，进博会能够吸引全球先进企业的新技术、新产品、新服务流向中国市场，推动国内采购商、生产商与外企开展产业投资和经贸合作，使产业项目和创新技术在中国落地生根。通过技术引进带动产品升级，提高国内产品供给质量和效率，让国内产业链供应链更安全、更坚韧，激发市场活力，增强经营主体内生动力。另一方面，进博会助力国内消费升级，消费者逐渐重视文化、养老、医疗等服务消费，进博会为此专门开设服务贸易展区，从第四届进博会开始连续三年设立文物艺术品专区，从第二届进博会开始连续五届设立养老康复专区，集聚了全球领先的资源。进博会带来的先进产品有助于进一步发挥国内超大规模市场优势和释放居民内需潜力，通过加大进口力度满足人们对于消费的升级需求，满足人民日益增长的美好生活需要。

进博会连接内外部供应链，对出口有积极作用。进博会对国内国际各类资源和生产要素的高效流动和合理配置起到了推动作用，促进更多国际资本进入国内产业，推动产业链上各环节所属企业上下联动、良性竞争。进博会是中国企业与国际接轨的重要平台，使中国企业接触国外的高品质原材料、零部件、整机设备及配套服务等，有机会引进学习先进的质量监测和管理控制技术，直接促使中国企业提升产品和服务质量。国内企业面对激烈的竞争环境不得不提升创新发展能力，外贸企业需要时刻关注国际行情，对标国外高水平产品，通过技术创新提升出口产品的质量、附加值以及国际竞争力。

---

① 《习近平在第三届中国国际进口博览会开幕式上的主旨演讲（全文）》，https://www.gov.cn/xinwen/2020-11/04/content_5557392.htm，最后访问日期：2024年6月10日。

产品出口既可延伸国内产业链，亦可引领当地产业高质量发展并重塑全球产业生态，提高国际循环质量。进博会可从根本上推动外贸产业转型升级和供给侧结构性改革，促进内外贸一体化发展。

（四）进博会为发展新质生产力蓄势赋能

习近平总书记指出，新质生产力是创新起主导作用，摆脱传统经济增长方式、生产力发展路径，具有高科技、高效能、高质量特征，符合新发展理念的先进生产力质态。[①] 集成电路行业、汽车、新材料、装备制造业都是新质生产力的重要内容，进博会为新质生产力提供了绝佳的展示机会。自第四届进博会以来，进博会高度重视集成电路专区的建设，集聚全球优势资源；在第六届进博会上，集成电路专区展览面积达到7000平方米，吸引了美光、亚德诺半导体（ADI）等行业龙头首次参展；第六届进博会开幕当天，新材料领域诞生了价值3亿美元的“首日首单”；第六届进博会服务贸易展区聚焦绿色减碳、稳链强链、数字未来等新技术和新成果，致力于服务全行业数字化转型。

进博会的展品都是世界各国的高端产品，其所蕴含的资本投入和先进技术对中国的影响远超产品本身。扩大进口尤其是中间品进口和关键设备及技术进口，是推动国内新质生产力发展所需，也是维护全球产业链供应链稳定所需。扩大中间品进口有力保障了国内的生产供应，并为全球企业提供了市场。2023年，我国进口中间品14.29万亿元，占我国进口总值的79.4%，对满足国内生产需求发挥了积极作用，同时表明“中国制造”地位稳固。一方面，通过增强外企对中国市场的信心引入更多的投资，发展或继续保留产业链供应链，发挥进博会的“虹吸效应”，吸引全球优质企业参展，分享中国经济发展的红利。另一方面，以办好进博会为契机，集成全球优质的中间品、高端关键零部件及高附加值要素资源，通过加快中间品和关键设备及技术进口促进国内产业升级，进而使国内产业降本增效，提高国际竞争力，

① 本刊评论员：《深刻认识和加快发展新质生产力》，《求是》2024年第5期。

深度融入全球价值链，实现自身技术的进步，为高水平对外开放和高质量发展提供有力支撑。

二　进博会现阶段面临的问题

（一）国际环境复杂，高端产品进口受限

我国是世界第二大消费市场和第一大货物贸易国，世界贸易组织发布的2023年全球货物贸易数据显示，2023年中国进出口总值为5.94万亿美元，中国连续7年保持全球货物贸易第一大国地位。其中，出口和进口的国际市场份额分别为14.2%和10.6%，连续15年保持全球第一和第二。[①] 当前国际政治经济形势日趋错综复杂，发达国家发起新一轮贸易保护主义，“制造业回流”、科技封锁、产业脱钩、“友岸外包”等逆全球化思潮暗流涌动。在美国非法单边制裁和“长臂管辖”之下，[②] 跨国公司不得不面临对华脱钩带来的生产成本和供应链转移成本的上升，出现为应对风险和加强管制而不计成本的迹象。发达国家利用其在全球产业链中的领先地位，通过技术打压、封锁和断供等手段，试图遏制中国战略性新兴产业发展。[③]

我国发展仍然处于重要战略机遇期，部分领域对外依赖度较高，如电子通信、精密仪器、大型设备、特殊原料、专用材料等，涵盖日用消费品、工业品、生活服务和生产性服务等方面。中美贸易摩擦加之公共卫生事件的冲击加剧了产业链供应链的不稳定性，其安全性也引人深思。我国部分行业的关键零部件对外依赖度高，容易形成“进口依赖”，一旦国外上游企业垄断具有高附加值的研发设计，我国部分企业缺乏核心技术，将受制于人，陷入

---

① 商务部：《商务部外贸司负责人介绍2023年中国货物贸易国际市场份额情况》，http://m.mofcom.gov.cn/article/xwfb/xwsjfzr/202404/20240403502777.shtml，最后访问日期：2024年7月15日。

② 《外交部发言人：美国应停止非法单边制裁和“长臂管辖”》，http://www.news.cn/world/2023-02/10/c_1129355762.htm，最后访问日期：2024年7月25日。

③ 夏杰长、苏敏：《以数实融合推动现代化产业体系建设》，《改革》2024年第5期。

“低附加值陷阱”。中国高端技术产品的多个进口贸易环节面临严重阻碍，如高端技术产品进口时需要进行额外的技术审查和认证，增加了进口流程的复杂性和成本。中间品大多质量较高，蕴含高端的研发技术，中国企业可进行学习，通过学习效应实现技术转移，增强技术外部性。与进口劳动密集型产品相比，资本密集型和技术密集型产品所包含的资本和技术更能促进中国企业的发展。

（二）进博会与新质生产力的要求仍有差距

打造国际一流营商环境必须解放和发展新质生产力，加快形成与新质生产力相适应的新型生产关系。尽管进博会在促进国际贸易和经济发展方面取得了显著成效，能够在一定程度上促进新质生产力的发展，但在与新质生产力相适应的新型生产关系方面仍面临挑战。当前，我国对外贸易高质量发展还存在不足之处，如：关键核心技术、产品依赖进口；出口产品国际竞争力较弱，容易被“锁定”在价值链低端；改革滞后于新产业、新模式、新平台的发展，难以对贸易高质量发展形成有力支撑。[①] 进博会的行业涵盖范围有限，无法覆盖所有与新型生产关系相关的行业和技术，如新材料领域是新质生产力的关键领域，但是在第六届进博会未设立专区。

进博会对形成与新质生产力相匹配的新型生产关系的作用不够突出。习近平总书记在论述新型生产关系时特别强调：“要扩大高水平对外开放，为发展新质生产力营造良好国际环境。”[②] 当前，与国际通用标准相比，我国内外贸的产品标准并不完全相同，相关企业在国内市场和国际市场面临的标准和要求不一致，需要花费大量的时间、精力和资金进行标准转换，出口产品还必须符合进口国的标准和要求，如国内产品除获得 3C 认证以外，要想出口至美国、欧盟等还需获得 FCC、CE 认证。这就需要进博会持续发挥扩大进口、对接国际标准等作用，助力营造良好国际环境。

---

① 袁瀚坤、韩民春：《新质生产力赋能对外贸易高质量发展：理论逻辑与实现路径》，《国际贸易》2024 年第 3 期。

② 《发展新质生产力是推动高质量发展的内在要求和重要着力点》，《求是》2024 年第 11 期。

（三）进博会促进国际品牌形成，但溢出效应减弱

进博会被誉为通往中国市场的“金色大门”，已成为上海国际消费中心城市的名片，吸引集聚全球的消费资源，带动了上海城市品牌、国际品牌的建设，两者之间的关联愈加密切。但是当参展商转化为投资商之后，往往会选择“落户”位于长三角地区的上海、江苏、浙江等省份，中部地区吸引外资水平不高，特别是西部地区仍有较大的外商投资缺口。在吸引外资方面，东部沿海地区的地理位置、产业结构、经济基础等先天条件更胜一筹，地方政府“保护性”或“歧视性”的市场分割减少了，但企业基于营商环境“用脚投票”的市场分割却加剧了，[①] 进一步扩大了东部、中部、西部地区的差距，不利于区域协调发展。

通过分析历届进博会的国际参展情况发现，进博会的发展速度较前两年有所放缓。从表 1 可以看出，第四届、第五届进博会的各项数据指标增长缓慢，部分数据有所下降，如展览面积，参展企业数量，专业观众数量，参展国家、地区和组织数量等，虽然新冠疫情是重要影响因素之一，但也侧面反映了聚首效应有所减弱。一方面，2021 年和 2022 年全球疫情形势相对严峻，国家外贸活动放缓，人员出入境和商品进出口受到一定程度的限制，致使部分国家、地区和组织只能选择线上参展形式甚至放弃参展。另一方面，第六届进博会的各项数据指标呈现恢复增长的趋势，但部分数据指标仍未达到第三届进博会及之前的水平。

表 1　历届进博会国际参展情况

指标	第一届（2018 年）	第二届（2019 年）	第三届（2020 年）	第四届（2021 年）	第五届（2022 年）	第六届（2023 年）
展览面积（平方米）	30 万+	36 万+	39 万+	36.6 万+	36 万+	36.7 万+
意向成交额（亿美元）	578.3	711.3	726.2	707.2	735.2	784.1
参展国家、地区和组织数量（个）	172+	180+	150+	127+（61 个线上参展）	145+（69 个线上参展）	154

① 刘诚：《持续优化营商环境的改革方向与对策建议》，《中国国情国力》2023 年第 5 期。

续表

指标	第一届（2018年）	第二届（2019年）	第三届（2020年）	第四届（2021年）	第五届（2022年）	第六届（2023年）
参展企业数量(个)	3600+	3800+	3600+	2900+	2800+	3486
参展世界500强企业和行业龙头企业数量(个)	220	288	274	281	284	289
专业观众数量(名)	40万+	50万+	40万+	35万+	35万+	39.4万+
新产品、新技术、新服务数量(项)	100+	391	411	422	438	442

资料来源：笔者根据历年进博会官方资料、报道资料整理。

三　进博会推动打造国际一流营商环境的建议

（一）优化重点领域进口清单，推动进口商品结构优化

2024年《政府工作报告》指出要巩固扩大智能网联新能源汽车等产业领先优势，加快前沿新兴氢能、新材料、创新药等产业发展，积极打造生物制造、商业航天、低空经济等新增长引擎，开辟量子技术、生命科学等新赛道，创建一批未来产业先导区。[①] 上海市自2024年2月1日起实施《上海市推进国际贸易中心建设条例》，明确支持贸易主体扩大先进技术产品、重要装备和关键零部件等进口，鼓励优质消费品、能源资源产品、农产品等进口，深入开展再制造产品进口试点。因此，进博会可对上述特定商品加大进口力度，重视高端制造业领域，将展会资源向高端制造业的世界先进企业倾斜，引导制造业各细分领域的领军企业参展，激励其在国内开设工厂、成立研发中心，从而促进国内制造业的科技创新发展、产业升级换代和产业安全

① 李强：《政府工作报告——2024年3月5日在第十四届全国人民代表大会第二次会议上》，https：//www. gov. cn/yaowen/liebiao/202403/content_ 6939153. htm，最后访问日期：2024年7月25日。

保障，推动企业成果落地及转化。

拓展中间品贸易，寻找全球贸易合作伙伴。实行中间品进口来源地结构多元化策略，加强产业链供应链合作，形成包容性强、生命力强、持续性强的产供链，兼顾产业链安全与效率，形成产供链接、合作共赢的良好局面。加大对周边国家进口力度，既能满足国内市场的需求，又能提振周边国家企业扩大对中国投资的信心。[①] 新能源汽车、信息技术、人工智能、高端制造与工业互联网等产业是支撑国家经济社会发展的战略性、基础性和先导性产业，进博会应高度重视这些产业的展陈规划。针对国家制造业战略急需领域成立相应技术研究部门，进一步完善进博会的组织架构。系统了解相关领域的全球技术研发和供给能力，采取激励措施邀请或吸引企业参展，使进博会成为国内高端制造业与国际企业进行产业链合作的枢纽。进博会可以围绕新能源、新材料、先进制造、电子信息等战略性新兴产业设立展会专区，为加快形成新质生产力提供发展新动能。

历届进博会参展商多为消费升级服务商，虽能满足人民的高端消费需求，但对国内制造业带动作用不强，下一步应发挥竞争效应。优质进口产品出现在国内市场，加剧了国内企业间、行业间的竞争压力，通过竞争效应倒逼企业进行资源配置、技术创新、产品优化和产业升级，产生“鲇鱼效应”，推动制造业模式逐步从劳动或资源密集型向技术或资本密集型转变。对于具有高技术、高质量、高附加值等特点的绿色低碳外贸产品，应大力支持其持续健康发展。对于外贸企业，应通过制度规范和体制健全的贸易绿色发展公共服务平台促使其尽快完成绿色低碳转型，提升外贸产业链供应链的绿色发展程度。

（二）优化制度型开放政策，发挥进博会的改革示范作用

当前逆全球化浪潮、贸易摩擦问题、地缘政治风险仍存在。因此，要营

① 魏浩、杨明明：《中国“增加自周边国家进口”的事实、问题与建议》，《国际贸易》2024年第4期。

造有利于市场配置跨境资源的制度环境，深化制度创新，顺应新型生产关系和国际一流营商环境跃迁需要。总结历届进博会举办过程中取得的一系列制度创新成果，形成可复制、可推广的实践经验，逐步推动制度型开放，最大限度地放大进博会在推动高水平对外开放方面的资源集聚效应和溢出效应。进博会的政策性创新影响范围广阔，对于推动区域协同发展、加快发展新质生产力、促进科技创新和产业升级等都起到重要作用。

全方位提升外资外企参展及在华投资贸易的制度便利性。常态化实施便利的海关通关政策、税收优惠政策。完善进口商品的通关与监管制度，扩大保税监管制度的实施范围，针对特殊商品探索建立具体的分类监管模式，保障特殊商品的通关、展示与销售便利化。降低进口商品综合税率，包括关税、增值税、消费税等，完善进口货物退免税政策。结合国际发展趋势，稳步探索研究数字资产税、数字服务税、碳税等税种。在清洁能源和低碳发展领域改进税收政策，加大政府绿色采购力度，大力发展绿色供应链。[①] 推动参展商优惠制度向共建“一带一路”国家倾斜，继续设置“特殊展位”供最不发达国家使用，降低参展商的参展成本。运用数字技术打造线上展示平台，提供在线展示、咨询、体验、交易服务，进一步扩大参展规模。与发达国家建立高层领导互访机制，通过创办友好城市、签署高层次贸易协议等方式实现国家之间政治、经济、法律等方面的求同存异。

在优化营商环境方面，要结合自由贸易试验区发展，既要发挥“先行先试”的体制机制优势，又要与进博会高效协同互动，通过资源共享、政策互惠、责任共担等途径实现“1+1>2”的效果。要完善优势产业和重点领域的法律制度及国际标准，开展国内外标准比对，建立质量认证合作机制，提高进口通关的便利化程度，促进投资落地。鼓励国内企业与国外高端企业建立技术联盟，从技术合作上升到统一标准制定、知识产权合作等层面，提升外贸企业的硬实力和影响力。建立公平有序的市场竞争环境，促进人才、资本、数据等要素的自由流动。

---

① 闫坤、刘诚：《财税政策如何支持加快现代化产业体系构建》，《中国税务》2024 年第 3 期。

地方政府结合当地的优势产业围绕进博会谋划高质量招商对接活动，提高外资企业对当地产业的关注度，实现错位招商，避免恶性竞争。在数字技术和数字经济的推动下，传统营商环境正在向数字营商环境快速转变。应继续重视绿色低碳、可持续发展的生产和消费理念，利用数字化技术提升线上参展的企业数量，提供与网上洽谈交流、合同履约相配套的知识产权服务。突出数字经济相关内容，让世界了解中国数字经济的发展进程，提升中国对国际数字经济与贸易规则的影响力。加快形成与新质生产力相适应的新型生产关系，围绕简政放权进一步提升行政管理效率与管理水平，创新运用“创新沙箱”或“监管沙盒”的理念和方法，建立跨部门、跨区域的监管方式，优化行政审批程序。

（三）加快进博会数字化建设，为新质生产力发展蓄势赋能

随着新一轮科技革命和产业变革加速演进，全球产业形态逐渐从工业化向数字化转变。通过发展数字经济，以颠覆性技术和前沿技术催生新产业、新模式、新动能，是发展新质生产力的必然选择。新质生产力不仅能推动传统产业向智能化、绿色化转型，还能催生新兴产业形态，加快战略性新兴产业和未来产业的发展。进博会可围绕自动驾驶、无人机、人形机器人等先发优势产业设立展览专区，在垂直细分市场中纵深推进。

近年来，国际贸易范畴由以往的有形商品扩大到无形的数字，国际贸易交易主体由最终产品贸易、中间产品贸易发展到数字贸易。[①] 依托数字生态系统构建现代化产业体系，进博会可加大对智能制造、智能家电、数字安防等产业的宣传力度，推动传统产业尤其是制造业生产方式、组织方式的数字化转型和智能化升级，利用数字技术促进产业链上下游的全要素数字化升级、转型和再造，打造一批具有国际竞争力的数字产业集群。与传统生产力所匹配的普通机器设备不同，新质生产力所匹配的是“高级、精密、尖端”

① 中国社会科学院财经战略研究院课题组、何德旭、赵瑾：《“十四五”时期推进中国贸易高质量发展的问题与对策》，《财贸经济》2021 年第 42 期。

设备，是具有明显数字化、智能化特征的生产设备，实现了传统以机械为主的生产工具的升级换代。未来，进博会可鼓励企业加大源头性技术储备力度，主动进口工业机器人、智能传感设备等数智化生产设备，充分发挥其软硬协同、虚实合一、智能敏捷、绿色生态的优势。

数实融合促进了数据要素价值充分释放，优化了产业布局和结构，推动了产业数字化和智能化转型升级，是解放和发展生产力的重要路径。因此，进博会应加速推进数字经济与实体经济的融合，侧重发挥数字经济新业态、新模式及新组织方式对实体经济生产、流通、消费场景的革新作用。推进数据交易和流通，探索设立“数据跨境流动试验区”，在虹桥国际开放枢纽等地试点推进可视可控的跨境数据双向流通。结合新质生产力，在数实融合过程中需要适当融合中国传统文化。在数字经济赋能实体经济的过程中植入中国传统文化，设计、生产和销售更多国货，如在进博会中华老字号展示专区、中国旅游展示专区、非物质遗产展示专区、虹桥国际城市会客厅展示区等人文交流平台展现中华文化的永恒魅力和时代风采。

（四）持续放大进博会品牌效应，打造上海城市品牌

品牌效应可以帮助企业乃至国家在竞争激烈的市场中脱颖而出，增强差异化竞争优势，增强用户黏性，有助于建立长期竞争优势、提升市场地位，为企业乃至国家创造稳定的长期价值。随着进博会的连续成功举办，其海外关注度逐渐提升，进博会的形象在境外更加立体，传播力进一步增强。参展企业应充分利用进博会的品牌效应，中国国际进口博览局应创设品牌展示平台，继续推广“6 天+365 天”交易服务平台，吸引更多的品牌上线。充分利用虹桥商务区作为虹桥国际开放枢纽的核心承载功能，完善国际贸易中心平台功能，优化进博会相关政策措施，积极消化、吸收进博会引入的新技术和新产业，吸引跨国公司地区总部、外资研发中心、贸易型总部入驻上海。除商品贸易以外，打造进博会文化品牌，促进城市之间的文化交流和经济合作，提升城市的文化内涵和软实力。增设国际品牌相关论坛、发布会、宣传片网友评选活动等活动项目，营造品牌汇聚和交流的氛围；继续举办虹桥国

际经济论坛，形成比肩达沃斯的高层次国际论坛，围绕全球前沿热点话题开展对话交流。

发展首发经济，带动城市品牌建设。北京、广州等国内消费中心城市正在加速发展首发经济，国际一流消费中心城市也大多形成了从新品发布到首店、总部相对健全的首发经济产业链。上海作为进博会主办城市，应该充分发挥进博会的优势，链接全球贸易合作伙伴，形成具有中国特色和文化底蕴的全球首发产品和产业链。上海应尽快出台相关文件和政策，明确总部企业认定和支持标准，加大对国内知名品牌中国首店、亚洲首店等的资金支持力度。进博会不仅是国际商业交流的平台，也是国际文化交流的平台。上海作为进博会的永久举办城市，其开放、包容的城市品牌已经与进博会密不可分，进博会的举办也将上海城市品牌带到了一个新的高度。积极号召相关地区政府部门、企业、社会团体和媒体乃至国际机构等多元主体参与城市品牌建设，形成多元协同的工作机制；采取积极主动的策略性政策，推动进博会举办期间的文化交流活动，从而进一步丰富城市文化内涵，提升城市文化品牌，增强城市影响力。上海应以进博会为载体，培育一批具有上海特色的城市 IP，不断丰富和完善上海城市 IP 矩阵。通过举办进博会等国际重大展会塑造良好的城市形象，进而带动旅游业的发展，逐步提升酒店、餐饮、交通等旅游接待服务的国际化水平，树立全球城市品牌。

B.16

进一步以进博会为契机促进上海数字经济发展

刘朝青*

摘　要： 进博会秉持“办出水平、办出成效、越办越好”理念要求，已连续成功举办了六届，其溢出效应愈加显著。上海数字经济发展规模和水平均位居全国前列，但与国外发达城市数字经济竞争力相比仍有一定差距。本文在厘清数字经济概念的前提条件下，透析上海数字经济发展特征，进而深度分析进博会与上海数字经济发展的关联影响，从数字创新、智慧低碳、数据要素、数字技术、数字人才等多个方面提出进一步以进博会为契机促进上海数字经济发展的思考和建议。

关键词： 进博会　数字经济　数字创新　数据要素产业　数字人才

我国数字经济规模持续增长，在社会经济发展上的“稳定器”“加速器”作用更加凸显。上海是我国数字经济发展的先锋城市，以其在产业基础、科创资源、研发能力和体制机制等方面的优势，成为全国数字经济发展的重要增长极。中国国际进口博览会（以下简称“进博会”）是上海当前规模最大、层级最高并以进口为主题的国家级展会，发挥着国际采购、投资促进、人文交流、开放合作四大平台作用，数字化赋能高质量办展，吸引了大量国内外数字经济企业机构、数字新技术、数字新

* 刘朝青，上海智慧城市发展研究院高级研究顾问，主要研究方向为智慧城市、数字化转型、数据要素、数字经济。

产品、数字经济发展人才在上海集聚，为上海数字经济创新发展创造优势条件。

一　数字经济的概念

“数字经济”一词在 1996 年由美国经济学家唐·泰普斯科特（Don Tapscott）首次提出，数字经济发展之初主要是指“以因特网为基础设施，信息产业为支柱产业，电子商务为经济增长动力”的互联网经济。国际上广泛认可的是 2016 年二十国集团领导人第十一次峰会（G20 杭州峰会）发布的《二十国集团数字经济发展与合作倡议》中关于数字经济的定义：以使用数字化的知识和信息作为关键生产要素、以现代信息网络作为重要载体、以信息通信技术的有效使用作为效率提升和经济结构优化的重要推动力的一系列经济活动。[①] 从国内的角度来看，国家统计局在 2021 年 5 月也给出了类似的定义：数字经济是指以数据资源作为关键生产要素、以现代信息网络作为重要载体、以信息通信技术的有效使用作为效率提升和经济结构优化的重要推动力的一系列经济活动。[②] 数字经济的概念可以从多个角度进行理解和界定，其核心是数据资源作为关键生产要素，以数字技术融合应用和全要素数字化转型为重要推动力，是一种提升效率和优化经济结构的新经济形态。

二　上海数字经济发展特征分析

上海在数字基础设施方面全面升级，网络基础设施、数据中心、计算平台和科技基础设施总体水平领先全国。上海被誉为“双千兆第一城”，实现

① 《关于数字经济，你了解多少?》，http：//www.qstheory.cn/laigao/ycjx/2022-01/28/c_1128309632.htm，最后访问日期：2024 年 8 月 18 日。

② 《四、统计制度及分类标准（17）》，https：//www.stats.gov.cn/hd/cjwtjd/202302/t20230207_1902279.html，最后访问日期：2024 年 8 月 18 日。

固定宽带千兆全覆盖，全面推广5G网络应用。到2023年底，上海建成5G基站1.9万个，累计建成9.2万个，5G基站密度和占比均位居全国第一。[①] 上海超算中心等算力资源建设全国领先，截至2023年底累计归拢通算、超算、智算资源超8000P[2]。算力综合指数排名全国第三，截至2023年9月底，上海在用数据中心标准机架达42.3万个，上架率约为65%，在用和在建算力总规模超过14EFLOPS（每秒百亿亿次浮点运算次数）。[②] 上海通过布局数字化转型奠基性工程如国家（上海）新型互联网交换中心、国家新一代人工智能开放创新平台、上海技术交易所、智能网联汽车试点示范区等提升数字基础设施能级。

上海推动数字技术与实体经济融合，数字产业发展生态比较完善，势头强劲。2023年上海《政府工作报告》显示，上海生物医药、集成电路、人工智能三大先导产业规模达到1.6万亿元。上海是全国集成电路产业集中区，拥有完整的集成电路产业链，上海市集成电路行业协会于2024年6月24日发布的《2024年上海集成电路产业发展研究报告》显示，上海集成电路产业销售规模占全国的比例约为22%。2023年上海人工智能产业规模以上企业从2018年的183家增长到348家，产业规模从2018年的1340亿元增长到超3800亿元，位居全国前列。[③] 上海智能工厂、工业互联网平台建设水平保持全国前列，截至2023年底，上海累计培育3家国家级标杆性智能工厂、19家国家级示范性智能工厂、111个国家级智能制造优秀场景，[④] 工业互联网平台应用水平和应用普及率分别达41.5和33.7%。[⑤] 在线新经

① 《数说通信持续优化营商环境二十条》，https：//baijiahao.baidu.com/s？id = 1792147682020619515&wfr = spider&for = pc，最后访问日期：2024年7月20日。

② 《上海："算赋百业"夯实算力基础设施建设》，https：//baijiahao.baidu.com/s？id = 1791285123139956242&wfr = spider&for = pc，最后访问日期：2024年7月20日。

③ 《人工智能"上海高地"建设如火如荼》，https：//baijiahao.baidu.com/s？id = 1803695429618708490&wfr = spider&for = pc，最后访问日期：2024年7月20日。

④ 《上海智能制造装备产业规模突破千亿元》，https：//www.gov.cn/lianbo/difang/202401/content_6924139.htm，最后访问日期：2024年7月27日。

⑤ 《2023年上海市工业互联网平台发展报告》，https：//sghexport.shobserver.com/html/baijiahao/2024/04/18/1300209.html，最后访问日期：2024年7月20日。

济服务业发展迅速，元宇宙、数字人等数字文创产业获得扶持，涌现了美团点评、米哈游等在线新经济企业。上海数字经济产业发展生态氛围浓厚，每年定期举办上海国际软件博览会、上海世界移动通信大会（2023 MWC 上海）、世界人工智能大会等大型论坛会议以及“智慧工匠”“领军先锋”遴选颁奖大会。

上海以科技创新为核心发展引擎，聚焦元宇宙、芯片、脑机接口、区块链、Web3.0、大模型、算力、语料、AGI、人形机器人等前沿数字技术布局，建设全球科技创新中心。据了解，上海脑机接口关键技术达到国际领先水平，全球脑机接口顶级学术会议将于 2024 年 12 月在上海举办，该会议首次落户亚洲。上海积极开拓人工智能全栈自主创新发展之路，2023 年上海揭牌成立大模型创新生态社区“模速空间”，已引进大模型相关企业近 80 家。[①] 从 2024 年 6 月 20 日上海举行的市政府新闻发布会上了解到，上海已有 34 款大模型通过备案，制造业、金融、具身智能机器人等垂类领域应用活跃，已发布多款通用人形机器人原型机，拥有 4200 亿 Token 的语料数据实现开源。上海持续加大创新投入力度，《2023 年上海市国民经济和社会发展统计公报》[②] 数据显示，上海全社会研发经费支出占全市 GDP 的比例达 4.4%左右，上海全市财政科技支出 528.1 亿元，同比增长 36.7%，其中上海市级财政支出 265.3 亿元，基础研究支出占比达 23.6%。

上海不断完善与数字经济发展相匹配的政策体系。上海在 2021 年颁布了首个数据领域的综合性地方立法《上海市数据条例》，破除数据流通和开发利用的制度障碍，保障规范数字经济安全发展。在 2022 年颁布了全国第一部人工智能领域省级地方性法规《上海市促进人工智能产业发展条例》，为构建人工智能“上海高地”提供法律保障。在 2023 年出台了《立足数字经济新赛道推动数据要素产业创新发展行动方案（2023~2025 年）》（简称

---

① 《大模型进入落地元年　国产算力迎来黄金机遇》，https：//baijiahao.baidu.com/s? id=1803899808327866848&wfr=spider&for=pc，最后访问日期：2024 年 8 月 18 日。

② 《2023 年上海市国民经济和社会发展统计公报》，https：//www.stats.gov.cn/sj/zxfb/202402/t20240228_1947915.html，最后访问日期：2024 年 8 月 18 日。

“上海版数据二十条”），落实国家数据基础制度，推动上海数据要素市场发展。积极推进城市数字化转型发展，构建了“1+3+X”数字化转型政策体系。高度重视网络空间建设，建立健全关键信息基础设施网络安全重大事项报告制度，推动一系列数据安全标准研制，加强数据跨境流动安全监管，开展“净网”专项行动，整治网络乱象。

三　进博会与上海数字经济发展的关联影响分析

（一）智慧进博建设带动数字产业发展

从第一届进博会举办以来，智慧进博的建设一直备受重视并不断升级，其强调前沿数字技术和创新应用，在提升进博会智能化水平的同时，成为推动数字产业发展的强大引擎。一是智慧进博推动了办展场馆智能化建设，为智能零碳建筑、5G等相关技术提供产业应用落地场景。首届进博会召开前，国家会展中心对应国际大型展会设施标准，进行了全面的智能化改造，所有场馆和泵房供水、供气等管道设施均实现无线智能监测功能，并在第三届进博会举办前实现了展馆5G网络全面覆盖，实时监控场馆运行状态，为VR/AR展示、高清直播等应用提供了技术保障，为实现第六届进博会“零碳零塑办博，绿色智慧出行”目标奠定基础。第六届进博会举办期间，加强对建筑运行、餐饮供应等碳排放数据的监测，并推行保障用公交车全部采用新能源汽车，采取积极措施实现展会碳中和。二是进博会通过构建智慧会展服务体系，创新了会展服务的形式和内容，带动了人工智能机器人产业发展。第六届进博会对数字导览服务进行了全新升级，新增“进宝”人工智能机器人服务，能为展客商咨询的高频问题提供专业解答，并具备卫生间方位、供餐场所数量等查询功能。三是进博会充分利用智能化手段，赋能城市服务保障更高效、更智能、更精准，推动智慧城市产业迭代升级。比如，在智慧交通出行方面，打造上海MaaS平台系统，助力第六届进博会周边交通出行更智慧、更便捷；在展品及人流监管方面，利用AR眼镜助力海关对参展食品、农产品等进行自动甄别，借助人流监测分析系统和预警预测模型提升展会客流分析研判和应急能力，应用人工智能技术打造逐小时发布1公里网格预报产品；在展会智慧管理方面，第六届进博会打造了服务保障综合指挥平台4.0版，接入消防救援、交通指挥等15类智慧系统，设立市民热线、市场监管等“进博”专题，引入列车、航班等34类数据指标，智能研判场馆周边态势，提升线上线下联动处置能力。①

（二）进博会数字经济发展生态集聚功能凸显

近年来，进博会在推动数字经济发展生态集聚方面展现出强大的功能，成为引领全球数字经济合作与发展的重要平台。一是进博会在提升数字经济类企业集聚能力方面成效显著。从参展规模上看，每届进博会都吸引了大量数字经济企业参展，无论是参展商数量还是参展面积均稳步增长。第六届进博会企业商业展面积约为36.7万平方米，参展的世界500强和行业龙头企业达289家，均超过历届水平。② 这些企业不仅带来了最前沿的数字技术与数字经济产品，还展示了高水平的数字化解决方案，有效推动了产业数字化转型进程。例如，在进博会技术装备展区，戴尔科技集团、罗克韦尔自动化、西门子、克斯康等企业展示了它们在数字化转型领域的创新应用和解决方案。二是进博会在提升数字经济发展人才和知识集聚能力方面发挥了重要作用。虹桥国际经济论坛作为进博会三大支柱之一，举办了多场数字经济相关的主题论坛，吸引了大量数字经济领域的专家和学者参与并发表观点，为数字经济的发展提供了宝贵的智力支持。例如，第六届进博会虹桥国际经济论坛举办了“数据共生，智能未来——2023全球数字大会”，有800余位专家学者、行业翘楚、企业精英及机构代表参会，共同探讨数字经济发展议题。同时，进博会通过举办各种形式的交流活动，促进了不同领域、不同背

---

① 《智慧交通、“零碳进博”，第六届进博会有这些看点》，https：//baijiahao.baidu.com/s?id=1780541266152337298&wfr=spider&for=pc，最后访问日期：2024年7月27日。

② 《从数字，“预览”第六届进博会》，http：//m.ce.cn/bwzg/202311/03/t20231103_38777096.shtml，最后访问日期：2024年7月27日。

景的人才之间的合作与互动，进一步提升了数字经济发展的整体创新能力。三是进博会促进数字经济发展资金集聚的能力不断增强。进博会已成为投资促进的重要平台，许多展商在会后变身为投资商。例如，清洁机器人龙头企业卡赫在首届进博会“一炮而红”，随后在中国市场大规模投资超过 20 亿元；① 松下在进博会展示的“智感健康生活”适老化住宅方案已在江苏宜兴等地落地；赛莱默首次参展进博会就收获大笔订单，为此赛莱默在上海设立了亚洲最大的研发中心。这种“展商变投资商”的现象，不仅体现了进博会在促进资金流动和投资合作方面的潜力，也反映了数字经济领域对资本的吸引力和集聚能力。

（三）进博会提升数字经济发展联通能力

进博会作为全球瞩目的贸易盛会，不仅展示了中国对外开放的姿态，更成为推动数字经济全球联通的重要平台。首先，进博会利用数字技术改造升级了传统外贸通关、物流等环节，推动了数字贸易便利化发展。数字贸易是数字经济发展的重要抓手和数字经济国际合作的表现形式。上海海关创新大数据、区块链等数字技术应用，实现对进博会展商展品信息的全流程监管，第三届进博会首次实现了展品入境“无纸化通关”，第六届进博会“无纸化通关”升级为“秒放”，设置“单一窗口”进博会专区，提供参展商和展览品在线备案及申报服务，并正式签署《第六届中国国际进口博览会通关便利化框架协议》，这些便利化措施和创新监管制度放大了国内外资源联动效应，提升了国际数字贸易便利化程度。海关总署数据显示，2023 年我国跨境电商进出口额为 2.38 万亿元，增长 15.6%。② 其次，进博会为各国技术标准统一提供协调机会，有助于减少技术壁垒，推动数字经济高质量发展。第六届进博会的中国馆首次展示了我国牵头制定的三项 ISO 国际标准，包括

---

① 《投资热度六年不减，这些进博展商多了一个新身份》，https：//baijiahao. baidu. com/s？id=1781905191662528859&wfr=spider&for=pc，最后访问日期：2024 年 8 月 18 日。

② 《数字贸易：带动数字经济发展的关键抓手》，https：//www. cimetcc. cn/szjj/4433. html，最后访问日期：2024 年 8 月 18 日。

ISO/TS 44006《合作业务关系管理　校企合作指南》、ISO/TS 42502《共享经济　数字平台资源提供者审核指南》和 ISO/IWA 41《直播营销服务指南》。同时，在第六届虹桥国际经济论坛举行的“开展国际标准合作　促进全球市场繁荣”分论坛上，各参会嘉宾积极分享近年来各国参与国际标准化工作取得的成果，国家市场监督管理总局（国家标准化管理委员会）对外发布了 398 项国家标准外文版，涵盖农业、食品、消费品、交通、物流、社会管理、节能降碳、医药技术等领域。① 最后，数字经济高速发展离不开数字技术应用创新，进博会通过展示最新的数字技术研发应用成果，促进全球数字经济高水平互动发展。在第六届进博会的技术装备展区，多家企业展示了先进的数字技术、数字产品或数字化解决方案。例如：智慧医疗的代表企业诺和诺德展示了肿瘤患者“一站式”服务解决方案、“一站式”智能化糖尿病自我管理解决方案等全球领先的数字化健康解决方案；戴尔科技集团展示了企业级端到端产品组合、商用终端解决方案、AI 和边缘计算等领域的前沿技术应用；西门子全面展示了其在智能制造、智能基础设施、智慧交通等领域的创新科技应用，并发布了西门子 Xcelerator 生态合作伙伴计划；高通展示了其专为生成式 AI 打造的第三代骁龙 8 移动平台，支持在终端侧运行大模型；英特尔、德州仪器、ADI、三星等全球芯片巨头带来了数字经济、大模型、新能源、电动汽车等领域的最新产品和解决方案。

（四）进博会优化营商环境，促进数字经济发展

数字经济发展离不开稳定、公平、透明、开放的营商环境，更离不开政府对企业高水平的服务。进博会不仅是一个展示平台，更是一个优化营商环境的平台，为数字经济发展提供了良好环境。首先，举办进博会是我国扩大开放的重要举措。习近平主席在首届进博会上指出“中国国际进口博览会

① 《【第六届进博会】中国为何扩大国际标准化合作“朋友圈”?》，https：//m. chinanews. com/wap/detail/chs/sp/10107174. shtml，最后访问日期：2024 年 7 月 28 日。

不仅要年年办下去，而且要办出水平、办出成效、越办越好”。[①] 进博会已经成为我国构建新发展格局的窗口、推动高水平对外开放的平台、全球共享的国际公共产品。[②] 第六届进博会的中国馆全面展示了自由贸易试验区的探索实践和建设成就，以及中国坚持高水平对外开放的决心。其次，为了吸引更多的数字经济企业参与，进博会展示了中国在简化市场准入流程、降低市场准入门槛方面的努力，历届进博会海关均会出台多项支持举措，如授权行政审批方便企业就近办理、延长 ATA 单证册有效期、允许展品在展后结转到特殊监管区、支持常年保税展示交易常态化等。再次，进博会重视知识产权保护，为数字经济企业创新发展提供了信心和保障。历届进博会均印发了知识产权服务保障工作方案，全面部署知识产权保护工作，做好知识产权服务保障，营造良好的知识产权保护氛围，全方位推动进博会越办越好，切实打造一流的营商环境。第六届进博会设立了进博会涉外法律、知识产权等服务中心，提供“一站式”专业法律服务。最后，进博会推动了数字经济创新生态平台发展，为数字经济企业带来研发支持、市场对接、资本对接等方面的服务和信息。公开数据显示，第六届进博会升级扩容了创新孵化专区，吸引约 300 个项目参展，科技前沿类展览专区较上届增长 30%，集中展示超 400 项新产品、新技术、新服务。[③]

四　关于进一步以进博会为契机促进上海数字经济发展的建议

（一）积极创建进博会元宇宙品牌，助力上海培育数字展会新质生产力

《上海市数字经济发展“十四五”规划》提出要加快部署未来虚拟世

---

① 《坚持对外开放　实现互利共赢》，https：//baijiahao. baidu. com/s？ id = 1781648028465686588&wfr = spider&for = pc，最后访问日期：2024 年 8 月 18 日。

② 《以进博会为支点　服务构建新发展格局》，https：//economy. gmw. cn/2023-11/08/content_ 36951350. htm，最后访问日期：2024 年 7 月 28 日。

③ 《续写更多精彩的故事——写在第六届进博会闭幕之际》，https：//baijiahao. baidu. com/s? id = 1782172987701507924&wfr = spider&for = pc，最后访问日期：2024 年 8 月 18 日。

界与现实社会相交互的平台，打造具有影响力的元宇宙标杆示范应用。2023年，上海市进一步出台《上海市打造文旅元宇宙新赛道行动方案（2023~2025年）》，明确提出力争到2025年，上海“文旅元宇宙”品牌初步打响，发展水平位居全国前列，产业规模突破500亿元，形成2~3个新内容创制产业集聚发展区。进博会作为上海展会文旅行业的标杆品牌，建议打造集展览展示、交流合作、文化体验等功能于一体的进博会元宇宙，助力上海培育数字展会新质生产力，带动上海元宇宙产业生态落地发展。一是构建进博会元宇宙展区。在已有的进博会数字展厅的基础上，构建数字孪生展馆，利用VR、AR、MR等技术，在元宇宙中构建虚拟展区，使参展商和观众身临其境。二是丰富进博会元宇宙内容。在元宇宙中举办新品发布会、行业论坛等活动，邀请行业专家、企业领袖等进行线上演讲和交流。在元宇宙中设置文化体验区和娱乐区，如元宇宙艺术展、全息演唱会、VR游戏等，让观众在享受科技带来的乐趣的同时，能深入了解不同国家的文化特色。三是探索开发进博会数字资产。探索基于区块链的数字藏品和NFT（非同质化代币），为开发与进博会主题相关的虚拟文化展览、数字艺术作品等提供独一无二的数字身份。四是加强进博元宇宙数据安全与隐私保护。建立健全元宇宙数据安全管理体系，加强数据加密、访问控制、审计追踪等措施，确保用户数据在元宇宙中的安全性和隐私性；明确数据收集、使用、共享和销毁的规范和流程，确保元宇宙平台的合规运营和可持续发展。五是积极邀请国际展商参与进博会元宇宙的建设和运营。共同打造具有国际影响力的元宇宙展会品牌，在元宇宙中设立国际合作项目展示区，展示各国在数字经济、科技创新等领域的合作成果和最新进展。

（二）持续推广低碳智慧办会理念，助力上海数字经济绿色发展

数字化和绿色化协同发展是我国经济社会高质量发展的必经之路，受到党和国家的高度重视，《数字中国建设整体布局规划》提出“建设绿色智慧的数字生态文明，加快数字化绿色化协同转型”等战略举措。数字化和绿色化协同发展的关键，就是大力推动数字经济发展和绿色低碳转型，实现高

质量发展。上海应深入践行第六届进博会提出的“低碳智慧办博”理念，将该理念推广至其他展会策划、组织及运营全过程，深化数字技术与绿色低碳的融合应用，将每一场展会打造为推动数字经济绿色发展的生动实践。一方面，建议加强对参展商及观众的环保教育，倡导使用电子资料替代纸质印刷品，减少一次性用品的使用，鼓励通过线上平台进行信息交流与商务对接，推广各类展馆绿色化智能化改造，减少展会举办期间的碳排放。同时，引入智能垃圾分类与回收系统，确保展会废弃物的有效分类与资源化利用，为构建循环经济贡献力量。另一方面，建议充分利用云计算、物联网、人工智能、区块链等数字新技术，全面优化展会管理流程，提升服务效率与质量。持续推广智能预约、人脸识别入场、AR/VR 体验等创新应用，为参展商和观众提供更加便捷、高效、沉浸式的参展体验，降低传统展会模式下的人力物力成本及能源消耗。此外，上海应积极触达进博会优质绿色数字经济企业及项目，并通过更加优惠的政策支持引导企业投资或项目落地，努力培育一批具有国际竞争力的绿色数字经济龙头企业。

（三）加强进博会数据枢纽平台建设，助力上海数据要素产业创新高地建设

上海在数据产业领域具有领先地位，是数字化转型的引领者之一。《立足数字经济新赛道推动数据要素产业创新发展行动方案（2023~2025 年）》明确提出，上海要建设具有国际影响力的数据要素配置枢纽节点和数据要素产业创新高地，到 2025 年数据产业规模达到 5000 亿元。进博会展示最新的技术、产品和理念，为数据要素的发展和利用提供了重要的推动力，促进了国际合作与交流，为数据要素的收集、处理和应用开辟了新的途径。一是加强进博会与上海数据交易所的联动。设立“数据要素交易专区”作为进博会的重要板块，邀请国内外顶尖的数据提供商、数据处理与分析企业、数据安全解决方案商等参展，集中展示最新的数据产品、技术成果和解决方案，促进上海数据要素市场的国际化交流与合作，助力上海数据交易所能级提升，提升全球数据资源的配置效率。二是推动数据交易规则的国际化进程。

通过在进博会举办期间设立国际数据交易论坛，邀请国际知名专家、学者及企业代表共同探讨数据交易的发展趋势、挑战与机遇，促进各国在数据交易规则制定上的深入对话与合作，推动形成更加开放、包容、透明的国际数据交易环境。三是打造进博会自身数据产品，形成上海数据品牌。智慧进博建设为进博会集聚了海量、高质量的参展商、采购商、观众等多维度数据，有条件开发一系列专属的可交易数据产品，形成上海数据品牌。四是打造国际展会数据运营平台，活跃跨境贸易数商生态。借助进博会开放窗口平台功能，推动打造跨境展会数据运营平台，为跨境贸易数商提供便捷、全面的数据服务。同时，通过举办数商大会、研讨会等活动，加强数商之间的沟通与交流，共同探索数据运营的新模式和新机遇。

（四）进一步借力进博会强化上海数字技术及数字人才供给功能

增强数字技术交易和成果转化能力。上海应制定针对进博会技术交易和成果转化的专项扶持政策，建立健全技术交易和成果转化服务平台，加强与国际技术转移组织、行业协会的合作，组织一系列的专业对接活动，建立健全知识产权评估、交易、转化等机制，加强高校、科研机构与企业的合作，提高政府服务效率和质量，推进进博会“展贸”“展投”“展产”“展销”“展城”“展外”等全领域融合，促进技术交易和成果转化，推动上海数字技术的快速发展。建立数字技术国际合作平台，利用进博会的国际交流机会，共享资源、技术和市场信息，促进上海与世界各地在数字技术领域的交流与合作，推动上海数字技术的国际化发展，探索上海数字技术“出海”新模式。

加强数字人才的培养，优化供给。数字人才是提升数字经济发展竞争力的关键，从阿里研究院和智谱联合发布的《2023全球数字科技发展研究——科技人才储备实力研究报告》① 可知，我国数字高层次人才较少，尤

---

① 《2023全球数字科技发展研究——科技人才储备实力研究报告》，https：//m.163.com/dy/article/HRF7D8F50511B3FV.html，最后访问日期：2024年8月18日。

其是企业面临较大的高端数字人才缺口。上海可以利用进博会的国际影响力，组织数字人才交流论坛，邀请国内外顶尖的数字技术专家、学者和行业领袖进行主题演讲和圆桌讨论，分享数字技术的最新趋势、人才培养的先进理念和成功案例，探索高层次数字人才培养思路和方向。同时，鼓励在沪高校、研究机构加强与进博会参展企业之间的合作，通过签订合作协议、建立联合实验室、开展实习实训项目等方式，促进数字人才培育及企业人才引进。

Abstract

The China International Import Expo (CIIE), as a window for China to build a new development pattern, a platform for promoting high-level opening up, and a globally shared international public goods, is not only conducive to showcasing China's confidence, determination, and practical actions in further deepening reform, promoting high-quality development, and advancing high-level opening up to the world, but also an important platform for learning, publicizing, and implementing the spirit of the Third Plenary Session of the 20th Central Committee of the Communist Party of China. Since its first edition, the "circle of friends" of the CIIE has become increasingly large, attracting many countries and exhibitors from all over the world every year. It brings together new products, technologies, and services from around the world, and promotes the transformation of "exhibits into commodities" and "exhibitors into investors". Its scale, level, and influence continue to expand and improve. The six consecutively held successful advanced CIIEs are an important window for the world to observe China to promote high-quality development and high-level opening up in the new era. They not only comprehensively demonstrate the new achievements of Chinese path to modernization, but also constantly provide market opportunities, investment opportunities and growth opportunities for all parties.

As a major economic and diplomatic event held after the successful convening of the Third Plenary Session of the 20th Central Committee of the Communist Party of China, the 7th CIIE not only has a guiding significance for declaring China's firm determination to promote high-level opening-up to the outside world, but also helps the world observe the depth and breadth of China's further comprehensive deepening of reforms. It is believed that under the guidance of the spirit of the Third Plenary Session of the 20th CPC Central Committee, the 7th CIIE will adhere to the concept of "not only to continue every year, but also to achieve a high level, effective and better", give full play to the functions of the four major platforms, and make more contributions to further deepening reform and promoting Chinese path to modernization.

This book focuses on the in-depth implementation of the spirit of the Third Plenary Session of the 20th Central Committee of the Communist Party of China, and provides suggestions and recommendations for the 7th CIIE on accelerating the development of new quality productive forces, solidly promoting high-quality development, and advancing high-level opening up to the outside world. The intention is lofty and the key points are highlighted. This book is based on comprehensive data and uses cutting-edge methods such as quantitative analysis and artificial intelligence to comprehensively analyze and interpret the enormous spillover effects of the CIIE from different perspectives. The research findings undoubtedly have important theoretical value and practical significance. Among them, the sub report topics include China's promotion of high-level opening up, promoting the development of new quality productivity, promoting the sharing of development opportunities with the least developed countries, high-quality construction of the "the Belt and Road", promoting the integration and high-quality development of the Yangtze River Delta, driving participation in global governance, accelerating the improvement of the quality of foreign capital utilization, promoting the creation of an international first-class business environment, promoting the quality and expansion of domestic consumption, accelerating the internationalization of the circulation industry, promoting the alignment with international economic and trade rules, expanding the influence of international media communication, and promoting the development of Shanghai's digital economy and accelerating the construction of an international consumption center city. It covers the key areas involved in the spillover effect of the CIIE, and helps to better promote the "dividend of CIIE" to benefit the world with high-standard opening up. The case report comprehensively and systematically summarizes the current development status and practical experience of "Hongqiao Pinhui", and looks ahead to the future development direction, providing many useful experiences and inspirations for further expanding high-standard opening up.

Keywords: CIIE; "Four Major" Functions; New Quality Productive Forces; Opening up to the Outside World

Contents

Ⅰ General Report

Abstract: As the world's first import-themed national exhibition, the CIIE has been successfully held for six consecutive years, playing a pivotal role in global economic and trade exchanges and cooperation, and has gradually become the four major platforms for international procurement, investment promotion, people-to-people exchanges, and open cooperation, injecting new impetus and vitality into global economic development. Based on the summary of the previous six sessions of the CIIE, from the perspective that two-way opening up benefits world economic development, the CIIE contributes positively to the development of new quality productive forces, creates a solid window for two-way opening up, and promotes two-way opening up with new quality productive forces: The three aspects of the CIIE benefiting the development of the world economy have specifically explored the results achieved by the CIIE, so as to provide references for further organizing the CIIE in the future, enhancing the attraction and international influence of the CIIE, and promoting China's high-quality opening up.

Keywords: CIIE; Two-way Opening Up; New Quality Productive Forces

Ⅱ Topical Reports

Abstract: Greenization and digitalization are the direction and future of international economic and trade development. As a window for promoting high-stardard opening up, the CIIE has promoted the digitalization and greenization of trade and investment. In order to further promote China's participation in global digital and green international economic and trade governance, this paper proposes to promote the CIIE to build regional digital and green application scenarios, invite international organizations to provide guidance for China to formulate digital and green trade and investment rules, give full play to the role of Hongqiao International Economic Forum as a dialogue platform to promote international and domestic integration of digital and green economic and trade rules.

Keywords: CIIE; Digitalization; Greenization; Economic and Trade Rules; Global Governance

Abstract: General Secretary Xi Jinping put forward the important concept of "new quality productive forces", which triggered a revolution and innovation in the field of Marxist political economy. The development of new quality productive forces points to the strategic direction for high-standard openness, and high-standard openness can create a favorable international environment for the development of new quality productive forces. The China International Import Expo (CIIE) has become a "boosting agent" for the development of new quality productive forces in China and the world, through the five paths of "incentives for innovation, optimization of production factors, expansion of market, industrial upgrading, institutional openness." Practice has proved that the previous six sessions of the CIIE have played a significant role in stimulating technological innovation, optimizing the allocation of global high-end factors, and cultivating high-end industrial systems. To sustainably leverage the "CIIE effect," it is suggested to further target high-tech frontier sectors for exhibition, pay more attention to emerging international trade drivers, and further optimize the trade partner structure, in order to better empower the development of new quality productive forces. The report provides comprehensive suggestions for the development of new quality productive forces.

Keywords: CIIE; New Quality Productive Forces; High-standard Opening Up

Abstract: This report first analyzes the inherent requirements for the benefit-sharing mechanism of the Belt and Road Initiative (BRI) the new era. It then examines the promotion effect of the CIIE on BRI benefit-sharing from three perspectives: promoting institutional opening up, driving economic and trade cooperation, and fostering technology spillover. Subsequently, through data analysis, it is evident that the CIIE has significantly enhanced trade connectivity between China and the countries participating in BRI and has bolstered investment cooperation with China's partner countries. However, challenges persist due to the fluctuating trade policies of some countries towards China, the rise in international economic and trade disturbances, and the incomplete "Silk Road e-commerce" cooperation mechanism. The establishment of BRI benefit-sharing mechanism continues to face serious challenges. Moving forward, it is imperative to amplify the spillover effects of the CIIE, enhance the influence of the Hongqiao International Economic Forum, promote high-standard openness, and effectively leverage the synergy between "CIIE + Silk Road e-commerce" to further advance the BRI benefit-sharing through expanding openness.

Keywords: CIIE; Jointly Buiding "the Belt and Road"; Benefit-sharing Mechanism

Abstract: The China International Import Expo (CIIE) is not only an international cooperation platform that transforms exhibits into commodities and exhibitors into investors, but also a high-standard open platform for aligning with international economic and trade rules, and effectively fulfilling the "Promise of CIIE".

This report believes that it has been six years since the first CIIE was held in 2018, during which China has actively aligned with international economic and trade rules, continuously reduced the negative list of foreign investment and cross-border trade, and continuously improved the negative list management institution. In addition, international economic and trade rules have gradually changed from the main characteristic with "on the border" to "within the border", and traditional rules have also begun to convert to high standard rules, which has improved the progressiveness of rules. Overall, the CIIE embodies the concept of trade and investment facilitation, which is an important part of international economic and trade rules. At the same time, the goods exhibition area, service exhibition area, and innovation incubation exhibition area respectively reflect important provisions related to goods, services, and investment in international economic and trade rules, which is conducive to the negotiation and communication of overseas market entities such as exhibitors, purchasers, suppliers, and investors, and provides convenience for promoting trade and investment cooperation. Next, as the role of international economic and trade rules in promoting high-standard opening becomes increasingly evident, the CIIE needs to further improve its alignment with rules from enriching content and improving mechanisms, in order to play a greater and better role in the CIIE.

Keywords: CIIE; Trade and Investment Rules; High-standard Opening

B.6 Report on the International Media Influence of the China International Import Expo 2023

—*An Analysis of Theme Identification and Temporal-spatial Diffusion*

Zhang Chen, *Xie Shouguang*, *and Zhang Junwen* / 094

Abstract: The 2023 China International Import Expo (CIIE) has successfully held its sixth edition, significantly enhancing its international influence across global media coverage and social media platforms. The event actively promotes the concepts of open sharing and innovative cooperation, and also strivies to expand its discourse power and leverages the leading role of media institutions in today's diverse communication landscape. This report is based on an analysis of content from international media and social media platforms (specifically Twitter and Facebook) covering the period from January 1, 2023 to May 31, 2024. The analysis focuses on four key aspects: theme distribution, agenda structure, temporal evolution, and spatial distribution. In the realm of English-language media coverage, domestic communication channels continue to dominate, while U. S. media has emerged as the primary source of news from Europe and North America. However, the proactive reporting by exhibitors remains relatively limited, leading to a power-law distribution characteristic in the quantity of media reports. Regarding potential topics, both international media and social media have concentrated their attention on issues such as investment in financial markets, the pandemic and health, agricultural and food safety in China, and international cultural cooperation. Additionally, topics such as artificial intelligence and new energy vehicles have garnered significant interest during the 2023 CIIE. Looking to the future, international communication efforts related to the CIIE will focus on constructing a narrative of "China's Perspective on the World." This includes establishing media network relationships with global partners, strengthening collaborations with media in countries along the Belt and Road Initiative, and leveraging the advantages of local mainstream media—particularly the "Shanghai Perspective." These strategies aim to formulate precise social media promotion tactics to enhance topic engagement and visibility. Only through these efforts can the CIIE's contributions to China's modernization process be effectively presented from a panoramic perspective.

Keywords: CIIE; International Media; Social Media; Temporal Evolution; Spatial Distribution

Abstract: The China International Import Expo is an important platform for international procurement, investment promotion, cultural exchanges, and open cooperation. It is also a window for China to build a new development pattern, promote high-level opening up to the outside world, and provide globally shared international public goods. In order to fully utilize the four functions of the CIIE and strengthen its three major positioning, China continuously optimizes its fiscal and tax system to support the CIIE and promote high-standard opening up to the outside world: fiscal and tax policies work together to build a new development pattern "window"; Optimize the tax service system and promote the construction of high-level platforms for opening up to the outside world; Deepen international tax cooperation and provide high-quality international public goods. In this process, due to the complexity of transactions on the CIIE platform, the uncertainty of the foreign economic and trade cooperation environment, and the variability of transaction modes, the design and operation of relevant fiscal and tax system have also encountered some difficulties and exposed some problems, including the challenge of further improving the accuracy and timeliness of fiscal and tax policy formulation; Tax services and tax administration face the challenge of balancing efficiency and security; In the context of globalization, international tax cooperation faces challenges of continuous deepening and expansion. In this regard, in the future, the focus of promoting the opening up of the CIIE and steadily advancing the fiscal and tax system should be on: improving relevant fiscal and tax policies and supporting measures, enhancing policy accuracy and timeliness; Further optimize tax services and tax administration, improve administration efficiency and security; Deepen international tax cooperation, strengthen and expand the connectivity and spillover of cooperation networks.

Keywords: CIIE; Fiscal and Tax System; High-standard Opening Up to the Outside World

B.8 The CIIE Promote Sharing of China Development Opportunities with the Least Developed Countries

Liao Xuan / 141

Abstract: As the world's first import-themed national exhibition, the CIIE opens a new window for the world's Least Developed Countries (LDCs) and provides a larger stage for self-display. Over the years, the CIIE has continued to promote the special products of enterprises from LDCs to enter the Chinese market through measures such as providing free booths, introducting subsidies and preferential tax policies for the purchase of exhibits. Considering the current situation of international economic and trade cooperation between China and LDCs, the effect of the CIIE in promoting the sharing of development opportunities with LDCs is mainly reflected in four aspects: promoting import and export trade, promoting two-way investment, helping to integrate into the multilateral trading system, and providing an open cooperation platform. In the future, the CIIE can be used to further promote the virtuous cycle of import and export with LDCs, strengthen two-way investment exchanges, enhance people-to-people exchanges, further opening up and cooperation, and fully release the spillover and driving effect of the CIIE in promoting the sharing of development opportunities with LDCs.

Keywords: CIIE; LDCs; Share Development Opportunities

Abstract: The China International Import Expo (CIIE) has become a major opportunity to promote the internationalization of China's circulation enterprises since it has been held for six years. Firstly, based on the definition of internationalization of distribution enterprises, this report analyzes the new features of internationalization of distribution enterprises from the perspectives of retailers, wholesalers and logistics enterprises respectively. Then, this report clarifies the new opportunities for the internationalization of distribution enterprises brought by the CIIE, which are reflected in five aspects, namely, displaying innovations, gaining insight into market demand, expanding partners, empowering through institutional openness and promoting exchanges and cooperation. On this basis, this report analyzes the effectiveness of the CIIE in promoting the internationalization of retail, wholesale and logistics enterprises respectively, in light of the progress of the CIIE in promoting the internationalization of distribution enterprises. Finally, according to the requirements of internationalization of distribution enterprises under the new situation, it is proposed that we should seize the opportunity of the CIIE to promote retail enterprises to enhance the depth of cross-border procurement, wholesale enterprises to enhance the ability of global supply chain layout and logistics enterprises to enhance their international competitiveness, so as to vigorously promote the internationalization of distribution enterprises.

Keywords: CIIE; Distribution Enterprise Internationalization; Global Supply Chain

Ⅲ Special Topics

B.10 China International Import Expo Promotes to Build Shanghai International Consumption Center City

Liu Tao, *Qiao Shi* / 177

Abstract: The CIIE has gathered high-quality consumption resources, attracted globally well-known companies, cultivated consumer flow, enhanced the driving force of debut economy, and promoted the relevant policy innovation, which is an important platform for China to promote high-standard opening up in the new stage of development. In order to enlarge the CIIE's spillover effects, it is necessary to create new competitive advantages of debut economy, promote the development of domestic consumer brands, strengthen the effective interaction of CIIE and consumer services, play the radiation and driving function and deepen the policy innovation.

Keywords: CIIE; International Consumption Center City; Spillover Effects; Debut Economy

Abstract: The China International Import Expo (CIIE), as the world's first national level exhibition with an import theme, is an innovative move by China to expand its opening up and share the Chinese market with the world. In order to fully leverage the spillover effects and long-term mechanisms of the CIIE, Shanghai has been building a "6 days plus 365 days" year-round exhibition and trading platform since the first CIIE in 2018. Accelerating the construction of the Hongqiao Import Commodity Exhibition and Trading Center (also known as "Hongqiao Pinhui") is one of the key tasks. This report takes Hongqiao Pinhui as a case study, and provides a detailed introduction to the basic situation of Hongqiao Pinhui's development. Based on a systematic summary of practical experience, combined with the new requirements of the country for the development of the CIIE and the new situation of domestic and foreign economic and trade development, it looks forward to the future development of Hongqiao Pinhui and puts forward its enlightenment for the CIIE and China's foreign trade development.

Keywords: Hongqiao Pinhui; Spillover Effect; Pilot; Institutional Innovation

Abstract: As the world's only import-themed national-level expo, the China International Import Expo (CIIE) has been successfully held for six sessions since 2018, becoming an important action for China to firmly safeguard multilateralism and promote the construction of an open world economy in the face of countercurrent and backward waves of globalization. Focusing on the spillover effect of the CIIE to promote "exhibitors to investors", based on the research perspective of historical evolution and combined with quantitative analysis and relevant data, this report concludes that the special forums of the CIIE, such as Trade and Investment Matchmaking Conference and Hongqiao International Economic Forum, have greatly released the good expectation of China's ultra-large market advantages and continuous optimization and improvement of the business environment. It has promoted the transformation of exhibitors from participating in the "first exhibition" to accelerating the layout of China's "first store and first factory" investors, and provided an important platform for China to stabilize the scale of foreign investment under the new situation, optimize the structure of foreign investment, and promote the coordination of regional utilization of foreign investment. In order to further enlarge the spillover effect of "exhibitors become investors" of the CIIE, combined with the current problems and challenges faced by China's use of foreign investment, it is proposed to further expand and enrich the precise matchmaking mechanism between exhibition merchants and buyers, improve the two-way efficiency of the CIIE and local "bring in foreign investments" and "going global", and accelerate the improvement of Hongqiao International Economic Forum to lead the constructive dialogue and exchange function of global economic and trade rules.

Keywords: CIIE; Utilization of Foreign Capital; Spillover Effects

B.13 Study on the Effort of the CIIE on the Upgrading and Expansion of Domestic Consumption

Abstract: As a window for constructing a new development pattern, the China International Import Expo (CIIE) has played a positive role in promoting the upgrading and expansion of domestic consumption. This report analyzes the mechanism by which the CIIE promotes the upgrading and expansion of domestic consumption. It believes that the CIIE conforms to the trend of domestic consumption development, enriches consumer choices, expands domestic consumption, promotes the upgrading of domestic consumption, and drives the realization of quality, health, and green development. Finally, the report proposes suggestions for further improving the CIIE to meet the needs of a better life.

Keywords: CIIE; Consumption; Quality Upgrading and Scale Expansion

Abstract: Since the development of the Yangtze River Delta integration became a national strategy in 2018, the development of the Yangtze River Delta integration has been rapid and steady, achieving a win-win with the China International Import Expo (CIIE). First, this report defines the connotation of regional integration and constructs an indicator system from four dimensions: economy, green development, public services, and innovation, to measure and analyze the current development status of the integration of the Yangtze River Delta. On this basis, the report believes that the CIIE provides a new opportunity for the high-quality development of the integration of the Yangtze River Delta. Therefore, the CIIE should be used as a lever to further promote the high-quality development of the integration of the Yangtze River Delta. Specifically, to provide new growth points, new driving forces, and new engines for the high-quality development of the Yangtze River Delta integration, we should further leverage the platform function of the CIIE, accelerate the digitization and digital industrialization of industries in the Yangtze River Delta, and amplify the spillover effects of the CIIE. At the same time, to empower the green development of the

Yangtze River Delta, we should align with the special exhibition area of the CIIE, benchmark the latest green and low-carbon achievements, energy-saving and emission reduction technologies, and green development models in the industry, and green development models in the industry, and develop new quality productive forces according to local conditions. In addition, to accelerate the construction of the Yangtze River Delta innovation community, the hosting of the CIIE should be taken as an opportunity to promote the construction and sharing of public services in the Yangtze River Delta, and to integrate innovative resources through the CIIE.

Keywords: CIIE; Integration of the Yangtze River Delta; High-quality Development

B.15 The CIIE Promotes a International First-rate Business Environment

Liu Cheng / 259

Abstract: Vigorously promoting institutional opening up, high-level alignment with international economic and trade rules, actively fostering a first-rate business environment that is market-oriented, law-based and internationalized, are the key points to advance Chinese modernization. In the process of promoting the construction of a international first-rate business environment, the China International Import Expo (CIIE), as the world's first national-level expo with import as the theme, is a practical action taken by China to follow the development trend of economic globalization and take the initiative to share China's big market with the world. The CIIE is an effective way for China to build a high-standard socialist market economy, demonstrating China's responsibility as a major country to be open and inclusive and promote the building of a human community with a shared future. This report analyzes the role of the CIIE in improving the internationalization level of the business environment from the perspectives of its open window function and sharing institutional opening-up. It is found that the CIIE is currently facing complex international environments and still lags behind the requirements of new quality productive forces. Suggestions are put forward to promote the optimization of the structure of imported goods and give full play to the reform demonstration role of the CIIE.

Keywords: CIIE; Business Environment; New Quality Productive Forces

Abstract: The China International Import Expo (CIIE) adheres to the concept of "achieving excellence, effectiveness, and continuous improvement" and has been successfully held for six consecutive sessions, with increasingly far-reaching spillover effects. The scale and level of digital economy development in Shanghai are among the top in the country, but there is still a certain gap compared to the digital economy competitiveness of developed cities abroad. On the premise of clarifying the concept of digital economy, this report analyzes the development characteristics of Shanghai's digital economy, and then deeply analyzes the impact the linkage between the CIIE and the development of Shanghai's digital economy. Finally, from multiple aspects such as digital innovation, smart low-carbon, data elements, digital technology, and digital talents, it points out further thoughts and suggestions on promoting the development of Shanghai's digital economy by taking the CIIE as an opportunity.

Keywords: CIIE; Digital Economy; Digital Innovation; Data Element Industry; Digital Talent

皮 书

智库成果出版与传播平台

皮书定义

皮书是对中国与世界发展状况和热点问题进行年度监测，以专业的角度、专家的视野和实证研究方法，针对某一领域或区域现状与发展态势展开分析和预测，具备前沿性、原创性、实证性、连续性、时效性等特点的公开出版物，由一系列权威研究报告组成。

皮书作者

皮书系列报告作者以国内外一流研究机构、知名高校等重点智库的研究人员为主，多为相关领域一流专家学者，他们的观点代表了当下学界对中国与世界的现实和未来最高水平的解读与分析。

皮书荣誉

皮书作为中国社会科学院基础理论研究与应用对策研究融合发展的代表性成果，不仅是哲学社会科学工作者服务中国特色社会主义现代化建设的重要成果，更是助力中国特色新型智库建设、构建中国特色哲学社会科学“三大体系”的重要平台。皮书系列先后被列入“十二五”“十三五”“十四五”时期国家重点出版物出版专项规划项目；自 2013 年起，重点皮书被列入中国社会科学院国家哲学社会科学创新工程项目。

S 基本子库
UB DATABASE

中国社会发展数据库（下设 12 个专题子库）

紧扣人口、政治、外交、法律、教育、医疗卫生、资源环境等 12 个社会发展领域的前沿和热点，全面整合专业著作、智库报告、学术资讯、调研数据等类型资源，帮助用户追踪中国社会发展动态、研究社会发展战略与政策、了解社会热点问题、分析社会发展趋势。

中国经济发展数据库（下设 12 专题子库）

内容涵盖宏观经济、产业经济、工业经济、农业经济、财政金融、房地产经济、城市经济、商业贸易等12个重点经济领域，为把握经济运行态势、洞察经济发展规律、研判经济发展趋势、进行经济调控决策提供参考和依据。

中国行业发展数据库（下设 17 个专题子库）

以中国国民经济行业分类为依据，覆盖金融业、旅游业、交通运输业、能源矿产业、制造业等 100 多个行业，跟踪分析国民经济相关行业市场运行状况和政策导向，汇集行业发展前沿资讯，为投资、从业及各种经济决策提供理论支撑和实践指导。

中国区域发展数据库（下设 4 个专题子库）

对中国特定区域内的经济、社会、文化等领域现状与发展情况进行深度分析和预测，涉及省级行政区、城市群、城市、农村等不同维度，研究层级至县及县以下行政区，为学者研究地方经济社会宏观态势、经验模式、发展案例提供支撑，为地方政府决策提供参考。

中国文化传媒数据库（下设 18 个专题子库）

内容覆盖文化产业、新闻传播、电影娱乐、文学艺术、群众文化、图书情报等 18 个重点研究领域，聚焦文化传媒领域发展前沿、热点话题、行业实践，服务用户的教学科研、文化投资、企业规划等需要。

世界经济与国际关系数据库（下设 6 个专题子库）

整合世界经济、国际政治、世界文化与科技、全球性问题、国际组织与国际法、区域研究 6 大领域研究成果，对世界经济形势、国际形势进行连续性深度分析，对年度热点问题进行专题解读，为研判全球发展趋势提供事实和数据支持。

法律声明

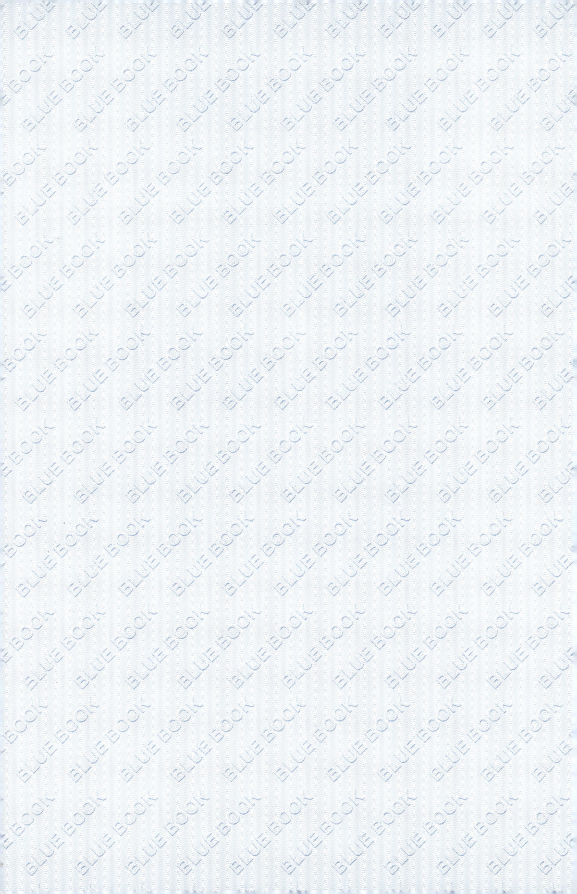